गैरसरकारी संगठन
स्थापना, प्रबंधन और परियोजनायें

राजेंद्र चंद्रकांत राय

जन्म : 5 नवम्बर 1953, जबलपुर (म.प्र.)।

शिक्षा : रानी दुर्गावती विश्वविद्यालय से स्नातकोत्तर उपाधि, बी.एड.। राष्ट्रीय योग्यता परीक्षा नेट, पोस्ट ग्रेजुएट डिप्लोमा इन रूरल डेवलपमेंट, इग्नू, दिल्ली।

अध्यापन के क्षेत्र में आजीविका की शुरुआत। परिक्रमा पर्यावरण शिक्षा संस्थान के निदेशक के रूप में सक्रिय। राजीव गांधी जलग्रहण क्षेत्र प्रबन्धन मिशन मध्यप्रदेश शासन के परियोजना अधिकारी के रूप में 1997-2003 तक वाटरशेड प्रबन्धन का सफल क्रियान्वयन।

आकाशवाणी, जबलपुर से पर्यावरण रेडियो पत्रिका *ताकि बची रहे हरियाली* का 1992 से 1999 तक सम्पादन। *कृषि परिक्रमा* कार्यक्रम का संयोजन तथा आकाशवाणी, जबलपुर के लिए ही औषधीय फसलों की कृषि विधि पर आधारित *उत्तम : स्वास्थ्य* कार्यक्रम हेतु 13 ऐपिसोड का स्क्रिप्ट-लेखन। नाटक : *सहस्रबाहु* का प्रसारण, *त्रिपुरी की इतिहास गाथा* शीर्षक 13 ऐपिसोड का स्क्रिप्ट लेखन।

'नवभारत' तथा 'नवभास्कर' समाचार-पत्रों में साप्ताहिक स्तम्भ-लेखन। अनेक नाटकों, नुक्कड़ नाटकों में अभिनय एवं निर्देशन। मानव संसाधन विकास मंत्रालय, नई दिल्ली की जूनियर फैलोशिप 1992 के अन्तर्गत उपन्यास-लेखन।

कृतियाँ : *इतिहास के झरोखे से, कल्चुरि राजवंश का इतिहास, कामकंदला* (उपन्यास), *बेगम बिन बादशाह* (कहानी संग्रह), *दिन फेरें घूरे के, बिन बुलाए मेहमान, क्योंकि मनुष्य एक विवेकवान प्राणी है, आओ पकड़ें टोंटी चोर, तरला-तरला तितली आई, काले मेघा पानी दे, चलो करें वन का प्रबन्धन,* (नुक्कड़ नाटक) तथा *सामान्य पर्यावरण ज्ञान, पेड़ों ने पहने कपड़े हरे* (पर्यावरण गीत)।

कुछ कहानियों का तमिल तथा तेलुगू भाषा में अनुवाद।

सम्पर्क : परिक्रमा, 1234, जे.पी. नगर, अधारताल, जबलपुर (म.प्र.)।

आवरण : मनोज कुमार

गैरसरकारी संगठन

स्थापना, प्रबंधन और परियोजनायें

राजेंद्र चंद्रकांत राय

समझदार पेपरबैक्स
राजकमल

राजकमल पेपरबैक्स में
पहला संस्करण : 2010

राजकमल पेपरबैक्स : उत्कृष्ट साहित्य के जनसुलभ संस्करण

राजकमल प्रकाशन प्रा. लि.
1-बी, नेताजी सुभाष मार्ग
नई दिल्ली-110 002
द्वारा प्रकाशित

शाखाएँ : अशोक राजपथ, साइंस कॉलेज के सामने, पटना-800 006
पहली मंजिल, दरबारी बिल्डिंग, महात्मा गांधी मार्ग, इलाहाबाद-211 001

वेबसाइट : www.rajkamalprakashan.com
ई-मेल : info@rajkamalprakashan.com

मुद्रक : बी.के. ऑफसेट
नवीन शाहदरा, दिल्ली-110 032
द्वारा मुद्रित

आवरण : मनोज कुमार

मूल्य : रु. 150.00

GAIR SARKARI SANGTHAN
STHAPNA, PRABANDHAN AUR PARIYOJANAYEN
by Rajendra Chadrakant Ray

ISBN : 978-81-267-1783-5

पुरोवाक्

सच्चे अर्थों में वही संगठन वास्तविक रूप से गैरसरकारी संगठन है, जो स्वतंत्र रूप से अपनी नैतिक इच्छा रखता है और उसी से संचालित होता है।

प्रत्येक व्यक्ति में एक विवेकशील इच्छा होती है जो उसे प्रबुद्धशील चेतना की ओर प्रेरित करती है। यही प्रबुद्ध चेतना जब समूह का रूप धारण करती है तो वह संगठन बन जाती है। स्वाभाविक रूप से मनुष्य बाहरी और लादी गयी इच्छाओं का पालन करने की अपेक्षा अपने अंत:करण की इच्छाओं और उससे निर्मित नियमों का पालन करने के लिये स्वस्फूर्त तत्परता दिखाता है।

समाज के विकास के लिये राज्य की उपस्थिति जितनी अनिवार्य है, उतनी ही अनिवार्यता एक गैरसरकारी संगठन की भी है।

संगठन एक ऐसा समूह है, जो नैतिक आचरणों की स्वीकृति के साथ एकता के सूत्र में बंधा होता है। संगठन एक प्राकृतिक और नैतिक अनुबंध भी है, जिसमें व्यक्ति अपनी निजता को सामूहिकता में तब्दील कर उसे और अधिक प्रभावशाली तथा हितकारी बना देता है।

व्यक्ति के जीवन के विविध रूप हैं, यथा—व्यक्ति का निजी जीवन, व्यक्ति का सामूहिक जीवन, व्यक्ति का सामाजिक जीवन तथा व्यक्ति का राष्ट्रीय जीवन। जब तक ये चारों प्रकार के जीवन अपनी-अपनी परिधि में रहते हैं, अतिक्रमण नहीं करते हैं ; तब तक जीवन की सहजता अबाध गति से गतिमान रहती है किंतु जब परिधि रेखायें टूट-फूट जाती हैं या उनकी पार्थक्य रेखा विलुप्त हो जाती है, तभी संकट का भी जन्म होता है। व्यक्ति यदि समूह में जीवन जीने लगे, समूह की जिंदगी निजी जीवन में बेतकल्लुफी से आवाजाही करने लगे तो नैतिक स्वतंत्रता और नैतिक कर्तव्यों पर उसकी आंच पड़ेगी ही। सजग और सतर्क व्यक्ति ही अपने चारों प्रकार के जीवन को जीते हुए भी निस्पृह बना रह सकता है। यही उसका तप है, यही उसकी साधना है। इनसे गुजरकर ही एक गैरसरकारी संगठन अपना अस्तित्व धारण कर पाता है।

विश्व को एकता के सूत्र में बांधनेवाला तत्त्व आत्मा, विवेक और दैवी बुद्धि है। इसी की आरंभिक अवस्था एक संगठन की निर्माण भावना में देखी जा सकती है। आत्मा में ही यथार्थ का निवास होता है, इसलिये उसकी सर्वोच्चता असंदिग्ध है। आत्मा ने ही ज्ञान की अनुभूति को अर्जित किया। आत्म-चेतना की प्राप्ति ही विकास की एक मात्र प्रक्रिया है। इसी कारण संगठन धीरे-धीरे एक प्रकार की आंतरिक आध्यात्मिक सर्वोच्चता की ओर अग्रसर होने लगते

हैं। यही सर्वोच्चता जब अपनी पराकाष्ठा पर पहुंचती है, तब संगठन लगभग समानांतर आध्यात्मिक संगठन जैसी स्थिति प्राप्त कर लेते हैं। संगठन के प्रमुख संत-चेतना का प्रतिमान बन जाते हैं। बाबा आमटे जैसे व्यक्तित्व इसके उदाहरण हैं। मेधा पाटकर जब विस्थापितों के दुखों की चर्चा करती हैं तो फूटकर रो पड़ती हैं। यह रुदन उसी आध्यात्मिकता से उत्पन्न होता है। रुदन करुणा का पुष्प है। इसकी सुगंध आत्माओं को जोड़ती है और आत्मिक एकता के लिये प्रेरित भी करती है।

विचित्र बात यह है कि यह आध्यत्मिकता संतोष की बनिस्बत असंतोष का अधिक आदर करती है। यह असंतोष ही समाज के कुरूप चेहरे को सुंदर बनाने का औजार है। एक असंतुष्ट आध्यात्मिकता संतुष्ट आध्यात्मिकता की तुलना में कहीं अधिक कारगर है। संतोष संगठन को समाज निरपेक्ष बना देगा। और यह निरपेक्षता उद्योगगति की ढलान बन जायेगी। लिहाजा प्रत्येक गैरसरकारी संगठन सदैव असंतुष्ट बना रहे, यही प्रार्थना करता हूं। यही प्रार्थना वाजिब है।

एक व्यक्ति अपनी भलाई की कामना के साथ अन्य व्यक्तियों की भलाई की कामना करता है, क्योंकि व्यक्तिगत भलाई के लिये भी सामूहिक प्रयत्नों की आवश्यकता पड़ती है। इस तरह अंततः सामाजिक भलाई का वृहद् स्वरूप बनता है। यही स्वरूप एक संगठन में आशा पैदा करता है।

संगठित जीवन ही प्राकृतिक और सहज जीवन है। व्यक्तिवाद तो इस प्राकृतिक जीवन के प्रति विद्रोह का परिणाम है। संगठित जीवन को नकारकर व्यक्ति अपनी इकाई में सिमट जाता है और यही उसके प्रतिगमन का स्वाभाविक अंत भी है।

अनुक्रम

गैरसरकारी संगठन
अर्थ, आवश्यकता और अवधारणा

समाज का चेहरा बदल देने की आत्मिक आकांक्षा से विभिन्न कार्यक्रमों और सुव्यवस्थित परियोजनाओं को संचालित-संपादित करनेवाला ऐसा जन-संगठन, जो नागरिकों की स्वस्फूर्त भावना और कामना से प्रेरित होकर संगठित किया गया हो, गैरसरकारी संगठन की परिधि में आता है।

समाज के अधिकतर लोग बनी बनायी लीक और तयशुदा ढर्रे पर चलने के आदी होते हैं। उनका जीवन एक तरह से बंधा-बंधाया होता है। सूरज के उजाले के साथ आंखें खोलना, दैनिक क्रियाकलाप संपन्न करना, आजीविका के उपायों में खपना, अपने और अपने परिवार तक ही सीमित रहना, फिर सूरज की विदाई के बाद चैन की नींद के लिये रात के तहखाने में घुस जाना।

जिदंगी बसर करने का यह तरीका कोई अपराध नहीं है और न ही कोई अजूबा। स्वाभाविक और सहज जीवन यही है।

लेकिन हमारी दुनिया ऐसे लोगों से हीन नहीं है, जो बनी-बनायी जीवनशैली और बंधी-बंधायी जिदंगी से सहमत नहीं होते। ये व्याकुल और बेचैन लोग हैं। व्याकुलता के साथ ही जन्म लेते हैं। व्याकुलता का अमित-कोष लिये हुये संसार में आते हैं और कोष को असंख्य गुणा बढ़ाकर दुनिया को अलविदा कहकर चले जाते हैं। उनके चले जाने पर अहसास होता है कि वे समाज की कितनी बड़ी अनिवार्यता थे। जब तक होते हैं, उन्हें तवज्जो नहीं मिलती। कुछ तवज्जो यदि समाज देता भी है तो कृपणता के सागर की बूंदों की झलक ही मिल पाती है।

व्याकुलता ही ऐसे लोगों की पूंजी होती है, वही दुनिया को बदल डालने का कारगर-औजार भी होती है। इसी के दम पर समाज का बदसूरत चेहरा बदलता है। जमाने का गलीज और चीकट जामा फट जाता है और एक चमचमाता हुआ, उजला-उजला रूप झांकने लगता है। तब शेष समाज को हैरत होती है। वह कुछ-कुछ अवाक् हो जाता है, कुछ-कुछ मुरीद और थोड़ा-थोड़ा ईर्ष्यालु भी कि हाय ! हमने क्यों न ऐसा सोचा, क्यों न ऐसा किया ?

अक्सर समाज में क्रियात्मक प्रक्रिया से लोग नावाकिफ होते हैं। कहां धारा मोड़ने का प्रयत्न चल रहा है, समझ पाने में असमर्थता होती है। असमर्थता के बोझ से ही दबा रहता है

ढर्रे पर चलनेवाला समाज। कभी-कभी तो वह धारा मोड़ने, दुनिया बदलने, बदसूरती खत्म करने और संरचनात्मक प्रयत्नों के सामने प्रतिरोध बनकर भी खड़ा हो जाता है। जितना यह नासमझी की वजह से होता है, उससे ज्यादा इसलिये कि ढर्रे में दरकाव तक बर्दाश्त नहीं होता। बदलाव अच्छा और सकारात्मक होते हुए भी सोये हुए समाज के लिये तकलीफदेह होता है। आनंद और चैन सोने में ही है, जागना खतरनाक है। जागना नींद से मुठभेड़ है। जागना नींद की मुखालफत है। जागना चैन गंवा देने का जोखिम है। जागना संकटों के आगोश में पहुंचना है। जागना आत्मबोध की प्रक्रिया है। आत्मबोध की प्रक्रिया जटिल मानसिक विचलन है। विचलन में नींद-सा आनंद कहां ? नींद ऐसा आश्रय है, जहां समस्त प्रकार के प्रतिरोधों और खतरों से बचकर रहा जा सकता है। समाज इसी कारण जागने की अपेक्षा सोये रहने का चुनाव करता है। अपने चुनाव पर विश्वास करता है और जगानेवाले के विरुद्ध पहले से निष्प्रयास संगठित होता है। वह पूछता है—

"मैं सो रहा था चैन से, ओढ़े कफन मजार में
यहां भी सताने आ गये, किसने पता बता दिया।"

जगानेवाले हैं कि बिना जगाये मानते ही नहीं। वे जागृति के गीत गा रहे हैं, शंख बजा रहे हैं, सकारात्मक और रचनात्मक प्रयत्नों की दस्तक पर दस्तक दिये जा रहे हैं कि जागना ही होगा, उठना ही होगा और सोने के विरुद्ध संगठित भी होना पड़ेगा। सोने के आनंद को त्यागो और जागने के कष्टों में आनंद तालाशो। यही उनकी आवाज है। यही उनका गीत है। यही उनका आलाप है। इसी ताकत से वे मुर्दा लोगों को भी सक्रिय कर देते हैं।

ये जागनेवाले लोग कौन हैं ? ये व्याकुल आत्माएं कहां पायी जाती हैं ? ऐसे पागलों का ख्वावगाह किसे कहते हैं ? इन सब सवालों का उत्तर है—गैरसरकारी संगठन।

एक दिवाने का नाम राजेंद्र सिंह

तरुण भारत संघ के राजेंद्र सिंह इसी पागलपन के एक प्रतीक हैं। वे राजस्थान के गांवों में पानी के संकट से त्रस्त ग्रामीणों को राहत पहुंचाने और पानी की प्रबंधन व्यवस्था के लिये जुट गये। बिना सरकारी मदद के एक बड़े काम को हाथ में लेना यों भी अंधेरे में काली बिल्ली को तालाशना माना जाता है। पर, पहाड़ों को काटकर पानी की नहर शीरीं के घर तक खोद लानेवाले फरहाद का किस्सा भी तो आखिर हमारी ही विरासत में मौजूद है। राजस्थान में मरुस्थल से मुठभेड़ करने का जज्बा इस दूसरे फरहाद ने भी अपने दिल में बनाया और अकेले ही कूद गया मरुभूमि में।

राजस्थान भारत के उत्तर-पश्चिमी क्षेत्र में स्थित है। यह थार मरुस्थल के अंतर्गत आता है। थार का कुल इलाका 4.46 करोड़ हेक्टेयर है और इसमें से 2.78 करोड़ हेक्टेयर क्षेत्र भारत में आता है। थार क्षेत्र में बरसाती कृषि ही हो पाती है। पानी बरसा तो खेत बोये जाते हैं। चारा उत्पन्न होता है। बरसात का यही पानी भूमि के अंदर निर्मित कुंडियों में एकत्र कर

लिया जाता है, ताकि भविष्य को सजल बनाया जा सके। वर्षा की अनिश्चितता के कारण ही राजस्थान में मिश्रित-कृषि की परंपरा का विकास हुआ। पशुओं पर निर्भरता बढ़ी और ऐसे संबंध विकसित हुए कि दोनों एक-दूसरे पर निर्भर हो गये।

राजस्थान के अलवर जिले के गांवों गोपालपुरा और देवाड़ी में कभी सूखा अपनी पूरी क्रूरता के साथ पसरा हुआ था। आज वहां हरीतिमा का लुभावन स्वरूप फैला हुआ है। यह चमत्कार राजेंद्र सिंह और उनकी संस्था 'तरुण भारत संघ' ने कर दिखाया है। शुरू-शुरू में उन्हें लोगों के अविश्वास, असहयोग और अकर्मण्यता का सामना करना पड़ा। विरोध भी हुआ। सरकार तो लगभग शत्रु बनकर खड़ी हो गयी। राजेंद्र सिंह के खिलाफ मुकदमे दर्ज कराये गये। जब उन्हें अंतर्राष्ट्रीय स्तर पर सम्मान मिला तब कहीं राजस्थान सरकार ने मुकदमे वापस लिये।

तरुण भारत संघ जैसी स्वयंसेवी संस्था ने यहां 'जोहड़' जैसी जल-संचय परंपरा को ही पुनर्जीवित किया और मरुभूमि की तकदीर बदल दी। जोहड़ को इस तरह समझा जा सकता है, कि वह वर्षा जल को एकत्र करनेवाला ऐसा बांध है, जहां वर्षा के पश्चात् इसी भूमि पर खेती की जाती है।

राजेंद्र सिंह से पूछें तो वह इस इलाके के बारे में इस तरह बताते हैं—"अलवर जिले ने 1985 और 1986 में सूखे की मुश्किल मार झेली। औरतों को पीने का पानी लाने के लिये दो किलोमीटर दूर जाना पड़ता था और कुओं के पानी पर भी राशनिंग थी। लोग कुपोषण का शिकार बने और बड़ी संख्या में जानवर मरे। पारंपरिक रूप से यहां के लोग सिंचाई का पानी जमा करने के लिये जोहड़ों का निर्माण करते थे, लेकिन आधुनिक और सामुदायिक कामों में भागीदारी कम होने के चलते इस प्रणाली का चलन कम हो गया।"

अनेक दशकों पहले जो जोहड़ वहां बनाये गये थे, उनका औसत प्रति गांव दो जोहड़ हुआ करता था। बाढ़ आने पर जोहड़ टूट-फूट गये। गाद भर जाने के कारण भी जोहड़ों का विनाश हुआ। नयी सामाजिक मानसिकता के चलते ग्रामीण इन जोहड़ों की न तो मरम्मत करने आगे आये और न ही उन्होंने कोई नया जोहड़ बनाना उचित समझा।

गुवारा देवाड़ी गांव के लोगों से जब कहा गया कि जोहड़ बनाने से ही पानी का संकट दूर होगा तो कोई तैयार नहीं हुआ। उन्होंने रुचि तक न दिखायी। आखिर स्वाधीनता के बाद की पीढ़ी इस सोच के साथ पली-बढ़ी है कि जो कुछ करना है, सरकार को करना है। हमें सिर्फ उपभोग करना है। फिर भी गांव के कुछ परिवार तरुण भारत संघ के विचार से जुड़ने को तैयार हो ही गये, क्योंकि असहमति और असहयोग के घुप्प अंधकार में ही कहीं सहमति और सहयोग का एक धुंधला दीया भी जलता ही रहता है। बाहरी तकनीकी सहायता के बिना ही साढ़े चार मीटर लंबे तीन बांध तरुण भारत संघ ने बना ही डाले।

बरसात आयी, पानी बरसा और जोहड़ों ने वर्षा-जल को रोक लिया। इससे भूमिगत जल का स्तर बढ़ गया, कुओं में पानी थमा और खेती के लिये नमी मिली। नालों को बंद करने से उपजाऊ मिट्टी का बहकर जाना भी ठहर गया। इस आंखों देखे चमत्कार ने लोगों को मोह लिया। उन्हें अपनी तकदीर की कुंजी मिल गयी। यह कुंजी राजेंद्र सिंह जैसे जल पुरोधा और

तरुण भारत संघ ने उन्हें खोज कर दी थी। हालांकि कुंजी तो उन्हीं के पास थी, परंतु वे उसे भूल गये थे "मोको कहां ढूढ़े बंदे, मैं तो तेरे पास में।"

अब गुवारा देवाड़ी के जगदीश गुज्जर कहते हैं–"हम अपनी खेती के लिये सरकार पर आश्रित न होकर काफी खुश हैं। चार साल पहले हमारे खेतों में जितनी पैदावार होती थी, आज उससे चार गुणा ज्यादा होने लगी है।"

राजेंन्द्र सिंह अपने उद्देश्य और योजना का रहस्य इस तरह खोलते हैं –"हमारा उद्देश्य गांवों को आत्मनिर्भर बनाना है और इसके लिये गांव के लोगों को संगठित करना ही एकमात्र तरीका है। जोहड़ का निर्माण और रख-रखाव सिर्फ यह प्रदर्शित करने की चीज थी कि सामुदायिक एकता और मिल-जुलकर काम करना खुद उनकी समृद्धि के लिये क्या कर सकता है।"

तरुण भारत संघ ने 10,000 मानव-दिवसों का श्रम लगाकर जोहड़ों का निर्माण कराया। एक लाख पचास हजार रुपये मूल्य का गेहूं मजदूरी के रूप में दिया। जुलाई 1987 में 48 घंटों में 130 मिलीमीटर पानी गिरा और इसके बाद वर्षा नहीं हुई। जोहड़ भर गये। गांव के कुओं के स्रोतों तक पानी पहुंचा और 20 कुओं का जल-स्तर बढ़ गया। बड़े जोहड़ों के पेट में फसल लगायी गयी और छोटे जोहड़ों का पानी पशुओं के लिये बचाकर रखा गया। इन खेतों में 30 टन अनाज हुआ।

गांव और गांववासी तो खुशहाल होने लगे किंतु राजस्थान का सिंचाई विभाग दुश्मन हो गया। जिस विभाग ने गांववालों के लिये कुछ नहीं किया था, उसने तरुण भारत संघ के द्वारा बनाये गये जोहड़ों को गैर-कानूनी घोषित कर दिया। विभाग ने नोटिस भेजा कि सभी नदी-नाले सरकारी संपदा हैं, उन पर गांववाले जोहड़ नहीं बना सकते, इसलिये जोहड़ों को तोड़ दिया जाये।

लंबे अरसे तक यह जद्दोजहद चलती रही, पर गांववाले सरकार के आगे नहीं झुके। बाद में जीत उन्हीं की हुई।

पर्यावरण के संरक्षण के उद्देश्य से तरुण भारत संघ, नंगी पहाड़ियों, खाली जमीनों, मेड़ों और जोहड़ों के ऊपर पेड़ लगाने के लिये पौधों का प्रदाय भी करता है। तरुण भारत संघ ने जोहड़ों की शृंखला बनाकर दो मृत नदियों को भी जिंदा कर दिया है।

राजेंद्र सिंह को जब अंतर्राष्ट्रीय-स्तर के सम्मान 'मैग्सेसे अवार्ड' से नवाजा गया तब मीडिया उन पर टूट पड़ा तब शेष भारत को उनके तथा उनके कामों के बारे में पता चला। लोगों ने जाना कि कोई स्वयं सेवी संस्था कितना महत्त्वपूर्ण काम कर सकती है तभी लोगों ने जाना कि राजेंद्र सिंह जैसा दीवाना अपने युवाकाल के सुनहरे वर्षों को राजस्थान के ग्रामीणों के साथ मिलकर, पानी के भयावह संकट से जूझने की चिंताओं को माथे की शिकनों पर रमाये हुए बीहड़ों में होम करते रहे हैं। इसी निष्ठा और समर्पण ने उन नदियों को दोबारा जीवन दिया, जिन्हें स्वयं मनुष्यों ने अपनी पर्यावरण विरोधी गतिविधियों से मुर्दा बना दिया था । इसी से नदियों को तरलता का वरदान मिला और ग्रामीणों के चेहरे हरीतिमा के उजास से चमक सके ।

गैरसरकारी संगठनों का महत्त्व

मध्यप्रदेश सरकार ने 1996 में प्रदेश में जल-प्रबंधन कार्यक्रम को संचालित करने के लिये राजीव गांधी वाटरशेड मिशन की स्थापना की। मिशन के माध्यम से जल-प्रबंधन परियोजनाओं का क्रियान्वयन दो स्तरों पर आरंभ किया गया—सरकारी अमले के माध्यम से और गैरसरकारी संगठनों के माध्यम से।

गैरसरकारी संगठन और स्वयंसेवी संगठन में अंतर

गैरसरकारी संगठन (NGO)	स्वयंसेवी संगठन (VO)
- मानदेय/पारिश्रमिक सहित कार्य करता है।	- मानदेय/पारिश्रमिक की आशा नहीं करता।
- मन के अनुरूप कार्यों का सुनिश्चय किंतु अवधि, आरंभ, समापन संबंधी नियंत्रण वित्त प्रदाता संस्था का	- मन के अनुरूप कार्यों का चुनाव किंतु अवधि, आरंभ, समापन संबंधी स्वनियंत्रण ।
- निश्चित संविधान, पंजीयन, पदाधिकारी और कार्य पद्धति ।	- अनिवार्यता नहीं।
- नियमित कार्यालय एवं कार्यावधि होती है।	- आवश्यक नहीं।
- चाहे तो स्वयंसेवी संगठन की तरह पारिश्रमिकविहीन कार्य भी कर सकता है।	- चाहे तो गैरसरकारी संगठन की तरह कार्य कर सकता है। शर्तें पूरी करनी होंगी—ऐच्छिक।
- दस्तावेजों का संधारण करने की अनिवार्यता।	

मध्यप्रदेश शासन के जिला ग्रामीण विकास अधिकरण को समन्वयक एजेंसी बनाया गया। कुल 1400 परियोजनाओं में से 101 परियोजनायें गैरसरकारी संगठनों के माध्यम से क्रियान्वित की गयीं। इस कार्यक्रम में यह व्यवस्था है कि कुल परियोजना व्यय की दस प्रतिशत राशि प्रशासनिक खर्चों के रूप में गैरसरकारी संगठनों को उपलब्ध रहे। सरकारी अमला अपना वेतन एवं प्रशासनिक व्यय अपने मूल कार्यालय से पाता ही है। एक आकलन में पाया गया कि जिस परियोजना के क्रियान्वयन के लिये गैरसरकारी संगठन ने प्रशासनिक व्यय के रूप में दो लाख रुपये प्रति वर्ष औसत खर्च किये थे, वहीं सरकारी अमले पर यह राशि आठ लाख रुपये प्रति वर्ष तक पहुंची। स्वयं सरकारें भी इसी कारण गैरसरकारी संगठनों

को तवज्जों देती हैं। राजीव गांधी वाटरशेड मिशन के साथ जिन प्रमुख गैरसरकारी संगठनों ने परियोजना क्रियान्वयन कार्य किया, उनमें परिक्रमा रामकृष्ण मिशन, गायत्री परिवार, तरुण संस्कार, श्रीडा और जिडॉस का नाम प्रमुखता से लिया जा सकता है।

पहले चरण की वाटरशेड परियोजनाओं का कार्यकाल पूरा होने पर मध्यप्रदेश सरकार ने अनेक एजेंसियों से परियोजना का निरपेक्ष मूल्यांकन कराने का विचार किया। सरकार का यह कदम गहरी संवेदनशीलता और आत्म मूल्यांकन की भावना से परिपूर्ण था। प्रायः सरकारें ऐसे कदमों पर विश्वास नहीं रखतीं और अपने कामों की क्रियान्वयनकर्त्ता तथा मूल्यांकनकर्त्ता दोनों की भूमिका खुद ही निभाती रहती हैं। यदि न्याय की दरकार हो तो बड़ी आसानी से सरकारें न्यायधीश भी बन बैठती हैं।

मूल्यांकन स्वरूप और मूल्यांकनकर्त्ताओं के चुनाव के लिये सेंटर फॉर साइंस एंड इंवायरन्मेंट के निदेशक श्री अनिल अग्रवाल (अब स्वर्गीय) से आग्रह किया गया कि वे देश के पंद्रह पत्रकारों का चयन अपनी मर्जी और विवेक से करें। पत्रकारों की यह टीम प्रदेश के विभिन्न जिलों का दौरा करे और वाटरशेड परियोजनाओं का स्वतंत्र रूप से मूल्यांकन करे। मिशन ने इन पत्रकारों को उनके मूल्यांकन अध्ययन के लिये फैलोशिप प्रदान की। टाइम्स ऑफ इंडिया, हिंदुस्तान टाइम्स, मलयालम मनोरमा और इंडियन एक्सप्रेस सहित अनेक राष्ट्रीय व प्रांतीय प्रतिष्ठावाले समाचार-पत्रों के विद्वान पत्रकारों का चुनाव हुआ। इन पत्रकारों ने प्रदेश भर में फैली परियोजनाओं को देखने के लिये भ्रमण किया। उन्होंने अपनी रिपोर्ट भी मिशन को सौपीं। इस तटस्थ मूल्यांकन को महत्त्वपूर्ण तरीके से अंजाम तक पहुंचाने के लिये जहां सेंटर फॉर साइंस एंड इंवायरन्मेंट ने ठोस कदम उठाये, भारी मशक्कत की, वहीं राजीव गांधी वाटरशेड मिशन की प्रतिष्ठा भी इसके कारण बढ़ी ।

यह मूल्यांकन पूर्णतः एक प्रकार का आंतरिक मूल्यांकन था, इसलिये मिशन ने मूल्यांकन रपट को उजागर नहीं किया। अनाधिकारिक रूप से इस मूल्यांकन के बारे में जो सूचनायें बाहर आयी, उनके अनुसार अधिकांश सरकारी परियोजनायें लापरवाही और काम को निबटाने की मानसिकता का शिकार हो गयी थीं । निष्ठा और जन सहभागिता का बाहरी ढांचा तो दिखाई देता था किंतु भीतर की तरफ उसमें काफी टूट-फूट थी। तकनीकी रूप से जल संवर्धन संरचनायें उपयुक्त थीं किंतु सामुदायिक संगठन वाला हिस्सा बेहद कमजोर रह गया था, जबकि जन सहभागिता पर आधारित परियोजनाओं में सामुदायिक संगठन की मजबूती और व्यापक आधार एवं अनिवार्यता है। इसके उलट गैरसरकारी संगठनों द्वारा संचालित परियोजनाओं में निष्ठा, समर्पण और संवेदनशीलता का पक्ष सर्वाधिक सबल रहा। जिम्मेदारी की भावना और समाज के प्रति प्रतिबद्धता के गुण ने इन परियोजनाओं को सचमुच मिशन ही बना दिया था। जन सहभागिता और सामुदायिक संगठन को सबसे अधिक महत्त्व दिया गया था। जल संरचनाओं का तकनीकी पक्ष कुछ निर्बल रहा किंतु वह परियोजना की सफ्लता पर कोई दुष्प्रभाव नहीं डाल पाया।

गैरसरकारी संगठनों का महत्त्व भी इसी कारण है कि उनका सामाजिक जुड़ाव बहुत सबल होता है। उत्तरदायित्व की भावना उनके चरित्र का अभिन्न हिस्सा होती है। जल ग्रहण

- *वयस्क व्यक्तियों का ऐसा संगठन, जो स्वतंत्र रूप से गठित किया गया हो।*
- *संगठन की वैधानिकता कानूनों और सरकार की नीतियों के परिप्रेक्ष्य में प्रमाणित हो।*
- *शासन के किसी विभाग के कर्मियों की सेवा के अंतर्गत किये जानेवाले कार्यों के क्रियान्वयन हेतु उसे गठित न किया गया हो।*
- *प्रजातांत्रिक मूल्यों व पद्धतियों पर विश्वास अभिव्यक्त होता हो*

परियोजनाओं का उद्देश्य भी यही था कि समुदाय को इस तरह संगठित किया जाये कि कौशलपूर्ण होकर क्रियान्वित परियोजनाओं और निर्मित संरचनाओं के स्वामी बनकर, उनके संरक्षण और रख-रखाव का दायित्व निर्वाह कर सकें। उनकी यह भूमिका स्वस्फूर्त हो सके।

एन.जी.ओ. की आवश्यकता क्यों?

भारत एक लोकतांत्रिक राष्ट्र है, जहां जनता के द्वारा निर्वाचित प्रतिनिधियों के माध्यम से शासन चलाया जाता है। भारत की स्वाधीनता के साथ ही देश के नये भाग्य विधाताओं ने 'कल्याणकारी राज्य' की कल्पना को मूर्त रूप प्रदान करने के लिये राज्य और केंद्र की सरकारों का स्वरूप निर्धारित किया था।

इन सरकारों के अंतर्गत जन विकास और कल्याण के लिये अनेक विभाग निर्मित हुए। विभागों के संचालन के लिये बड़े नौकरशाह, अफसर और दीगर कर्मचारियों की फौज नियुक्त की गयी। सरकारी व्यवस्था का जो स्वरूप आज हमें दिखाई देता है, उसका आधार और बनावट का अधिकांश रूप अंग्रेजों से 'जस-का-तस' ले लिया गया है। यहां तक कि सरकार के उद्देश्यों में भी अंग्रेजी मानसिकता की ही झलक मिलती है।

अंग्रेजी शासन व्यवस्था का उद्देश्य था—भारतवासियों पर अंग्रेजी राज की जड़ें मजबूत करना तथा गुलाम भारतीयों और शासक अंग्रेजों के रूप में दो वर्गों को समाज में बनाये रखना। दुर्भाग्य से यह मानसिकता स्वतंत्र भारत में भी मौजूद है। इसे बड़ी आसानी से सरकारी दफ्तरों में बैठे हुए आला-अफसरों के व्यवहार और आचरण में आज भी देखा जा सकता है।

इसका नतीजा यह हुआ है हमारी शासन व्यवस्था एक अजीब किस्म के द्वैत में काम करने के लिये अभिशप्त हो गयी। जिस नौकरशाही को गरीबों, पीड़ितों और वंचितों के प्रति जवाबदेह बनकर उनके विकास और कल्याण के लिये कार्य करने का जिम्मा सौंपा गया है, वही नौकरशाही गरीबों, पीड़ितों और वंचितों पर शासन करने की मानसिकता से प्रेरित है। वे उनके प्रति 'स्वामी-भाव' रखने की अश्लील हरकतें करते दिखाई देते हैं। उनके कार्यालय राजमहल बन गये हैं, जहां आला-अफसरों की महिमा-मंडित जीवनशैली लोकतंत्र का वीभत्स-रस बनकर बहती रहती है।

सरकारी विभाग

- *वे एक तरह की सरकारी संस्कृति की गिरफ्त में चले गये हैं।*
- *खुद को 'जनसेवक' मानने की बजाय अपने को 'शासक वर्ग' का प्रतिनिधि मानने लगे हैं।*
- *कार्यालय की आकर्षणपूर्ण कैद में रहने का इतना आनंद उन्हें आने लगा है कि वास्तविक समस्याओं से उनका कोई सीधा रिश्ता नहीं रह गया है।*
- *उन्होंने ऐसी कार्यशैली विकसित कर ली है, जो उन्हें जनता से दूर रखती है।*
- *वे दस से पांच बजे की कार्यालय अवधि के मानसिक गुलाम हो गये हैं।*
- *विकास की समग्रता और निरंतरता से सरोकार रखने की अपेक्षा वे उसके उतने ही अंश से रिश्ता रखते हैं, जितना कि उनकी सेवा से जुड़ा हो।*
- *वे मशीनी प्रक्रिया और लक्ष्याधारित कार्य करने के आदी हो गये हैं।*

जनता के निर्वाचित प्रतिनिधि सरकार चलाते हुए, नौकरशाहों को यह सिखाने में असफल ही रहे हैं कि उनका कर्त्तव्य भारत के बहुसंख्यक समाज का जिसमें गरीब, शोषित, पीड़ित और पिछड़ों की तादाद भरी पड़ी है, कल्याण करना और उन्हें मुसीबतों के दुश्चक्र से निजात दिलाना ही है। उलटे नौकरशाहों और बाजारीकरण की नयी हवा ने सरकारों को यह समझा देने में सफलता हासिल कर ली है कि 'कल्याणकारी राज्य' की अवधारणा अब एक गुजरे हुए जमाने की चीज बनकर रह गयी है। सरकारों को जल्दी-से-जल्दी कल्याणकारी मानसिकता से अपना पिंड छुड़ा लेना चाहिये। सरकारों ने इसमें इतना आकर्षण देखा कि उन्होंने इस पर अमल करने में जरा भी देर नहीं लगायी। शिक्षा, स्वास्थ्य और सामाजिक-विकास के क्षेत्रों में इसके दुष्परिणामों की झलक भी दिखाई देने लगी है। सरकारी कार्यालयों के अधिकारी और कर्मचारी एक ऐसी 'सरकारी संस्कृति' में ढल गये हैं, जो उन्हें आम-नागरिकों से अलगाव रखने के लिये दुष्प्रेरित करती है। उनके कक्ष के बाहर पीड़ित और फरियादी लोगों की भीड़ लगी रहती है और वे अंदर बेहद इत्मीनान से फाइलों पर या तो झुके रहते हैं या फिर फोन पर बतियाते रहते हैं। पीड़ित जन किसी प्रकार अंदर पहुंच जाये तो वे उसका कोई नोटिस ही नहीं लेते। वे ऐसा प्रदर्शित करेंगे कि उस व्यक्ति का उनके कक्ष में प्रवेश उनके लिये कोई मायने नहीं रखता। वे उसे देखेंगे ही नहीं। चंद मिनट उसकी उपेक्षा करने के बाद इस तरह की नजरों से देखेंगे जिसमें न तो स्वागत है, न जिज्ञासा और न ही सामान्य शिष्टाचार। यही अधिकारी और कर्मचारी उस पीड़ित व्यक्ति से समस्त प्रकार के शिष्टाचारों की अपेक्षा जरूर रखेगा। वह विनम्र हो, खड़ा रहकर बात करे, घिघियाता रहे और उनकी कृपा पाने का मुंतजिर रहे। आत्मविश्वास और आत्मसम्मान से भरपूर याचक उन्हें सहन नहीं होता।

कार्यालय के खूबसूरत कैदखाने में बैठकर इन अधिकारियों और कर्मचारियों ने अपने को (और अपने माध्यम से सरकार को भी) जनता की वास्तविक समस्याओं से सीधा परिचय

प्राप्त करने के अयोग्य बना लिया है । कार्यालयीन समय में ही काम करने और काम के बारे में सोचने की ऐसी मानसिकता बना ली है जो अब उनका मनोविज्ञान भी बन गयी है। इस मनोविज्ञान का ऐसा प्रभाव होता है कि वे कार्यालय-अवधि से पहले या बाद में काम करने के काबिल मन और मस्तिष्क दोनों ही गवां देते हैं। यदि काम करना ही पड़े तो वे झुंझला पड़ते हैं।

अब गैरसरकारी संगठन सरकारी कार्यक्रमों का मूल्यांकन करेंगे

केंद्रीय मंत्रालय तथा उसके विभागों का कार्य-प्रदर्शन अब प्रगति-पत्र में होगा। भारत सरकार ने ऐतिहासिक निर्णय लिया है कि सरकारी कामकाज की पड़ताल और मूल्यांकन करने के लिये निजी क्षेत्र से परामर्श किया जायेगा और गैरसरकारी संगठनों को जोड़ा जायेगा।

भारत सरकार का प्रशासनिक विभाग एक टीम गठित कर रही है जो प्रत्येक मंत्रालय और विभागों का भ्रमण करेगी तथा उनके कार्य निष्पादन एवं प्रदर्शन का मूल्यांकन करेगी। यह खासतौर पर उन विभागों के लिये होगी जो सरकारी सेवा क्षेत्र से संबंधित हैं जैसे पुलिस, स्वास्थ्य और शिक्षा। इसी तरह ढांचागत क्षेत्र जैसे जल और ऊर्जा जो आम नागरिक के जीवन को दैनंदिन आधार पर प्रभावित करते हैं। यह मूल्यांकन भी किया जायेगा कि सरकारी वादों को कितना निभाया गया। फिलहाल यह योजना केंद्र सरकार के विभागों के लिये हैं किंतु बाद में इसे राज्यों तक विस्तारित किया जायेगा।

विभागों का बेहतर प्रदर्शन उन्हें पुरस्कार दिलायेगा या फिर सजा। लगभग 40 गैरसरकारी संगठनों को सरकार ने यह बताने के लिये आमंत्रित किया है कि सरकार की सेवाओं को कैसे उपयुक्त बनाया जा सकता है? बुरा प्रदर्शन करनेवाले मंत्रालयों और विभागों को सजा के तौर पर उनको मिलनेवाली बजट-राशि में कटौती की जायेगी तथा उन्हें एक समय-सीमा में अपना कार्य निष्पादन बेहतर बनाने की चेतावनी भी दी जायेगी।

असल में सरकार ने यह अवधारणा विश्व बैंक परियोजना और टाटा कंसलटेंसी सर्विस से ली है जो उस मॉडल के निर्माण से जुड़े हैं, जो सेवा कार्यों में उत्कृष्टता लाने के लिये तैयार किया जा रहा है, सरकार इसे 'अच्छी सरकार के लिये क्षमता-निर्माण' कहती है। यह मॉडल अंतर्राष्ट्रीय स्तरीय मूल्यांकन प्रणाली उपलब्ध करायेगा और जन सुलभता के लिये मार्गदर्शन भी देगा।

—टाइम्स ऑफ इंडिया, 18 जुलाई 05, में महेंद्र वेद की रपट

सरकारी अमला कल्याण और विकास कार्यक्रमों की समग्रता और निरंतरता के साथ भी कोई सरोकर नहीं रखता, उन्हें तो केवल उतने ही अंश से मतलब होता है, जितने का उनकी नौकरी और निर्धारित कर्त्तव्यों से रिश्ता होता है। इतना ही नहीं, सरकारी अमला एक ऐसी मशीनी प्रक्रिया का आदी भी बन गया है, जो लक्ष्याधारित कार्यशैली के रूप में जानी जाती है। आंकड़ों की बाजीगरी ही उनके संतोष का स्रोत बन गयी है।

जिस तरह गैरसरकारी संगठनों के क्षेत्र में काली सूची में दर्ज संगठनों की भी एक तादाद है ; उसी तरह सरकारी क्षेत्र में भी बेहतर समझ, उत्तम कार्य और समर्पण की शैली में जूझनेवाले कर्मियों और अधिकारियों की भी कमी नहीं है।

सुदीप बैनर्जी, भागीरथ प्रसाद, ललित जोशी, शैलेष पाठक, मदनमोहन उपाध्याय, मंडल, आर.पी. शुक्ल जैसे आई.ए.एस., विभूतिनारायण राय, दिनेश जुगरान, विकास राय, आर.एस. मीणा जैसे आई.पी.एस. अफसरों का इस संदर्भ में उल्लेख किया जा सकता है। ऐसे नाम पूरे देश में बिखरे हुए हैं। आई.ए.एस. और आई.पी.एस. अधिकारियों के नीचे काम करनेवाले दूसरी और तीसरी श्रेणी के कर्मियों में भी यह भावना शिद्दत के साथ मौजूद देखी गयी है। यह संवेदनहीन नौकरशाही के समुद्र में राहत के टापू हैं।

इसके बरक्स गैरसरकारी संगठन अपने समाज के विकास और लोगों के कल्याण के लिये अपनी गतिविधियों को मूर्त रूप देने के लिये जिस तहर की कार्यविधि को विकसित करते हैं वह कहीं अधिक कारगर रूप से क्रियान्वयन कर पाने में सफल होती है। गैरसरकारी संगठन जन-संस्कृति के साथ गहरा तालमेल स्थापित करने के लिये सदैव तत्पर रहता है। जन-संस्कृति से तात्पर्य यह है कि उन्हें यदि आदिवासी-समुदाय के साथ काम करना है, तो वे सबसे पहले आदिवासी जीवनशैली, परंपराओं तथा उनकी समस्याओं की सूक्ष्म जानकारी प्राप्त कर लेने को तरजीह देते हैं। जानकारी प्राप्त करने की यह प्रक्रिया बिल्कुल स्कूली शिक्षा की तरह गहरी जिज्ञासाओं से परिपूर्ण होती है। बिल्कुल 'तुम जानत तुझ सा ह्वै जाई' के कबीरी तादात्म्य की तरह।

'**छत्तीसगढ़ मुक्ति मोर्चा**' के स्व. शंकर गुहा नियोगी ने जब छत्तीसगढ़ के आदिवासी मजदूरों के बीच काम करना आरंभ किया था तो उन्होंने स्वयं भी आदिवासी जीवन अपना लिया था। आदिवासी भोजन, भूषा और भाषा में वह रम गये थे। उन्होंने एक आदिवासी-युवती से ही विवाह किया था और झोपड़ी बनाकर उन्हीं के बीच रहने लगे थे। जीवन का इस तरह समर्पण के बदले में आदिवासियों का अटूट भरोसा पा सके। नियोगी ने आदिवासी मजदूरों को शोषण के विरुद्ध लामबंद किया और उनको संघर्ष का रास्ता दिखाया। संघर्ष के जरिये ही डल्ली-राजहरा के मजदूरों का आर्थिक उन्नयन संभव हुआ। उनकी मजदूरी दर छह सौ प्रतिशत तक बढ़ी। स्वास्थ्य और सुरक्षा के उपाय हुये। मजदूरों ने भी 'छत्तीसगढ़ मुक्ति मोर्चा' के प्रति ऐसी निष्ठा दिखाई जो अन्यत्र दुर्लभ ही कही जायेगी। वे अपने मसीहा को जी-जान से प्यार करते थे। उसके निर्देश पर मर-मिटने को तत्पर रहते थे। शंकर गुहा नियोगी जैसे 'सगीना महतो' बनकर दोबारा धरती पर उतर आया था। डल्ली-राजहरा की खदानों के स्वामियों और ठेकेदारों को ऐसा मसीहा भला कहां सहन होनेवाला था। नियोगी की निर्मम हत्या कर दी गयी। अंततः मसीहा ने ही बलिदान दिया। गैरसरकारी संगठन का यह भी एक स्वरूप है, जहां अधिकारों के पक्ष में और शोषण के विरुद्ध जुझारू संघर्ष का रास्ता अपनाया जाता है।

जन-संस्कृति के ज्ञान के लिये पिछड़ों, गरीबों, किसानों, महिलाओं, बच्चों, शहरी मलिन-बस्तियों तथा पहाड़ी और घुमंतु जातियों का अनौपचारिक अध्ययन गैरसरकारी संगठनों के लिये अनिवार्यता बन जाता है।

विदेशी अनुदान : कब कितना मिला

- *भारतीय गैरसरकारी संगठनों को सन् 1968 में विदेशी अनुदान के रूप में सिर्फ 24 करोड़ रुपये मिले थे ।*
- *सन् 2003-04 के दौरान 14700 संगठनों को 4856 करोड़ रुपये का विदेशी अनुदान मिला।*
- *गैरसरकारी संगठनों ने 2000-01 के दौरान धार्मिक गतिविधियों के लिये 284 करोड़ रुपये प्राप्त किये, जबकि 2001-02 में यह रकम 37.6 फीसद बढ़कर 391 करोड़ रुपये हो गयी।*
- *केंद्रीय गृह मंत्रालय के आंकड़ों के मुताबिक, 1999-2000 के दौरान 3924.63 करोड़ रुपये उपलब्ध कराये गये।*
- *सन 2001-02 की अवधि में संगठनों को 15618 करोड़ रुपये विदेशी अनुदान मिला, जबकि 2000-01 के दौरान 14598 करोड़ रुपये उपलब्ध हुए थे।*
- *भारत ने 1995 से 2001 के दौरान*
- *भारतीय धार्मिक संगठनों ने कुल आयी रकम का करीब 10 फीसद हासिल किया ।*
- *विदेशी रकम हासिल करनेवाले 25 शीर्ष भारतीय संगठनों में से 13 धार्मिक संगठन हैं। इनमें हिंदु और ईसाई दोनों हैं। इनमें से कई संगठन धार्मिक गतिविधियों के अलावा सामाजिक कार्यों जैसे स्कूल खोलने, गरीबों के लिये आवास बनाने और निरक्षरता दूर करने के कामों में लगे है।*
- *दिल्ली ने सबसे ज्यादा (794.5 करोड़ रुपये) विदेशी धन हासिल किया। यह रकम 839 संगठनों के बीच बांटी जाती है। इसके बाद तमिलनाडु (649.45 करोड़ रुपये) तथा आंध्र प्रदेश (589.52 करोड़ रुपये) का नंबर आता है।*
- *बंगलूर शहर को सबसे ज्यादा 362.2 करोड़ रुपये मिले। इसके बाद चेन्नई और मुंबई का स्थान आता है। इन्हें क्रमशः 311.6 करोड़ और 298.3 करोड़ रुपये मिले।*
- *आंध्रप्रदेश का श्री सत्य साईं सेंट्रल ट्रस्ट सर्वाधिक विदेशी अनुदान प्राप्त करनेवाला गैरसरकारी भारतीय संगठन है। इसने 88.18 करोड़ रुपये हासिल किये। तमिलनाडु के 'वर्ल्ड विजन ऑफ इंडिया' ने 85.42 करोड़ रुपये और महाराष्ट्र स्थित वाच टॉवर बाइबिल एंड ट्रैक्ट को 74.88 करोड़ रुपये मिले ।*
- *ग्रामीण विकास के कार्यक्रमों में सबसे ज्यादा 547 करोड़ रुपये अनुदान दिया गया। इसके बाद स्वास्थ्य व परिवार कल्याण (432.98 करोड़ रुपये) और प्राकृतिक आपदा राहत (339.77 करोड़ रुपये) के मद में मिले।*

दिल्ली के एक नामी गैरसरकारी संगठन के दो प्रतिनिधि एक बार 'परिक्रमा' में आये और मुझसे कहा कि वे जबलपुर संभाग के आदिवासी जिलों मंडला और डिंडौरी का भ्रमण करके

कलक्टर ऐसा भी

एटा मुख्यालय पर चल रहे रंग-महोत्सव में उस रात रसियों के कार्यक्रम का उद्घाटन था। उद्घाटन की औपचारिकता पूरी करके आर.के. शुक्ल मंच से उतर रहे थे कि एक महिला ने उनके पांव पकड़ लिये। महिला उनको शादी का कॉर्ड देकर गुहार करने लगी, मेरी बेटी की शादी होनी है। बारात आने को है लेकिन पास में फूटी कौड़ी तक नहीं। साहब, मैं भिखारन हूं। बेटी की खुशियों की खातिर आपके सामने झोली फैलाने आई हूं। आपने इस गरीब की झोली खाली छोड़ी तो मेरी बेटी कुंआरी ही रह जायेगी।

महिला की मार्मिक गुहार से एटा के रहमदिल जिलाधिकारी आर.पी.शुक्ल का दिल पसीज गया और वे उलटे पांव मंच पर लौटे। माइक थामा और खचाखच भरे पंडाल में बैठे लोगों को संबोधित करते हुए कहा, इस भिखारन ने अपनी बेटी की शादी का कॉर्ड मुझे दिया है। वह खुद भिखारिन है। जाहिर है, उसकी खाली झोली में न बेटी के हाथ पीले करने के लिये कुछ है और न बारातियों के लिये। कुछ कहते हुए शुक्ल ने मंच पर खड़े होकर अपनी झोली लोगों के सामने फैला दी। शुक्ल ने पहल करते हुए 5100 रुपये शादी के लिये दिये। उनके ऐसा करते ही वहां मौजूद लोगों ने कुछ ही देर में शादी के लिये नोटों का ढेर लगा दिया। दानदाताओं में कोई टेंट देने की घोषणा कर रहा था तो कोई बारातियों की व्यवस्था करने की। कोई साड़ियां देने की, कोई फोटोग्राफी की तो कोई बर्तन-कपड़े देने की। कुछ ही देर में 20 हजार से ज्यादा की धनराशि जमा हो गई।

इसी तरह एक बार जादूगर राकेश के कारनामे देख रहे जिलाधिकारी का ध्यान पीछे रो रहे बच्चे की ओर गया। बच्चे के एक हाथ में केतली थी। चाय के कुल्हड़ फूटने से वह फूट-फूटकर रो रहा था। जिज्ञासावश जिलाधिकारी ने पूछा कि एक कुल्हड़ फूटने पर इतना क्यों रो रहा है। जवाब में वह चायवाला बोला कि साहब दो सौ रुपये पहले ही उसकी पगार से कट चुके हैं। आज मालिक मुझे नहीं छोड़ेगा। यह कहकर वह रोने लगा। शुक्ल ने जेब से 20 रुपये निकालकर उसे दिये और कहा--जा, अपने मालिक के फूटे कुल्हड़ के पैसे भर देना। पैसे लेकर वह चुप हो गया। पूछने पर उसने अपना नाम भोलू बताया। भोलू का असली नाम योगेश है। वह शहर की नयी बस्ती के निवासी विजय कुमार गुप्ता की तीसरी संतान है। भोलू का पिता शराबी प्रवृत्ति का है जो भी कमाता है शराब में उड़ा देता है, इसलिये घर गुजारे के लिये उसकी मां लोगों की जूठन साफ करती थी। यह देखकर मासूम भोलू की खुद्दारी जाग उठी। उसने मां से कह दिया कि वह लोगों की जूठन साफ नहीं करेगी। घर चलाने के लिये उसने चाय की दुकान पर चाय बांटने की नौकरी कर ली। भोलू से शुक्ल बात कर ही रह थे कि जादूगर राकेश ने मंच से उन्हें आवाज दी।

राकेश ने कहा कि डी.एम. साहब कवि, चित्रकार और अच्छे वक्ता ही नहीं, जादूगर भी हैं। वे आयें और अपना जादू दिखायें। जिलाधिकारी मंच पर पहुंचे, उन्होने जादू के कई करतब दिखाये। इसी बीच उन्होने चाय बेचनेवाले भोलू को मंच पर बुलाया। वे मंच से देख रहे थे कि भोलू बेहद एक्टिव है। अचानक भोलू को बुलाकर उन्होने घोषणा की कि आज के

बाद भोलू चाय नहीं बेचेगा। आज से वह मेरा बेटा है। उसके मां-बाप को एतराज न हो तो वह मेरे घर में रहेगा। जादू का खेल देखने आये लोग जिलाधिकारी की इस घोषणा से सुखद आश्चर्य से भर गये। तालियों की गड़गड़ाहट के बीच वे भोलू को अपने घर ले आये। अब वह चाय नहीं बेच रहा है। शुक्ल ने उसका एडमीशन रोज एकेडमी स्कूल में करा दिया है।

शुक्ल कहते हैं कि वे भोलू को पढ़ा-लिखाकर इस काबिल बनायेंगे कि उसे चाय न बेचनी पड़े। भोलू की खुद्दारी से वे बहुत प्रभावित हैं। तबादले के बाद भोलू का क्या होगा, यह पूछने पर शुक्ल बोले, यदि उसके मां-बाप ने इजाजत दी तो वे उसे अपने साथ ले जायेंगे। वे लखनऊ के रहनेवाले हैं और वे पी.सी.एस. संवर्ग के अध्यक्ष तथा महामंत्री भी रह चुके हैं। उनके परिवार में पत्नी नमिता शुक्ल के अलावा एक बेटा और एक बेटी है। परिवार के इस नये सदस्य भोलू का नाम बदलकर उत्कर्ष रख दिया गया है। जब उनकी पत्नी और दोनों बच्चे एटा आयेंगे तभी परिवार के नये सदस्य से उनकी मुलाकत होगी। वे उत्कर्ष से उसकी पहचान नहीं छीनना चाहते हैं। मिथिलेश की शादी के सवाल पर वे कहते हैं कि वे उसका कन्यादान करेंगे और विदाई भी। वे बताते हैं कि इस घटना के बाद उनके पास महिलाओं की भीड़ लग गई है। सभी गरीबी का वास्ता देकर अपनी बेटियों के हाथ पीले कराने की गुहार कर रही हैं। उधर, प्रदेश के बाहर से भी लगातार बधाइयां मिल रही हैं। शुक्ल एक कुशल चित्रकार, प्रखर वक्ता, अच्छे गायक और कवि भी हैं। लगभग एक साल में ही एटा जिले के लोग बहुमुखी प्रतिभा के धनी शुक्ल की प्रतिभा के कायल हो गये हैं।

—खबर परिक्रमा, मार्च, 2005

आदिवासियों से मिलना और बातें करना चाहते हैं, ताकि वे आदिवासियों की समस्याओं पर अपनी एक अध्ययन-रपट तैयार कर सकें। यह रपट उन्हें एक विदेशी वित्त-प्रदाता संस्था के लिये तैयार करनी थी। बाद में इसी रपट के आधार पर उक्त विदेशी वित्त प्रदाता संस्था, उस गैरसरकारी संगठन को आदिवासियों की समस्याओं के निदान के लिये एक परियोजना को आर्थिक सहायता भी करनेवाली थी।

मैं प्रसन्नता सहित उनके साथ एक सप्ताह के भ्रमण कार्यक्रम में शामिल हो गया। 'परिक्रमा' स्वयं आदिवासियों के साथ मिलकर काम करती है इसलिये आदिवासियों के बीच जाना, उनसे मिलना, बातें करना और उनकी जीवनशैली तथा संस्कृति को जानना मुझे सदा लुभाता रहा है।

मंडला जिले के एक गांव में आदिवासी स्त्री-पुरुषों के साथ चल रही बैठक के दौरान मेरे इस 'एक्सपर्ट' अतिथि ने अपनी संस्था के क्रियाकलापों के बारे में विस्तार से बताया। इसके बाद वे आदिवासियों की समस्याओं पर भी धारा-प्रवाह बोलते रहे। मेरे इस जींसधारी युवा अतिथि ने कुछ ऐसी बातें भी कहीं, जो इस बात का संकेत दे गयीं कि वे आदिवासी-जीवन से पूरी तरह वाकिफ नहीं हैं। उन्होंने दहेज-प्रथा, मृत्यु भोज जैसे अन्य व्यर्थ के खर्चों और सामजिक-बुराइयों को मिटाने के लिये आदिवासी-समाज का आह्वान कर डाला।

मैं उन्हें कुछ कहूं, तो वह अतिथि के प्रति अनादर न हो जाये, इसलिये मैंने आदिवासी-समुदाय की एक संघर्षशील-स्त्री से ही आग्रह किया कि वह अतिथि महोदय के विचारों के संबंध में अपनी राय व्यक्त करे। आदिवासी-स्त्री सगुनिया बाई ने अपने गांव में शराबबंदी करवा दी थी और एक स्वयं सहायता समूह की आर्थिक गतिविधियों का सफलतापूर्वक संचालन कर रही थी। उसने भांप लिया था कि अतिथि महोदय दिल्ली से 'एक्सपर्ट' बनकर तो आये हैं किंतु वे फैशनवादी-एक्सपर्ट ही हैं। आदिवासियों के बीच उन्होंने कोई काम नहीं किया है। मेरे अतिथि ने किताबी-ज्ञान को ही अपना आधार बना रखा था। पर किताबी-ज्ञान वहां पहुंचकर व्यर्थ हो जाता है, जहां वास्तविक जीवन का यथार्थवादी रूप देखने को मिलता है। इसीलिये कबीर ने कहा है-

"तेरा मेरा मनुआं कैसे एक होइ रे
तू कहता कागद की लेखी, मैं कहता आंखन की देखी
मैं कहता सुरझावनहारी, तू राख्यो अरुझोई रे"

सगुनिया बाई ने बताया कि आदिवासियों में दहेज-प्रथा जैसी कोई समस्या ही नहीं है और सामाजिक भोजवाले कार्यक्रमों में भी आदिवासी-जन अपना राशन साथ ही लाते हैं। वे चकित भी हुए और थोड़ा लज्जित भी।

एक वास्तविक गैरसरकारी संगठन की दृष्टि में किसी समाज या समुदाय की परंपरायें ही नहीं, उसके जन-मनोविज्ञान का ज्ञान भी आवश्यक होता है। हम जिन लोगों के बीच या जिन लोगों के लिये काम करने जाते हैं, उन्हें अज्ञानी, भोला या नासमझ मानकर चलेंगे तो धोखा खा जायें गे। अनुभव बताते हैं कि ग्रामीण, आदिवासी या गंवई स्त्रियां भी उतनी ही चतुर, समझदार और ज्ञानी होती हैं, जितने कि हम शहरी अपने को समझते हैं। हां, हमारे और उनके ज्ञान के क्षेत्र भिन्न-भिन्न हो सकते हैं। हम कार्यकर्त्ताओं को उन्हें अपने बराबर रखकर ही काम शुरू करना होगा। कमतर मानकर की गयी शुरुआत अंजाम तक पहुंचने में बाधा बन जायेगी।

ग्रामीणों के पास प्रतिदिन किसी-न-किसी सरकारी विभाग से कोई-न-कोई अफसर या कर्मचारी महानुभाव पहुंचते ही रहते हैं। ग्रामीण-जनों को चौपाल पर बुलाकर जमा कर लिया जाता है। ग्रामीणों के लिये आये दिन की यह कवायद सिरदर्द बन चुकी है। वे इसके प्रति नकारात्मक दृष्टि बना चुके हैं। बुलाये जाने पर विवशता के कारण वे भारी कदमों से, भरी हुई चाल चलकर आ जाते हैं। इधर-उधर जगह देखकर अपने संगी-साथियों के पास बैठ जाते हैं। गांव जानेवाले हमें समझते हैं कि वहां हमारा इंतजार हो रहा होगा। हम एक नयी आशा, एक नयी किरण और विकास की जादुई छड़ी लेकर जा रहे हैं। यथार्थ इसके उलट है। वहां किसी को हमारी प्रतीक्षा नहीं है। सरकारी अमले ने इतनी बार आशाएं तोड़ी हैं, इतनी बार भरोसा मारा गया है कि ग्रामीणों को अविश्वास, शंका और अजनबीयत के सिवा और कुछ नहीं मिलता।

वे ऐसी बैठकों में आगंतुक को देखते-तौलते हैं कि वह उनके लिये कौन-सी बाजीगरी लेकर आया है ? उसके पिटारे में क्या है ?

अक्सर सरकारी अधिकारी-कर्मी ही आते हैं और दोनों पक्षों ने एक औपचारितकता का निर्वाह करना भी सीख लिया है। बैठक शुरू होने के पहले तक ग्रामीण हंसेंगे-मुस्कुराएंगे, आपसी चर्चाएं भी करेंगे और अधिकारी के द्वारा किसी योजना पर भाषण शुरू करते ही वे निर्भाव होकर इस तरह बैठ जायें गे मानो उन्होंने अपने मस्तिष्क की सभी बटनें बंद कर ली हों। बोलते रहिये। कुछ भी पहुंच नहीं रहा है। ग्रहण होने का तो प्रश्न ही नहीं है।

असल में ग्रामीण ऊब चुके हैं। लक्ष्य पूरा करने निकले लोगों के व्यवहार और शैली को उन्होंने नकार दिया है। इसलिये गैरसरकारी संगठनों को यह सोचकर ही निकलना है कि सरकारी तौर-तरीकों ने जिस वातावरण को पूरी तरह बिगाड़ दिया है, वहां उन्हें एक नये और आकर्षक तरीके से पहुंच बनानी होगी। कुछ सिखाने और देने की भूमिका से परहेज करना होगा।

सरकार ने दाता की भूमिका से आधी शताब्दी काम किया और पाया कि वह नाकाम रही हैं। राजनीतिबाज तो 'देने और दिलाने' से इतर अपनी किसी और भूमिका से परिचित ही नहीं हैं। उन्होंने गांव को मुफ्तखोर बनाने, कर्जे न चुकाने के लिये लेने और स्वस्फूर्त कार्यशैली से नाता न रखने की आदत डाल दी है।

ऐसी विपरीत और प्रतिकूल परिस्थितियों में गैरसरकारी संगठनों को काम करना होता है और सिर्फ गैरसरकारी संगठन ही वहां कारगर हो सकते हैं। इसके लिये उन्हें अपनी कार्यशैली और संस्कृति विकसित करनी होती है। सहजता, सरलता और उन जैसा ही होने के प्रमाण देने के लिये बातचीत का नवाचारी स्वरूप भी निर्मित करना होता है। ग्रामीण एक-दो बार में ही

खुद के पैसे से पुलिसकर्मी ने दी डेढ़ लाख बच्चों को यातायात की जानकारी

पुलिस के बारे में नकारात्मक दृष्टिकोण रखनेवालों को यह जानकार सुखद आश्चर्य होगा कि एक ऐसा भी सिपाही है, वह अब तक अपने खर्च पर डेढ़ लाख से अधिक बच्चों को यातायात के नियमों की जानकारी दे चुका है। भूपसिंह यादव नामक इस पुलिसकर्मी ने 1998 से यह अभियान चला रखा है और अभी तक वह डेढ़ लाख से अधिक बच्चों को प्रशिक्षित कर चुका है।

विभाग से छुट्टियां लेकर वह बच्चों के स्कूलों में जा-जाकर उन्हें यातायात के नियमों की जानकारी दे रहा है, मैनपुरी जिले में तैनात भूपसिंह यादव ने बताया कि कई वीभत्स दुर्घटनाओं को देखने के बाद उसे लगा कि इनमें से कई ऐसी थीं, जिन्हें यातायात के नियमों की जानकारी होने पर बचाया जा सकता था। इसीलिये उसने लोगों को यातायात नियमों की जानकारी देने की ठान ली और इसके लिये बच्चों को सबसे पहले चुना। सिपाही यादव का दावा है कि अब तक वह 350 से अधिक स्कूलों में यातायात नियमों की जानकारी दे चुका है। उसका कहना है कि इसके लिये उसे स्कूलों के प्रबंध-तंत्र का पूरा सहयोग मिलता है। 16 वर्षों से पुलिस विभाग में सिपाही के पद पर कार्यरत यादव ने कहा कि वह गिनीज बुक ऑफ वर्ल्ड रिकॉर्ड्स में अपना नाम दर्ज कराने का प्रयास कर सकता है।

आपको स्वीकार नहीं कर लेते। वे सतत अवलोकन और परीक्षण के अपने औजारों पर परखते हुए भरोसा करते हैं। यह एक धीमी प्रक्रिया है। धीमी किंतु मजबूत। एक बार उनका भरोसा मिल जाये तो वह पूंजी की तरह आपके काम आता है। तब वे आपके लिये लड़ने और संघर्षों में आपके साथ बने रहने की स्थायी भावना से जुड़ जाते हैं। मेधा पाटकर का 'नर्मदा बचाओ आंदोलन' इसी पूंजी से लबालब भरा हुआ है। दीर्घकालीन संघर्ष में भी यह पूंजी छीजी नहीं है।

जो सरकारें गैरसरकारी संगठनों की इसी शक्ति और चरित्र के कारण, उन्हें परियोजनाओं से जोड़ना चाहती हैं, वही अक्सर आक्रमणकारी बनकर गैरसरकारी संगठन के सामने खड़ी भी

गैरसरकारी संगठन

- *जन-संस्कृति के साथ तालमेल को तत्पर रहते हैं।*
- *खुद को जनता का हिस्सा मानते हैं व जन-मनोविज्ञान को समझने की चेष्टा करते हैं।*
- *वे ऐसी एन.जी.ओ.-कार्यशैली और एन.जी.ओ.-संस्कृति विकसित करते हैं, जो काम को आनंदपूर्ण और जनाभिमुखी बनाती है।*
- *अपने कार्यालय से उनका उतना ही सरोकार होता है, जितना रिकॉर्ड-रजिस्टर आदि के संधारण के लिये आवश्यक होता है।*
- *वे किसी कार्यावधि के अधीन नहीं होते।*
- *विकास की समग्रता व निरंतरता ही उनका सबसे बड़ा मुद्दा होता है।*
- *मशीनी-प्रक्रिया और लक्ष्य पर आधारित कार्य उनके लिये अस्प्रष्य होते हैं।*
- *उनके मन में सामाजिक मूल्य तथा विशेष अवधारणायें होती हैं। इन्हीं की स्थापनाओं के लिये वे कार्य करते हैं।*
- *वे उन्हीं परियोजनाओं का चुनाव करते हैं जो उनके मूल उद्देश्यों और अवधारणाओं के अनुकूल हों।*
- *अपने कार्यों में लोकतांत्रिक पद्धति तो अपनाते ही हैं, संगठन में उसे वरीयता देते हैं।*
- *सामूहिक चर्चाओं और विचार-विमर्श से निष्पादित निर्णयों को ही अंगीकृत करते हैं।*
- *पारदर्शिता और शुचिता उनकी कसौटी होते हैं ।*
- *वे लोकप्रियता की बजाय जन-आस्था की ललक से भरपूर होते हैं।*
- *वे राष्ट्रीय नीतियों और अंतर्राष्ट्रीय रुझानों को भी ध्यान में रखते हैं।*
- *नैसर्गिक-न्याय और समतामूलक समाज के निर्माण में आस्था रखते हैं।*
- *धर्म, लिंग और जातिगत भेदभाव से दूर होते हैं ।*
- *जन-अधिकारों के प्रति सजग रहना उनका दायित्व होता है।*
- *अपने ज्ञान व कौशल को सदैव परिमार्जित करते रहते हैं।*
- *सतत् अध्ययन और सहचिंतन जीवन का अभिन्न अंग होता है।*

हो जाती हैं। सरकार आखिर सरकार होती है। सत्ता का चरित्र वह त्याग नहीं सकती। जनता का समर्थन सरकार और संगठन दोनों को चाहिये। जब इस साझी संपदा पर संगठन का वर्चस्व दिखाई देने लगता है तो सरकार आत्मावलोकन करने की बजाय सत्ता के षड्यंत्रों से संगठन को बेदखल, बदनाम और बेअसर बनाने में जुट जाती है।

जबलपुर की भूकंप-त्रासदी की एक घटना याद आ रही है।1997 में आये भूकंप ने कुछ गांवों में खासी तबाही मचा दी थी। सरकार से पहले गैरसरकारी संगठनों ने पहल की थी और राहत के बढ़िया कामों के जरिये सबका ध्यान खींचा था। अखबारों में भी उनकी भूमिका पर सकारात्मक टिप्पणी आयी थी। कुछ बड़े सरकारी अफसरों को यह नागवार गुजरा था। एक युवा आई.ए.एस. ने तब योजना बनायी थी कि गैरसरकारी संगठनों के कुछ लोगों को ग्रामीणों से पिटवा दिया जाये और बदनाम कर दिया जाये। यह खबर लीक होकर हम लोगों तक पहुंच गयी थी और हम लोग खासतौर पर मैं हतप्रभ रह गया था कि क्या इस हद तक भी जा सकते हैं ये नौकरशाह ?

कार्यालय

जिस तरह सरकारी विभागों के कार्यालय होते हैं, उसी तरह गैरसरकारी संगठनों के भी कार्यालय होते हैं। हालांकि उनके कार्यालय एक डाकखाने से अधिक महत्त्व नहीं रखते।

कार्यालय एक आवश्यक उपादान होते हुए भी वह गैरसरकारी संगठन का कार्य-स्थल नहीं होता। कार्यालय संगठन की प्रामाणिकता निर्मित करता है और संगठन की दैनिक कार्यवाही के लिये ऐसा स्थल होता है, जहां से संपर्क-स्थापन की गतिविधियों को सुचारू रूप से संपादित किया जाता है। इसलिये संगठनों को उसका प्रयोग साधन के रूप में ही करना चाहिये और सतर्क रहना चाहिये कि वह साध्य न बन जाये ।

सन् 1999 में एक कार्यशाला में भाग लेने के लिये मैं अपने सहयोगियों के साथ *समाज प्रगति सहयोग* बागली, जिला देवास, म.प्र. गया था। उस समय गैरसरकारी संगठनों के बारे में अपने अनुभवों का वर्णन करते हुये युवा साथी श्री प्रमथेश अंबस्ट ने बताया था कि बहुत से गैरसरकारी संगठनों ने जलागम कार्यक्रम संचालित करने के लिये समाज प्रगति सहयोग से संपर्क किया था। जब स.प्र.स. की ओर से उन संगठनों से संपर्क किया गया तो अधिकांश के पते झूठे निकले और कहीं-कहीं तो सिर्फ बोर्ड ही लटकता हुआ पाया गया। इस तरह कार्यालय की अस्तित्वहीनता ने संगठन की अस्तित्वहीनता की चुगली कर दी थी। अतः कार्यालय के महत्त्व से इंकार नहीं किया जा सकता किंतु वह एक साधन के रूप में ही उपयोगी है ।

गैरसरकारी संगठन अपने कार्यालय और कार्यक्षेत्र दोनों के लिये किसी बंधी हुई कार्यविधि के अंतर्गत कार्य नहीं करते। आवश्यकता के अनुरूप कार्यविधि का निर्धारण होता रहता है। खास तौर पर कार्यक्षेत्र की प्रकृति को ध्यान में रखकर कार्यविधि सुनिश्चित की जाती है।

भारत को विदेशी सहायता

- *तीन शीर्ष दानदाता संस्थायें अमेरिका की हैं।*
- *अमेरिका सबसे ज्यादा यानी 1492 करोड़ रुपये अनुदान उपलब्ध कराता है। इसके बाद ब्रिटेन (677.59 करोड़ रु.) तथा जर्मनी (664.51 करोड़ रु.) का स्थान है।*
- *अमेरिका की 'वर्ल्ड विजन' शीर्षस्थ अनुदान दाता एजेंसी है। इसकी अनुदान राशि 80.43 करोड़ रुपये है। इसके पश्चात् अमेरिका की ही 'फॉस्टर पैरेंट प्लान इंटरनेशनल' और 'वाच टॉवर बाइबिल एंड ट्रैक्ट सोसाइटी' का नंबर आता है। इन एजेंसियों ने क्रमश: 76.37 करोड़ रु. और 68.11 करोड़ रु. उपलब्ध कराये हैं।*
- *ब्रिटेन की संस्था 'एक्शनएड' ने भारतीय संगठनों को 71.2 करोड़ रुपये उपलब्ध कराये।*
- *'स्पेन स्थित फाउंडेशन विंसेंट फेरर' ने 63.1 करोड़ रुपये दिये।*

ग्रामीण क्षेत्रों में काम करते हुये हमारा यह अनुभव रहा है कि अलग-अलग मौसम में अलग-अलग कार्यविधि का निर्धारण करना पड़ता है। जब खेती की बुवाई या कटाई का समय हो तो शाम के सात बजे से बैठक रखना या ग्रामीणों से अनौपचारिक चर्चा करना सबसे उपयुक्त होता है। मार्च-अप्रैल के महीनों में हम लोग जलागम कार्यक्रम की संपूर्ण अवधारणा तथा क्रिया से परिचित कराने के लिये शाम को सात बजे गांव पहुंचते थे तब तक गांव के स्त्री-पुरुष कटाई जैसे कामों से फुर्सत पाकर, नहाने के बाद बैठक में पहुंचने लगते थे। चार-पांच घंटे चलनेवाली लंबी जनजागरण सभाओं की सफलता के लिये हम लोगों ने एक गुर भी सीख लिया था, ग्रामीणों के साथ रात्रि भोज का आयोजन। इससे जहां स्त्री-पुरुष भोजन की ओर से फुर्सत में रहते थे वही सहभोज आत्मीयता का सृजन भी करता था। एक साथ बैठकर पंगत में खाना हमें जितना आह्लादित करता था, उससे कहीं ज्यादा उन्हें। बात की बात में खाना बनानेवाली, जरूरतों का प्रबंध करनेवाली और आग्रहपूर्वक भोजन करानेवाली टीमें बन जाती। अक्सर परोसनेवाली टीम युवाओं की होती और वे जिस आदर तथा सलीके से भोजन परोसते वह देखते ही बनता था। इस तरह आरंभ से ही सहयोगी भावना तथा जिम्मेदारी के निर्वाह के लिये तत्परता से अपने आपको प्रस्तुत करने का प्रशिक्षण भी संपन्न होता जाता। अक्सर ऐसे कार्यक्रम रात को ग्यारह और बारह बजे तक संपन्न हो पाते। आधी रात तक काम करने पर भी थकान से ज्यादा संतोष मिलता। यह संतोष इस बात का होता कि हम जलागम अवधारणा को संपूर्ण गांव तक पहुंचा सके और संतोष इसका भी होता कि गांववासियों ने रुचिपूर्वक अपनी समस्याओं को प्रस्तुत किया तथा उनके समाधान के लिये जलागम कार्यक्रम को समझने का ईमानदार प्रयत्न भी।

हम यदि दस से पांच बजे की अवधि में ही काम करने की मानसिकता की कैद में रहते तो दस-पांच लोगों की ही बैठक करके एक नकली जनजागरण संपन्न हो जाता। बैठक रजिस्टर में बाद में हस्ताक्षर कराकर खानापूर्ति भी कर ली जाती। परंतु भविष्य में परियोजना का जो हश्र होता वह गांववालों के लिये दुःस्वप्न ही बन जाता।

समग्रता की अवधारणा

गैरसरकारी संगठन कोशिश करते हैं कि विकास के कार्य समग्रता के साथ किए जाएं। समग्रता से यहां तात्पर्य है कि जिस मुद्दे पर कार्य किया जा रहा हो उससे जुड़े हुये तथा उससे अप्रत्यक्ष संबंध रखनेवाले सभी मुद्दों को अपनी गतिविधियों का हिस्सा बना लिया जाये। जैसे जलागम और जलग्रहण क्षेत्र प्रबंधन परियोजनाएं, मिट्टी, पानी, वृक्षों, पशुपालन और आयमूलक गतिविधियों के लिये प्रत्यक्षतः कार्य करती हैं, लेकिन इसके साथ-साथ पर्यावरण संरक्षण और जैव विविधता की रक्षा जैसे मुद्दे भी अप्रत्यक्ष रूप से जुड़े हुये हैं। स्वास्थ्य और स्वच्छता भी इसी का अभिन्न हिस्सा हैं, तब जलग्रहण क्षेत्र प्रबंधन कार्यक्रम करते हुये हम इन अप्रत्यक्ष मुद्दों पर भी कार्य करते हैं, भले ही हमारी वित्तीय और बजटीय प्रक्रिया में वे शामिल न हों।

राजीव गांधी वाटरशेड मिशन (म.प्र.) की एक परियोजना में कार्य करते हुये हमने अपने परियोजना क्षेत्र के पशुपक्षियों और वन्य प्राणियों की न केवल सूची बनाई थी बल्कि पानी की कमी से प्राणियों के लिये उत्पन्न दुष्प्रभावों का अध्ययन भी किया था।

गैरसरकारी संगठन सिर्फ वित्त प्रदाता संस्थाओं के लिये परियोजना संचालन करनेवाला ठेकेदार मात्र नहीं होता। वह केवल उन्हीं परियोजनाओं और वित्तीय संस्थाओं के साथ जुड़ता है जो उसकी विकास अवधारणाओं तथा सामाजिक मूल्यों के अनुरूप होती हैं। इतना ही नहीं संगठन यह भी सुनिश्चित करता है कि उस क्षेत्र में उसकी विशेषज्ञता हो और संगठन की स्थापना उन्हीं समस्याओं के निदान के लिये हुई हो। जनता से जुड़कर, कार्य करना उसकी कार्य संस्कृति का अंग होता है और स्वयं अपने संगठन में आंतरिक लोकतंत्र को उच्चतम महत्त्व देता है। इसके लिये संगठन सामूहिक चर्चाओं और विचार-विमर्श से निष्पादित निर्णयों को प्रमुखता देता है। पारदर्शिता और शुचिता उसकी अपनी कसौटी होते हैं।

लोकप्रियता नहीं जन-आस्था

गैरसरकारी संगठन इस उद्देश्य से जन कल्याण के कार्य नहीं करता कि उसके माध्यम से वह लोकप्रियता अर्जित करेगा, बल्कि उसका उद्देश्य तो जन-आस्था प्राप्त करना होता है। यदि सामान्य लोगों का उस संगठन तथा संगठन के पदाधिकारियों, सदस्यों और कर्मियों के प्रति विश्वास बनता है, तो यही संगठन की वास्तविक पूंजी होता है। परियोजनाओं का क्रियान्वयन करते समय राष्ट्रीय और अंतर्राष्ट्रीय नीतियों तथा अवधारणाओं का भी पर्याप्त ध्यान रखा जाता है। यदि जनसंख्या अथवा परिवार कल्याण जैसे क्षेत्रों में काम किया जा रहा हो तो संगठन का कार्य नीतियों और अवधारणाओं के साथ तालमेल बनाकर चलाया जाना चाहिये।

नैसर्गिक न्याय और समतावादी समाज

गैरसरकारी संगठन नैसर्गिक न्याय और समतावादी समाज के प्रति निष्ठा रखता है। वह धर्म लिंग और जातिगत भेदभाव से परे होता है। इसके साथ-साथ जनाधिकारों के प्रति सजग

रहना संगठन का प्रमुख दायित्व होता है। हाल ही में सेंटर फॉर साइंस एंड एंवायरन्मेंट, नयी दिल्ली ने अपनी इसी भूमिका का निर्वाह करते हुये शीतल पेयों में कीटनाशक पदार्थों का खतरनाक स्तर तक पाये जाने का मामला उठाया है। बहुराष्ट्रीय कंपनियों की आर्थिक ताकत की परवाह न करते हुये उसकी डायरेक्टर सुश्री सुनीता नारायण ने अपनी वैज्ञानिक पड़तालों का मीडिया के सामने खुलासा किया। परिणाम यह हुआ कि लगभग सभी प्रदेशों में शीतल पेय पदार्थों की सघन जांच करने के लिये कदम उठाये गये हैं, तथा आम जनता भी शीतल पेय पदार्थों से सतर्क हो गई है।

गैरसरकारी संगठन अपने ज्ञान और कौशल को निरंतर परिमार्जित करता रहता है। इसके बिना वह समय के साथ कदम मिलाकर चल पाने में असमर्थ रहेगा। इसके लिये उसे सतत अध्ययन और सहचिंतन की प्रक्रिया को अपनाना पड़ता है।

नयी अवधारणायें

1. राष्ट्रीय और अंतर्राष्ट्रीय स्तर पर विकास योजनाओं और कार्यक्रमों को, न्यूनतम 50 प्रतिशत तक गैरसरकारी संगठन के माध्यम से क्रियान्वित कराने का विचार स्थापित हो चुका है।
2. अनेक अंतर्राष्ट्रीय वित्त-प्रदाता संस्थायें देश में आकर विकास कार्यक्रम चला रही हैं और गैरसरकारी संगठन के साथ जुड़कर कार्य कर रही हैं।
3. भारत सरकार और प्रदेश सरकारें भी अपनी अनेक योजनाएं गैरसरकारी संगठन के माध्यम से संचालित कर रही हैं।
4. जिस तरह गैरसरकारी संगठन को वित्तीय संस्थाओं की आवश्यकता है उसी तरह वित्तीय संस्थाओं को भी अच्छे गैरसरकारी संगठनों की जरूरत है।

गैरसरकारी संगठन स्थापना के मूलाधार

भारत के संविधान ने लोकतांत्रिक तकाजों के अनुरूप, संविधान की परिधि में रहकर, भारतीय नागरिकों को भिन्न-भिन्न प्रकार के संगठनों के स्थापना एवं संचालन के अधिकार दिये हैं।

भारत लोकतांत्रिक गणराज्य है। जनाधिकारों, अभिव्यक्ति की स्वतंत्रता और अपने विचारों के अनुरूप सामाजिक, प्रादेशिक एवं राष्ट्रीय विकास के लिये क्रियाकलाप करने की संवैधानिक स्वतंत्रता का उपभोग करते हुए भारतीय नागरिक ; संगठन और संस्थाओं की स्थापना कर सकते हैं।

संगठन स्थापना की चेतना का पर्याप्त विस्तार भी हमें देखने को मिलता है। प्रायः सभी पंचायतों, कस्बों, नगरों और महानगरों में सामाजिक, सांस्कृतिक, पर्यावरणीय या स्थानीय विकास पर आधारित संगठन मौजूद हैं। भजन मंडल, महिला मंडल और युवक मंडल जैसे संगठन भी गांवों में सक्रिय हैं। धर्म के विविध स्वरूपों और संप्रदायों पर केंद्रित संगठन भी पर्याप्त संख्या में हैं। रामकृष्ण मिशन,गायत्री परिवार, आर्य समाज, मोमिन कांफ्रेंस आदि ऐसे ही संगठन हैं।

इन सामान्य संगठनों से हटकर कुछ अधिक चेतनापूर्ण और सामाजिक परिवर्तन करने के लिये आस्था और निष्ठापूर्वक कुछ कर दिखाने की भावना से प्रेरित नागरिकों के द्वारा भिन्न प्रकार के संगठन भी गठित किये जाते हैं, जो गैरसरकारी संगठन के तौर पर कार्य करते हैं।

ऐसे संगठनों की स्थापना के लिये कुछ मूलभूत विधियां और नियम भी होते हैं, जैसे–

- भारत एक लोकतांत्रिक देश है, इसलिये संविधान ने भारतीय नागरिकों को संविधान की परिधि में रहकर विभिन्न प्रकार के संगठनों का निर्माण करने की अनुमति प्रदान की है।
- किसी गैरसरकारी संगठन की स्थापना भी ऐसी ही विधि सम्मत प्रक्रिया है।
- अठारह वर्ष की आयु से अधिक उम्रवाले कम-से-कम ग्यारह नागरिक ऐसे ही किसी संगठन की स्थापना कर सकते हैं।
- इन ग्यारह नागरिकों को आपस में निकटतम रिश्तेदार नहीं होना चाहिये।

  इसका अर्थ यह नहीं है कि पति-पत्नी, भाई-बहन या चाचा-भतीजे किसी संगठन में काम नहीं कर सकते, परंतु संगठन के प्रमुख पदाधिकारियों के रूप में निकटतम रिश्तेदार की उपस्थिति अन्य लोगों के मन में संदेह उत्पन्न करने का कारण बनती है।

- अच्छा होगा कि ये ग्यारह सदस्य अलग-अलग समुदायों से हों। विभिन्न धर्मों का प्रतिनिधित्व होना और भी उत्तम होगा।
- सदस्यों में महिलाओं का भी पर्याप्त प्रतिनिधित्व हो। देश में महिलाओं को 33 प्रतिशत आरक्षण देने की मांग को बहुत अधिक समर्थन प्राप्त हो ; अतः संगठन में यही अनुपात बनाने का सकारात्मक प्रयत्न अवश्य होना चाहिये।
- संगठन बनाने के विचार किसी एक या दो-तीन व्यक्तियों के मन में ही आता है, इसलिये इन व्यक्तियों को चाहिये कि वे समान विचारधारा तथा भावनाओंवाले अन्य व्यक्तियों से संपर्क करें।
- जब अनुकूल विचारवाले मिल जायें तो एक औपचारिक/अनौपचारिक बैठक बुलाकर उनके सामने अपनी बातों को विस्तारपूर्वक क्रमबद्ध तरीके से रखें और दूसरों के विचार भी सुनें।

ऐसा नहीं होना चाहिये कि किसी एक व्यक्ति के मन में संगठन की स्थापना, उसकी प्रकृति और काम करने की प्रक्रिया का कोई विचार आया और उस पर आधारित संगठन बनाने का विचार सुदृढ़ कर लिया गया और बाद में मित्रों को शामिल करके संगठन का निर्माण कर लिया। संगठन बन तो जाता है परंतु वह दीर्घजीवी नहीं होता। संगठन की दीर्घजीविता तभी संभव है, जब लगभग समान अवधारणाओं वाले व्यक्तियों के बीच में गहन विचार मंथन हो और सबके विचारों और तरीकों को भी उचित विधि से शामिल किया जाये। यदि हम अन्य साथियों को गहराई से जोड़ना चाहते हैं, तो उनकी वैचारिक तथा जिम्मेदारीपूर्ण भूमिका बहुत आवश्यक है।

यह ठीक है कि कुछ नया करने का विचार किसी एक व्यक्ति के मन में सबसे पहले आता है। उसे साकार बनाने के लिये उपयुक्त साथियों को बाद में शामिल किया जाता है। ऐसा व्यक्ति ही संगठन का नेतृत्व करने की क्षमता भी रखता है, किंतु संगठन को व्यापक, टिकाऊ और लोकतांत्रिक बनाने के लिये व्यक्तिवाद को पीछे सरकाकर सामूहिकता को प्रमुखता देना भी उसी व्यक्ति की जिम्मेदारी का हिस्सा होता है। अक्सर वह संगठन की सफलता का श्रेय भी सहजता से सामूहिकता को प्रदान कर देता है।

सामूहिक बैठक में यदि सबकी राय अथवा बहुमत की राय संगठन स्थापित करने के पक्ष में हो तो स्थापना का निर्णय ले लिया जाना चाहिए। यह भी हो सकता है कि संगठन स्थापना के बारे में भिन्न-भिन्न राय हों, ऐसी स्थिति में अगली बैठक तक के लिये स्थापना के फैसले को टालते हुये आगे के विचार-विमर्श चलाते रहना उपयुक्त होगा।

- जब स्थापना का निर्णय ले लिया जाये तब संगठन के उद्देश्यों का निर्धारण भी कर लेना चाहिए। किसी भी संगठन के लिये आठ-दस उद्देश्य पर्याप्त होते हैं। यह अवश्य याद रखें कि उद्देश्य किसी एक ही केंद्रीय विचार से संबंधित हों। ऐसा न हो कि विभिन्न विचारों और असंदर्भित कार्य क्षेत्रों को उद्देश्य में शामिल कर लिया जाये। यदि शिक्षा के क्षेत्र में काम करने के लिये संगठन स्थापित किया जाना है तो किसी कुटीर उद्योग की स्थापना का उद्देश्य असंदर्भित ही माना जायेगा।

- उद्देश्यों का निर्धारण कर लेने के बाद संगठन का नाम भी तय हो जाता है क्योंकि उद्देश्यों के अनुरूप ही संगठन का नाम होना चाहिए। नाम सुनिश्चित करते समय यह अनुमान भी लगा लेना चाहिए कि उस नाम की कोई और संस्था पहले से पंजीबद्ध न हो।
- संगठन के संचालन हेतु एक लोकतांत्रिक संविधान की भी आवश्यकता होती है। इसे बनाने के लिये संविधान बनाने का अनुभव रखनेवाले विशेषज्ञों का सहयोग लेना आवश्यक होगा। किसी कारण से मौलिक संविधान बनाना कठिन लगे तो पंजीयन कार्यालय का नमूना-संविधान का उपयोग किया जा सकता है।
- संविधान का सभी ऐसे सदस्यों के सामने जो संगठन के संस्थापक सदस्य हैं, वाचन करके प्रत्येक बिंदु का विश्लेषण करना एक आवश्यक प्रक्रिया है। जब संविधान पर सामूहिक सहमति बन जाये तब उसे स्वीकार करते हुये पंजीयन की कार्यवाही आरंभ करना चाहिये।
- पंजीकरण कार्यालय आवश्यक कार्यवाही करने के पश्चात् संस्था का पंजीयन करके प्रमाण-पत्र प्रदान करता है। प्रमाण-पत्र प्राप्त हो जाने के बाद संगठन के उद्देश्यों को पूरा करने में सहयोग करनेवाले अन्य व्यक्तियों को भी सदस्य बनाया जा सकता है। सदस्य बनाने के लिये निर्धारित अवधि का सदस्यता अभियान चलाना अधिक उपयोगी होगा। क्योंकि सदस्य बनाने के लिये प्रतिदिन कुछ घंटे आप और आपके साथी व्यक्तियों से संपर्क करेंगे उन्हें संस्था के बारे में बताएंगे और उद्देश्यों की चर्चा भी करेंगे। इस तरह संगठन का प्रचार-प्रसार भी शुरू हो जायेगा। संगठन की सदस्यता अभियान का समाचार यदि समाचार-पत्रों में प्रकाशित कराया जाये तो इसके दो लाभ होते हैं— पहला तो यह कि संगठन संबंधी जानकारी व्यापक रूप से लोगों के पास तक पहुंचती है और दूसरा यह कि ऐसे लोग भी आपसे संपर्क कर सकेंगे जो संगठन के साथ जुड़ना चाहते हैं।
- सदस्यता अभियान की अवधि पूर्ण होने के बाद सभी सदस्यों की आम सभा बुलाकर त्वरित रूप से कुछ कार्यक्रमों को क्रियान्वित करने का निर्णय लिया जा सकता है। सदस्यता राशि से प्राप्त होनेवाले धन ही आरंभ में एकमात्र आर्थिक आधार होगा, इसलिये छोटे और कम खर्चीले कार्यक्रमों को हाथ में लेना उपयुक्त होगा। एक वर्ष के लिये ऐसे चार से छह कार्यक्रम लिये जा सकते हैं।
- जो भी बैठकें आयोजित की जायें तथा बैठकों में जो भी निर्णय लिये जायें वे रजिस्टर में जरूर दर्ज किये जायें। ये रजिस्टर संगठन का दस्तावेज होते हैं। इसी तरह आय-व्यय दर्शानेवाले रजिस्टरों का भी संधारण करते रहना चाहिये।
- लोकतांत्रिक शैली विकसित करने के लिये बेहतर होगा कि प्रत्येक कार्यक्रम के आयोजन और क्रियान्वयन के लिये पदाधिकारियों और सदस्यों में से तीन-तीन या पांच-पांच सदस्योंवाली समितियां बनाकर उन्हें ही भिन्न-भिन्न जिम्मेदारियां सौंप दी जायें। इससे सहभागिता, पारदर्शिता और लोकतांत्रिक-मूल्यों का विकास तो होगा ही दूसरी और तीसरी पंक्ति का नेतृत्व भी विकसित होगा।

- वर्ष भर के कार्यक्रमों के आधार पर वार्षिक रिपोर्ट भी बनाना चाहिये। इस रिपोर्ट में कार्यक्रमों की विस्तृत सूचना, क्रियान्वयन की रपट, समाचार पत्रों की कतरनें और फोटोग्राफ्स आदि भी शामिल किया जाना बहुत उपयोगी होगा क्योंकि यही रिपोर्ट संस्था के स्वरूप को अभिव्यक्त करेगी।
- यह वार्षिक रिपोर्ट विभिन्न पत्र-पत्रिकाओं, वरिष्ठ गैरसरकारी संगठनों, शासकीय विभागों और वित्त प्रदाता संस्थाओं को भेजते रहना चाहिये, ताकि जिन क्षेत्रों में संगठन कार्य कर रहा है उससे संबंधित विभिन्न क्षेत्रों के लोगों की बीच में उसकी छवि का निर्माण होता रहे।

  सामान्यतः किसी शासकीय परियोजना अथवा वित्त प्रदाता संस्थाओं की योजनाओं में हिस्सेदारी करने के लिये पंजीयन के पश्चात् तीन वर्ष तक काम करने का अनुभव पूछा जाता है। साथ-ही-साथ तीन वर्षों की ऑडिट एवं वार्षिक रिपोर्ट की प्रतियां भी परियोजना प्रस्ताव के साथ लगानी पड़ती हैं इसलिये ऑडिट और वार्षिक रिपोर्ट नियमित रूप से तैयार करते रहना चाहिये।
- यदि राष्ट्रीय स्तर की संस्था के रूप में कार्य करना हो तो देश के कम-से-कम चार प्रदेशों में शाखा कार्यालय होना आवश्यक है।
- इसी प्रकार विदेशी वित्त प्रदाता संस्था से आर्थिक सहयोग लेकर कोई परियोजना क्रियान्वित करनी हो तो उसके लिये एफ.सी.आर.ए.(फॉरेन करेंसी रेग्युलेशन एक्ट) के अंतर्गत पंजीयन कराना आवश्यक होता है। यह पंजीयन भारत सरकार का गृह मंत्रालय करता है।

पंजीयन हेतु आवेदन-प्रपत्र का नमूना

प्रारूप क्रमांक - 1

(देखिये नियम - 3)

समितियों के पंजीयन हेतु ज्ञापन पत्र

1. समिति का नाम .... होगा।
2. समिति का कार्यालय ....
   तहसील .... जिला .... में स्थित होगा।
3. समिति के उद्देश्य निम्नलिखित होंगे :
   (1)
   (2)
   (3)
   (4)
   (5)
   (6)
   (7)
   (8)
   (9)
   (10)

4 समिति के प्रबंध विनियमों द्वारा समिति के कार्यों का प्रबंध शासक परिषद संचालकों की सभा या शासी-निकाय को सौंपा गया है। जिनके नाम पते तथा धंधे का उल्लेख निम्नलिखित है :

क्र.	नाम पिता/पति का नाम	पद	पूर्ण पता	धंधा
1.				
2.				
3.				
4.				
5.				
6.				
7.				
8.				
9.				
10.				

5. समिति के इस ज्ञापन पत्र के साथ समिति के विनियमों की एक प्रामाणिक प्रति जैसा कि म.प्र. सोसायटी रजिस्ट्रीकरण अधिनियम 1973 (1973 का 44) की धारा 5 की उपधारा (1) के अधीन अपेक्षित है, संलग्न है।

हम अपने व्यक्ति, जिनके नाम और पते लिये हैं समिति का निर्माण उपरोक्त ज्ञापन पत्र के अनुसार करने को इच्छुक हैं तथा पत्र निम्नांकित साथियों की उपस्थिति में हस्ताक्षर किये गये हैं।

क्र.	निर्माणकर्ताओं के नाम, पूर्ण पते, पिता/पति के नाम सहित	हस्ताक्षर
1.		
2.		
3.		
4.		
5.		
6.		
7.		
8.		
9.		
10.		

जो अनावश्यक हो उसे काट दीजिये।

साक्षी

हस्ताक्षर ....

नाम ....

पूरा पता ....

व्यवसाय ....

नियमावली

(1) संस्था का नाम .... होगा।

(2) संस्था का कर्यालय ....म.नं. ....
मोहल्ले का नाम .... तहसील ....
जिला .... (मध्यप्रदेश)।

(3) संस्था का कार्यक्षेत्र .... मध्यप्रदेश होगा।

(4) संस्था का उद्देश्य..

(जो ज्ञापन पत्र में अंकित हो वही लिखें)

1.
2.
3.
4.
5.
6.
7.
8.
9.
10.

(5) सदस्यता–

संस्था के निम्नलिखित श्रेणी के सदस्य होंगे–

अ. संरक्षक सदस्य–संस्था को जो व्यक्ति दान के रूप में रुपये .... या अधिक एक साथ या किश्तों में देगा वह समिति का संरक्षक सदस्य होगा।

ब. आजीवन सदस्य–जो व्यक्ति संस्था को दान के रूप में रुपये ....या अधिक देगा वह आजीवन सदस्य बन सकेगा। कोई भी आजीवन सदस्य रुपये .... या अधिक देकर संरक्षक सदस्य बन सकता है।

स. साधारण सदस्य–जो व्यक्ति रुपये............प्रति माह या रुपये............... प्रतिवर्ष संस्था को चंदे के रूप में देगा, वह साधारण सदस्य होगा। साधारण सदस्य केवल उसी अवधि के लिये सदस्य होगा जिसके लिये उसने चंदा दिया हो। जो साधारण सदस्य बिना संतोषजनक कारणों के छह माह तक देय चंदा नहीं देगा, उसकी सदस्यता समाप्त हो जायेगी स्वमेव ऐसे सदस्य द्वारा संस्था के लिये नया आवेदन पत्र देने तथा बकाया चंदे की राशि देने पर पुनः सदस्य बनाया जा सकता है।

	....	....	....
हस्ताक्षर :	अध्यक्ष	सचिव	कोषाध्यक्ष

द. सम्मानीय सदस्य–संस्था की प्रबंधकारिणी किसी व्यक्ति या व्यक्तियों को उस समय के लिये जो भी वह उचित समझे सम्मानीय सदस्य बना सकती है, ये सदस्य साधारण सभा की बैठक में भाग ले सकते हैं, परंतु उनको मत देने का अधिकार नहीं होगा।

(6) सदस्यता की प्राप्ति–प्रत्येक व्यक्ति जो कि समिति का सदस्य बनने का इच्छुक हो उसे लिखित रूप में आवेदन करना होगा। ऐसा आवेदन-पत्र प्रबंधकारिणी समिति को प्रस्तुत होगा, जिसे आवेदन-पत्र को स्वीकार करने या अमान्य करने का अधिकार होगा।

(7) सदस्यों की योग्यता–संस्था का सदस्य बनने के लिये किसी व्यक्ति में निम्नलिखित योग्यताओं का होना आवश्यक है–

1. आयु 18 वर्ष से कम न हो, 2. भारतीय नागरिक हो, 3. समिति के नियमों के पालन की प्रतिज्ञा की हो, 4. सच्चरित्र हो।

(8) सदस्यता की समाप्ति–संस्था की सदस्यता निम्नलिखित स्थिति में समाप्त हो जायेगी–

1. मृत्यु हो जाने पर, 2. पागल हो जाने पर, 3. संस्था को देय चंदे की रकम नियम 5 में बताये अनुसार जमा न करने पर, 4. त्याग-पत्र देने और उसके स्वीकार होने पर, 5. चारित्रिक दोष होने पर और कार्यकारिणी समिति के निर्णयानुसार निकाल दिये जाने पर, जिसके निर्णय पारित होने की सूचना सदस्य को लिखित रूप में देनी होगी।

(9) संस्था कार्यालय में सदस्य–पंजी रखी जायेगी जिसमें निम्न ब्यौरे दर्ज किये जायेंगे–

1. प्रत्येक सदस्य का नाम, पता तथा व्यवसाय
2. वह तारीख जिसमें सदस्यों को प्रवेश दिया गया हो व रसीद नंबर
3. वह तारीख जिसमें सदस्यता समाप्त हुई हो

(10)अ. साधारण सभा–साधारण सभा में नियम 5 में दर्शाये श्रेणी के सदस्य समावेशित होंगे। साधारण सभा की बैठक आवश्यकतानुसार हुआ करेगी। परंतु वर्ष में एक बार बैठक अनिवार्यत: होगी। बैठक का माह तथा बैठक का स्थान व समय सूचना कार्यकारिणी समिति निश्चित कर 15 दिन पहले प्रत्येक सदस्य को दी जायेगी। बैठक का कोरम 2/3 सदस्यों का होगा। संस्था की प्रथम आमसभा पंजीयन दिनांक से 3 माह के भीतर बुलाई जायेगी। उसमें संस्था के पदाधिकारियों का विधिवत निर्वाचन किया जायेगा। यदि संबंधित आमसभा का आयोजन निश्चित अवधि में नहीं किया जाता तो पंजीयक को अधिकार होगा कि वह संस्था की आमसभा का आयोजन किसी जिम्मेदार कर्मचारी के मार्गदर्शन में करे एवं पदाधिकारियों का विधिवत चुनाव कराये।

....

हस्ताक्षर : अध्यक्ष सचिव कोषाध्यक्ष

ब. प्रबंधकारिणी सभा—प्रबंधकारिणी सभा की बैठक प्रत्येक दूसरे माह होगी तथा बैठक का एजेंडा तथा सूचना बैठक दिनांक से सात दिन पहले कार्यकारिणी के प्रत्येक सदस्य को भेजा जाना आवश्यक होगा। बैठक में कोरम 1/2 सदस्यों का होगा। यदि बैठक का कोरम पूरा नहीं होता तो बैठक एक घंटे के लिये स्थगित करके उसी स्थान पर उसी दिन पुनः की जा सकेगी। जिसके लिये कोरम की कोई शर्त न होगी।

स. विशेष—यदि कम-से-कम कुल संख्या (कुल सदस्यों की संख्या का) के 2/3 सदस्यों द्वारा निम्नलिखित रूप में बैठक बुलाने हेतु आवेदन किया जाये तो उनके विषय पर विचार करने के लिये साधारण सभा की बैठक बुलायी जायेगी। विशेष संकल्प पारित हो जाने पर संकल्प के प्रति पंजीयक को संकल्प पारित हो जाने के दिनांक से 14 दिन के भीतर भेजी जायेगी।

(11) साधारण सभा के अधिकार व कर्तव्य—
(क) संस्था का पिछले वर्ष का वार्षिक विवरण, प्रगति, प्रतिवेदन, स्वीकृत करना, (ब) संस्था की स्थाई निधि व संपत्ति की ठीक व्यवस्था करना, (ग) आगामी वर्ष के लिये लेखा परीक्षकों की नियुक्ति करना, (घ) अन्य ऐसे विषयों पर विचार करना जो प्रबंधकारिणी द्वारा प्रस्तुत हो, (च) संस्था द्वारा संचालित संस्थाओं के आय-व्यय पत्रकों को स्वीकृत करना एवं (छ) बजट का अनुमोदन करना।

12. प्रबंधकारिणी समिति का गठन—ट्रस्टीज यदि कोई हो तो समिति के पदेन सदस्य होंगे। नियम 5 (अ,ब,स,) में दर्शाये गये सदस्यों, जिनके नाम पंजी (रजिस्टर) में दर्ज हों बैठक में बहुमत के आधार पर निम्नांकित पदाधिकारियों तथा प्रबंधकारिणी समिति के सदस्यों का निर्वाचन करेंगे—
1. अध्यक्ष, 2. उपाध्यक्ष, 3. सचिव, 4. कोषाध्यक्ष, 5. संयुक्त सचिव एवं सदस्य—(दो)।

13. प्रबंधकारिणी समिति का कार्यकाल—प्रबंध समिति का कार्यकाल तीन वर्ष का होगा। समिति यथेष्ट कारण होने पर उस समय तक, जब तक कि नयी प्रबंधकारिणी समिति का निर्माण नियमानुसार या अन्य कारणों से नहीं हो जाता, कार्य करती रहेगी। किंतु उक्त अतिरिक्त अवधि 6 माह से अधिक नहीं होगी, जिसका अनुमोदन साधारण सभा से कराया जाना अनिवार्य होगा।

14. प्रबंधकारिणी समिति के अधिकार व कर्त्तव्य—(अ) जिन उद्‌देश्यों की प्राप्ति के लिए समिति का गठन हुआ है उसकी पूर्ति करना और इस आशय की पूर्ति हेतु व्यवस्था करना । (ब) पिछले वर्ष का आय-व्यय का लेखा पूर्णतः परीक्षित किया हुआ प्रगति प्रतिवेदन के साथ प्रति वर्ष साधारण सभा की बैठक में प्रस्तुत करना। (स) समिति एवं उसके अधीन संचालित संस्थाओं के कर्मचारियों के

	....	....	....
हस्ताक्षर :	अध्यक्ष	सचिव	कोषाध्यक्ष

वेतन तथा भत्ते के साथ संस्था की चल-अचल संपत्ति पर लगनेवाले कर आदि का भुगतान करना। (द) कर्मचारियों, शिक्षकों आदि की नियुक्ति करना। (इ) अन्य आवश्यक कार्य करना जो साधारण सभा द्वारा समय-समय पर सौंपे जायें। (च) संस्था की समस्त चल-अचल संपत्ति कार्यकारिणी समिति के नाम से रहेगी। (छ) संस्था द्वारा कोई भी स्थावर संपत्ति, रजिस्ट्रार की लिखित अनुज्ञा के बिना विक्रय द्वारा या अन्यथा अर्जित या आंतरित नहीं की जायेगी। (ज) विशेष बैठक आमंत्रित कर संस्था के विधान में संशोधन किये जाने के प्रस्ताव पर विचार-विमर्श कर साधारण सभा की विशेष बैठक में उसकी स्वीकृति हेतु प्रस्तुत करेगी। साधारण सभा में कुल सदस्यों के 2/3 मत से संशोधित पारित होने पर उक्त प्रस्ताव पारित कर पंजीयक को अनुमोदन हेतु भेजा जायेगा ।

(15) अध्यक्ष के अधिकार—अध्यक्ष साधारण सभा तथा प्रबंधकारिणी समिति की समस्त बैठकों की अध्यक्षता करेगा तथा मंत्री द्वारा साधारण सभा में प्रबंधकारिणी की बैठकों का आयोजन करवायेगा। अध्यक्ष का मत विचारार्थ विषयों में निर्णयात्मक होगा।

(16) उपाध्यक्ष के अधिकार—अध्यक्ष की अनुपस्थिति में उपाध्यक्ष साधारण सभा एवं प्रबंधकारिणी की समस्त बैठकों की अध्यक्षता करेगा। अध्यक्ष के समस्त अधिकारों का उपयोग करेगा।

(17) सचिव के अधिकार—(1) साधारण सभा एवं प्रबंधकारिणी की बैठक समय-समय पर बुलाना और समस्त आवेदन पत्रों तथा सुझावों जो प्राप्त हों, प्रस्तुत करना। (2) समिति का आय-व्यय का लेखा परीक्षण एवं प्रतिवेदन तैयार करके साधारण सभा के सम्मुख प्रस्तुत करना। (3) समिति के सारे कागजातों को तैयार करना तथा करवाना। (4) सचिव को किसी कार्य के लिये एक समय में रुपये .... व्यय करने का अधिकार होगा।

(18) कोषाध्यक्ष के अधिकार—समिति की धनराशि का पूर्ण हिसाब रखना तथा सचिव या कार्यकारिणी द्वारा स्वीकृत व्यय करना।

(19) बैंक खाता—संस्था की समस्त निधि किसी अनुसूचित बैंक या पोस्ट ऑफिस में रहेगी। धन का आहरण अध्यक्ष या सचिव तथा कोषाध्यक्ष के संयुक्त हस्ताक्षरों से होगा। दैनिक व्यय हेतु कोषाध्यक्ष के पास अधिकतम रुपये ....रहेंगे।

(20) संयुक्त सचिव के अधिकार—सचिव के अनुपस्थिति में संयुक्त सचिव कार्य करेगा।

(21) पंजीयक को भेजी जानेवाली जानकारी—अधिनियम की धारा 27 के अंतर्गत संस्था की वार्षिक आमसभा होने के दिनांक से 14 दिन के भीतर निर्धारित प्रारूप पर कार्यकारिणी समिति की सूची फाइल की जायेगी तथा धारा 28 के अंतर्गत संस्था की परीक्षित लेखा भेजेगी।

	....	....	....
हस्ताक्षर :	अध्यक्ष	सचिव	कोषाध्यक्ष

(22) संशोधन–संस्था के विधान में संशोधन साधारण सभा की बैठक में कुल सदस्यों के 2/3 मतों से पारित होगा। यदि आवश्यक हुआ तो संस्था के हित में उसके पंजीकृत विधान में संशोधन करने का अधिकार फर्म एवं संस्थाओं को होगा जो प्रत्येक दस सदस्य को मान्य होगा।

(23) विघटन–संस्था का विघटन साधारण सभा के कुल सदस्यों के 2/3 मत से पारित किया जायेगा। विघटन के पश्चात् संस्था की चल तथा अचल संपत्ति किसी समान उद्देश्यों वाली संस्था को सौंप दी जायेगी। उक्त समस्त कार्यवाही अधिनियम के प्रावधानों के अनुसार की जायेगी।

(24) बैंक संपत्ति–संस्था की समस्त चल एवं अचल संपत्ति संस्था के नाम से रहेगी। संस्था की अचल एवं चल संपत्ति (स्थान) रजिस्ट्रार फर्म्स एवं संस्थाओं की लिखित अनुज्ञा के बिना विक्रय द्वारा, दान या अन्यथा प्रकार से अर्जित या आंतरित नहीं की जा सकेगी।

(25) बैंक खाता–संस्था की समस्त निधि के लिए किसी अनुसूचित बैंक या पोस्ट ऑफिस में खाता खोला जायेगा एवं समय-समय पर धन जमा करने व निकालने की प्रक्रिया जारी रहेगी।

(26) पंजीयक द्वारा बैठक बुलाना–संस्था की पंजीयन नियमावली के अनुसार पदाधिकारियों द्वारा वार्षिक बैठक ना बुलाये जाने पर या अन्य प्रकार से आवश्यक होने पर पंजीयक फर्म्स एवं संस्थाओं को बैठक बुलाने का अधिकार होगा। साथ ही बैठक में विचारार्थ विषय वह निश्चित कर सकेगा।

(27) विवाद–संस्था में किसी प्रकार का विवाद उत्पन्न होने पर अध्यक्ष को साधारण सभा के अनुमति से सुलझाने का अधिकार होगा। यदि इस निर्णय से पक्षों को संतोष न हो तो वह रजिस्ट्रार की ओर से विवाद को निर्णय के लिये भेज सकेंगे। रजिस्ट्रार का निर्णय अंतिम व सर्वमान्य होगा। संचालित सभाओं के विवाद अथवा प्रबंध समिति के विवाद उत्पन्न होने पर अंतिम निर्णय देने का अधिकार रजिस्ट्रार को होगा।

	....	....	....
हस्ताक्षर :	अध्यक्ष	सचिव	कोषाध्यक्ष

(रजिस्ट्रार ऑफ दि फर्म्स एंड सोसायटी मध्यप्रदेश का प्रारूप)

गैरसरकारी संगठन प्रबंधन के आधारतत्त्व

क्षेत्र विशेष से संबंधित ढांचे के समस्त अंगों एवं उपांगों से इस तरह व्यवस्थित करना, जिससे समग्रता में परिणाम प्राप्त किये जा सकें, प्रबंधन की आधार भूमि है।

एक गैरसरकारी संगठन के लिये प्रबंधन का अर्थ है, उसके संचालन से संबंधित विभिन्न पक्षों की सर्वोत्तम और आनुपातिक सुव्यवस्था निर्मित करना। यह तभी संभव हो पाता है, जब गैरसरकारी संगठनों से जुड़े हुए विभिन्न कारकों का सुचारु व्यवस्थापन हो।

प्रबंधन के कारक

पूर्णकालिक कार्यालय–गैरसरकारी संगठन का भी एक पूर्णकालिक कार्यालय होता है। संगठन के पदाधिकारी और वैतनिक-अवैतनिक कर्मचारी एक सुनिश्चित अवधि में कार्यालय में उपलब्ध रहते हैं।

कार्यालय संगठन के अस्तित्व और उसकी उपस्थिति का प्रारंभिक साक्ष्य होता है। कार्यालय में ही मिलने-जुलने, भेंट करनेवाले और जिज्ञासुओं का आना-जाना होता है। यही लोग मुख-प्रचार के जरिये संगठन के अस्तित्व-बोध को स्थापित करते हैं। पोस्टमेन संगठन के अधिकृत पते के शासकीय पुष्टिकर्ता की मूक भूमिका में भी होता है, वह डाक लाता है और संगठन के प्रमाणिक पते का प्रमुख शासकीय जानकार होता है।

संगठन कार्यालय में लगा हुआ संगठन के नाम व पते का बोर्ड/होर्डिंग सड़क से गुजरनेवाले असंख्य व्यक्तियों की निगाहों को आकर्षित करता है और आपकी पहचान स्थापित करने में महत्त्वपूर्ण भूमिका अदा करता है।

कार्यालय में नियमित उपस्थिति संगठन की अवधारणाओं से संबंधित विचार-विमर्श, लिखना-पढ़ना और विभिन्न योजनाओं के निर्माण के लिये एक उपयुक्त वातावरण निर्मित करता है।

कार्यालय के विभिन्न कक्षों और स्वागत-कक्ष की सजावट गैरसरकारी संगठन संस्कृति के अनुरूप और संगठन के क्रियाकलापों का परिचय प्रदान करनेवाली हो। विभिन्न किस्मों के

जागरूकतावादी-पोस्टर, छायाचित्र और गतिविधियों के कैलेंडर से इस गरिमा में वृद्धि की जा सकती है।

कार्यालय की सजावट में शालीनता, गंभीरता और परिपक्वता झलकती हो। सामान्य किंतु उपयुक्त फर्नीचर हो। संपन्नता या आडंबर का भौंडा प्रदर्शन तो कतई न हो।

कार्यालय का संचालन करनेवाले पदाधिकारियों और कर्मचारी संगठन के उद्देश्यों, गतिविधियों और सिद्धांतों से अच्छी तरह वाकिफ हों, ताकि जिज्ञासु आगंतुकों को समुचित संतुष्टि दे सकें।

कार्यालय का परिवेश ऐसा बिल्कुल न हो कि वह पदाधिकारियों या कर्मचारियों में 'साहबी' भर दे। बल्कि वे आगंतुकों और अन्य सहकर्मियों के प्रति आदर तथा स्नेह से परिपूर्ण हों।

- *पूर्णकालिक कार्यालय*
- *छवि*
- *कौशल-निर्माण*
- *दस्तावेज*
- *कार्य-पद्धति*
- *क्रियाकलाप*
- *पुस्तकालय*

कार्यालय ही संगठन का प्रथम परिचय है। वही संस्था के संदेश को मौन अभिव्यक्ति प्रदान करता है।

कार्य पद्धति—

गैरसरकारी संगठन अपनी स्वनिर्मित कार्य-पद्धति के कारण ही अपनी स्वतंत्र पहचान रखते हैं।

- व्यक्तित्व की सहजता, विचारों की स्पष्टता और अधिक-से-अधिक लोगों तक पहुंच बनाने की सरलता उसकी पूंजी होती है। संगठन के व्यक्तित्व में सरलता का गुण अत्यंत महत्त्वपूर्ण होता है। इसी सरलता के कारण नये-नये लोग संगठन से जुड़ते हैं। यदि संगठन अपने द्वार बंद कर ले या अपने तौर-तरीके इतने जटिल बना ले कि सामान्य व्यक्तियों के साथ संवाद ही कायम न होने पाये तो ऐसा संगठन अपने ही दायरों में सिमटकर रह जाता है। जिन क्षेत्रों और सिद्धांतों के लिये संगठन काम कर रहा है, वह भी आसान और सहज तरीके से अभिव्यक्त होते रहना चाहिये।
- गैरसरकारी संगठन अपने कार्य/लक्ष्य क्षेत्र के साथ गहरे और अनौपचारिक संबंध बनाते हैं। शहरी/ग्रामीण/मलिन बस्तियां आदि उनकी अनुसंधानशाला और धीरे-धीरे रंगशाला बन जाती है। रंगशाला इसलिये कि संगठन वहां अपनी वाजिब भूमिका में सक्रिय रहकर आनंद का सृजन करने लगता है।
- लक्ष्य/कार्य क्षेत्र में उनका प्रवेश किसी वी.आई.पी. या उच्च नौकरशाह की तरह नहीं होता, वे इतने सहज भाव से अंतरण करते हैं, जैसे मित्रों के घर में प्रवेश होता है।

- प्रथम प्रवेश या आरंभिक संबंध स्थापन का काल बहुत महत्त्वपूर्ण होता है। संगठन अपने लक्ष्य-क्षेत्र से और लक्ष्य-क्षेत्र के नागरिक उस संगठन से अपरिचित होते हैं। अक्सर अनभिज्ञ भी। प्रसिद्ध संगठनों के नाम से परिचित होने की संभावना भी कम ही होती है। इन दिनों–
- सूचना पत्र घुमाकर बैठक का ऐलान न कर दें।
- मंच जैसी साज-सज्जा के साथ संबंध स्थापन असंभव ही है।
- जीप/कार/मोटरसाइकिलों पर धड़धड़ाते हुये न पहुंचें।
- ऐसी चाल घर में ही छोड़ आयें जो आपको 'दाता' या 'जादू की ताकत पर परिवर्तन करनेवाला' या फिर 'उच्चाधिकारी' बना देती हो।
- देहभाषा की भी महत्त्वपूर्ण भूमिका होती है। देखने का तरीका, अकड़ी हुई गर्दन, खिंचा हुआ चेहरा संबंधों के बीच अवरोध खड़ा कर देता है।
- पहनावा भी अपनी कहानी स्वयं अभिव्यक्त करता है। जींस, महंगी शर्ट, कीमती जूते और रेबॉन का चश्मा आपकी जो छवि प्रक्षेपित करेगा–आपका उद्देश्य और कार्य शायद उनसे तालमेल न बैठा पायें।
- आप न तो पार्टी में जा रहे हैं और न ही जलसे में। मुख्य अतिथिवाला आचरण भी उपयुक्त न होगा।
- इसके उलट अस्त-व्यस्त वेश-भूषा, चूना-तंबाखू थूकते-खाते, हंसते-ठिलठिलाते और किसी के भी कंधे पर बांहे डाल देने की अदा भी आपकी गंभीरता को मार देगी और एक प्रकार के छिछोरापन को अभिव्यक्त करेगी।

तब–

- सहज भाव से लक्ष्य-क्षेत्र में जायें।
- बेहतर होगा गाड़ियों का प्रयोग न करें–दूरी हो तो गाड़ियां कहीं पीछे छोड़ दें या बस का प्रयोग करें।
- किसी सार्वजनिक-जगह (जैसे चाय के टपरे) पर सहजता के साथ जा खड़े हों।
- चाय वगैरह का आदेश देकर बैठने योग्य जगह तलाश लें।
- उपस्थित जनों से परिचय हासिल करें। जैसे क्यों भैया, क्या आप इसी गांव के हैं? अच्छा क्या करते हैं? इस साल पानी-वानी कैसा रहा? खेती-बाड़ी के क्या हाल हैं? इस बीच वह भी पूछेगा कि आप कौन हैं? न भी पूछे तो थोड़ा बातचीत के बाद अपना व्यक्तिगत परिचय दीजिये। नाम, कार्य, निवास आदि। संगठन को अभी पृष्ठभूमि में ही रखिये। अपने साथियों से भी परिचय करा दें और अन्य ग्रामीणों से भी परिचित हो लें।

  जरूरी नहीं है कि हर गांव में चाय-टपरा हो ही या टपरे पर ग्रामीण मिले हीं। यह एक उदाहरण है। आप परिस्थितियों के अनुरूप अपने लिये तरीके ईजाद करें। यही नवाचार है।
- आधा घंटे की बातचीत हो जाये तो चाय-वाय समाप्त कर कहा जा सकता है, चलिये उस चबूतरे पर बैठकर बातें करें। जहां और लोग आ सकें।

- बातों-बातों में समस्याएं पता करें। समस्याओं से अपनी संलग्नता भी जाहिर करें। केवल इंटरव्यू जैसा न बनाये रखें।
- समान समस्याओं के निदान के लिये सामूहिक प्रयासों का जिक्र करें। बेरोजगारी या गरीबी जैसे मुद्दे उठें तो 'स्वयं सहायता समूह' का नाम लिये बिना सामूहिक-कार्यों का इशारा करें कि आप चाहें तो ऐसा कर सकते हैं। किसी अन्य गांव का उदाहरण भी सामने रख सकते हैं।
- **बातचीत**—बातचीत में बिना कोई रेडीमेड समाधान बताये विदा मांगे और फिर कभी पुनः आने का वादा भी करें। अगली मुलाकत परिचित वातावरण में होगी। दो-चार लोगों को उनके नाम से ही बुलाएं या हाल-चाल पूछें।
- सामान्य हाल-चाल जानने के बाद घुमा-फिराकर समस्याओं पर आ जायें और जरा गहरी बातें करें।अपने किसी साथी के बारे में बतायें कि वे तो बड़े भले और सहयोगी किस्म के व्यक्ति हैं। वे जरूर कोई उपाय बता सकते हैं। फिर आप ही आग्रह भी करें कि भैया इनकी इस समस्या के निदान का कोई तरीका बतायें। आपने उस गांव में बड़ी मदद की थी।
- तीसरी मुलाकत तक संगठन का परिचय भी दे सकते हैं—जो उन्हीं उद्देश्यों के लिये कार्य करता है।
- अब औपचारिक और बड़ी बैठक की तिथि तय की जा सकती है और गांववालों को ही जिम्मा दिया जा सकता है कि वे और लोगों को खबर कर दें।
- यह बैठक बिना तामझाम के और सहज रूप में हो, सब दरी पर बैठें हो तो आप कुर्सियों पर बैठने से इंकार कर दें—कि भैया हम आपके साथ ही बैठेंगे। इंकार में अहंकार न हो कि हम कुर्सियों पर नहीं बैठते । ग्रामीणों का दिया पानी जरूर पियें। चाय या सुपारी भी आदरपूर्वक ग्रहण करें। दूध के अभाव में काली चाय पेश की गयी हो तो उत्फुल्लता से कहें अरे वाह ! आज तो मजा आ गया। काली चाय पेट के लिये औषधि होती है।
- स्वयं सहायता समूह बना रहें हो तो यह कभी न करें कि आप आठ-दस लोग समूह बना लो। हजार बारह सौ एकत्र कर लो तो हम बैंक से लोन दिला देंगे। ऐसा कहने पर लोन प्राप्त करनेवाली मानसिकता प्रमुख बन जायेगी और समूह का गठन स्वस्फूर्त न होकर कृत्रिम हो जायेगा। इसकी जगह कहा जा सकता है कि समूह बनायें। छोटी-मोटी बचत करें। आपस में लेन-देन करें। बड़ी जरूरत हो तो बैंक से चलकर संपर्क करें कि वह क्या कर सकता है ?

छवि-निर्माण

किसी संस्था अथवा व्यक्ति के बारे में आम लोगों के मन में जो धारणा बन जाती है, उसे ही हम संस्था या व्यक्ति की छवि कहते हैं। इस छवि के आधार पर लोगों के मन में एक तस्वीर बन जाती है। अलग-अलग लोगों के पास अलग-अलग तस्वीर हो सकती है, क्योंकि

उन्होंने जितनी और जैसी सूचनायें अर्जित की हैं, उन्हीं के आधार पर तस्वीर का निर्माण हुआ है। कुछ मन इतने कमजोर होते हैं कि वे एक व्यक्ति के द्वारा कही गयी बात पर जो छवि निर्मित करते हैं, दूसरे व्यक्ति की बात सुनते ही छवि उलट देते हैं। इसी के बरक्स मजबूत धारणाओं से परिपुष्ट मन न तो जल्दी से कोई छवि बनाता है और न ही जल्दी से उसे उलटता-पुलटता है।

कई बार ऐसा भी होता है कि जिन्हें हम व्यक्तिगत रूप से नहीं जानते, उसके बारे में भी हमारा मन सूचनाओं और हमारी तार्किक व्याख्याओं के आधार पर उनकी भी एक छवि बना लेता है। महात्मा गांधी, मदर टेरेसा, रवींद्रनाथ ठाकुर, प्रेमचंद और गणेशशंकर विद्यार्थी जैसी विभूतियों के संबंध में विशेष छवियां बनी हुई हैं। जॉर्ज बुश की दुष्टता, आतंकवादी संगठनों की क्रूरता और वीरप्पन की लोमहर्षक रहस्यमयता की छवि भी सूचनात्मक उपादानों का ही उपहार है। इसी तरह संस्थानों के रूप में रामकृष्ण मिशन, आर्य समाज, गांधी शांति प्रतिष्ठान या बाबा आमटे के कुष्ठ आश्रम से सीधा संबंध न होने पर भी हम मानते हैं कि ये संस्थायें अदभुत कार्य कर रही हैं। कभी-कभी गलत छवि भी बन जाती है। अर्थात् अच्छे व्यक्ति की बुरी छवि और बुरे व्यक्ति अथवा संस्थाओं की अच्छी छवि। उदाहरण के लिये इतिहास के जरिये हमारे मन में औरंगजेब की जो छवि बनती है वह बुरी छवि है जबकि औरंगजेब के जीवन का दूसरा पक्ष यह है कि वह शराब नहीं पीता था, अपनी हिंदु रानियों को हिंदु मानने की स्वतंत्रता देता था और अपने खर्चे के लिये रात में टोपियां सिलता था। इसी तरह संस्थाओं के साथ भी होता है।

छवि कैसे बनती है

संगठन की छवि का गहरा संबंध संगठन में काम करनेवाले व्यक्तियों की छवि के साथ होता है, क्योंकि संगठन के कर्ता-धर्ता व्यक्तियों के माध्यम से ही संगठन की छवि निर्मित होती है। इसलिये संगठन से जुड़े हुये व्यक्त्यिों की अपनी जीवनशैली को उज्ज्वल बनाये रखने के लिये सदैव सतर्क रहना चाहिये।

संगठन से जुड़े हुये व्यक्तियों की छवि जब व्यक्तिगत कद से ऊंची हो जाती है तब वह संगठन की सामूहिक और व्यापक छवि का रूप लेने लगती है। जब संगठन को ताक पर रखकर निजी छवि के प्रति अधिक मोह हो जाता है तब व्यक्ति संगठन का स्थानापन्न बनने लगता है। यह स्थानापन्नता संगठन का गुण नहीं, रोग है। यथासंभव इससे बचना चाहिये।

संगठन के द्वारा हाथ में लिये गये कार्यक्रमों का सफलतापूर्वक संपन्न होना, छवि निर्माण के उस पक्ष को मजबूत बनाता है जो संगठन का कार्यक्रम माने सफलता का कार्यक्रम।

संगठन की विश्वसनीयता, संगठन से जुड़े हुये व्यक्तियों के आचरण से निर्मित होती है और बाद में संगठन विश्वसनीयता का पर्याय बन जाता है। संगठन की कार्यशैली की लोकतांत्रिक पद्धति को जब निष्ठापूर्वक आत्मसात कर लिया जाता है, तब संगठन की समूहवादी छवि का निर्माण होता है। इसी प्रकार आर्थिक मामलों में पारदर्शिता और स्पष्टता की शैली, संगठन का

सार्वजनिक आदर निर्मित करते हैं। संगठन की सहज कार्यशैली से संगठन की छवि तो बनती ही है, प्रयत्नपूर्वक भी कोई विशिष्ट छवि भी निर्मित की जा सकती है। इसके लिये कोई विशेष कार्यक्षेत्र चुनकर, उसी क्षेत्र में विशेषज्ञतापूर्ण कार्य करते रहने से संगठन की विशेष छवि बनाई जा सकती है।

किसी नये गैरसरकारी संगठन को अपने कार्यक्षेत्र का चुनाव करते समय यह भी ध्यान रखना चाहिये कि वह अपने लिये ऐसा कार्यक्षेत्र न चुने, जिस कार्यक्षेत्र में पहले से ही कोई दूसरा संगठन, उसी जिले में अत्यंत महत्त्वपूर्ण रूप से कार्य कर रहा हो। और यदि उसकी दस-पंद्रह वर्षों की वरिष्ठता भी है तब तो उस कार्य क्षेत्र में काम करने की अपेक्षा कोई नया कार्य क्षेत्र चुनना अधिक बेहतर होगा ।

गैरसरकारी संगठन द्वारा अपने लिये जो उद्देश्य निर्धारित किये गये हों, उनसे संबंधित स्थानीय, प्रादेशिक, राष्ट्रीय और अंतर्राष्ट्रीय स्तर पर आयोजित होनेवाली प्रत्येक संगोष्ठी और सम्मेलन में संगठन को अनिवार्य रूप से भागीदारी करनी चाहिये। यदि ऐसे कार्यक्रमों का निमंत्रण न मिले तो अपनी ओर से आयोजकों से संपर्क करके अपनी इच्छा प्रकट करते हुये भाग लेने की अनुमति प्राप्त करने की कोशिश करनी चाहिये।

संगोष्ठी और सम्मेलनों में भाग लेते हुये यह सजगता बनाये रखनी चाहिये कि वहां जो भी ज्ञान, तथ्य और आंकड़े दिये जा रहे हों उनके गंभीर नोट्स लेते रहना चाहिये। जब संगोष्ठियों में भाग लेने का पर्याप्त अनुभव हो जाये तो अवसर मिलने पर अपने विचार रखने या प्रश्न पूछने में कोई चूक नहीं करनी चाहिये। जब विशेषज्ञतापूर्ण बोलने का अवसर मिले तब विनम्रता, विषय का ज्ञान और आत्मविश्वासपूर्ण शैली का उपयोग करना चाहिये।

विशेषज्ञता प्राप्त करने के लिये अपने कार्य क्षेत्र से संबंधित पुस्तकें, पत्रिकायें, समाचार पत्र, कतरनें, ऑडियो एवं वीडियो कैसेट्स आदि का संग्रह और अध्ययन करते रहने से विशेषज्ञता बनती रहती है। समय-समय पर संगठन के साथियों से किसी विशेष बिंदु पर विचार-विनिमय भी करते रहना चाहिये। विभिन्न अवसरों पर आयोजित किये गये कार्यक्रमों की जानकारी स्थानीय समाचार-पत्र में प्रकाशित करायें, वार्षिक रिपोर्ट तैयार करके उसकी मुद्रित प्रतियां अपने जिले और प्रदेश के प्रमुख अधिकारियों, व्यक्तियों, संस्थाओं और विश्वविद्यालयों को भेजते रहना चाहिये।

विशेषज्ञता के लिये

किसी विषय-क्षेत्र का लगभग समग्र-ज्ञान तथा उस ज्ञान का निरंतर, परिमार्जन, नवाचार और शोधात्मक प्रवृत्ति से ही विशेषज्ञता हासिल की जा सकती है । कोई भी संगठन विशेषज्ञता हासिल किये बिना सक्षम और सफल नहीं बन सकता।

अपने चुने हुये कार्यक्षेत्र जैसे शिक्षा, साक्षरता, पर्यावरण, स्वच्छता, स्वास्थ्य, औषधीय पौधे, समूह निर्माण, आयमूलक गतिविधियों का संचालन आदि से संबंधित साहित्य का अधिक-से-अधिक संकलन और संग्रहण करते रहने की प्रवृत्ति अपनानी चाहिये।

विषय विशेषज्ञों के व्याख्यान बहुत ध्यानपूर्वक सुनते हुये महत्त्वपूर्ण बिंदुओं के नोट्स भी लेते रहना चाहिये। विभिन्न प्रशिक्षणों, संगोष्ठियों और सम्मेलनों में सीखने की प्रवृत्ति से हिस्सेदारी करनी चाहिये और विशेषज्ञता हासिल कर लेने पर भी अपने को विनम्र अध्येता ही समझना चाहिये। विषय के बारे में निजी और मौलिक विचारों को जोड़ने का प्रयत्न भी करते रहना उपयुक्त होता है। हाँ, या अवश्य ध्यान रखें कि आपकी मौलिक अवधारणायें व्यावहारिक अनुभवों पर आधारित हों। छोटे-छोटे शोधकार्य भी सदैव तत्परतापूर्वक करते रहें। व्यवहार में जो परिणाम मिलें उन पर किताबी सिद्धांतों की तुलना में अधिक भरोसा करें। इसके साथ-साथ अपने व्यावहारिक अनुभवों, विचारों और धारणाओं को नियमित रूप से लिखित स्वरूप प्रदान करते रहना चाहिये। ये लिखित दस्तावेज ही बाद में आपकी विशेषज्ञता को सार्वजनिक रूप से मान्यता दिलाने में मददगार साबित होंगे। इन्हीं के आधार पर लेख, व्याख्यान और शोध पत्र लिखे जा सकते हैं।

कौशल-निर्माण

गैरसरकारी संगठनों के संदर्भ में परियोजना का ज्ञान, क्रियान्वयन की क्षमता और संपादित करने की पद्धतियों से परिपक्व-परिचय कौशल कहलाता है।

प्रत्येक गैरसरकारी संगठन के लिये यह बहुत आवश्यक होता है कि वह अपने पदाधिकारियों, कर्मचारियों और सदस्यों का निरंतर कौशल का विकास करता रहे। कौशल निर्माण और विकास के लिये संक्षिप्त काल के प्रशिक्षण, वैचारिक आदान-प्रदान और स्थल भ्रमण जैसे आयोजन अत्यंत उपयुक्त होते हैं। किसी संगठन का तात्पर्य ही यह होता है कि उसमें विविध विशेषताओंवाले लोग मौजूद हैं। संगठन की भी यह कोशिश होनी चाहिये कि अलग-अलग व्यक्तियों को अलग-अलग विषय क्षेत्र का कौशल प्राप्त हो। जैसे कार्यक्रम आयोजन, सूचना प्रसारण और मीडिया प्रबंधन, ग्राम संपर्क, प्रशिक्षण-व्यवस्था, कार्यालय एवं रेकॉर्ड संधारण आदि कार्यों के लिये अलग-अलग व्यक्ति हों।

संगठन के कार्यालय में विभिन्न विषयों के विद्वानों को बुलाकर उनके व्याख्यान भी आयोजित करने चाहिये। इससे भी संगठन का कौशल विकास होता है। इसके लिये बैंकों के उच्चाधिकारी अन्य गैरसरकारी संगठनों के प्रमुख तथा विभिन्न क्षेत्रों में सक्रियता वादियों को आमंत्रित करना उपयोगी होगा।

क्रिया-कलाप

संगठन द्वारा किये जानेवाले ऐसे कार्यों एवं आयोजनों को क्रियाकलाप कहा जायेगा, जो समाज के हरिजन, आदिवासी, पिछड़े, महिला तथा अन्य वंचित वर्गों के कल्याण हेतु अपने उद्देश्यों को ध्यान में रखते हुए नियोजित और क्रियान्वित किये गये हों।

संगठन को वर्ष के आरंभ में ही संपूर्ण वर्ष के लिये सुचिंतित कार्यक्रमों का एक कैलेंडर बना लेना चाहिये। एक वर्ष के लिये चार-पांच से आठ-दस कार्यक्रम भी पर्याप्त होते हैं। यदि आप ऐसे कार्य क्षेत्र में सक्रिय हैं, जिसके राष्ट्रीय और अंतर्राष्ट्रीय दिवस घोषित हैं, तो ये दिवस आपके कार्यक्रम कैलेंडर में महत्त्वपूर्ण स्थान रखेंगे। संगठन का अपना स्थापना दिवस भी कम महत्त्वपूर्ण नहीं होता। इस दिन का उपयोग अपने क्रियाकलापों की प्रदर्शनी करने, समाज तक अपने संदेश को पहुंचाने और समारोह के जरिये अपनी सक्रियता का स्वरूप स्पष्ट करने में किया जा सकता है।

हां, राजनैतिक व्यक्तियों को संगठन से जोड़ने और उन्हें अतिथि बनाने से परहेज करना लाभदायक होगा। जनता द्वारा निर्वाचित जन-प्रतिनिधियों को समयानुकूल कार्यक्रमों में अवश्य आमंत्रित करें। न तो आप राजनैतिक व्यवहार करें और न ही किसी राजनीतिबाज को संगठन का राजनैतिक उपयोग-दुरुपयोग ही करने दें। यह आवश्यक है कि आप अपनी निजी विचारधारा को बनाये रखें, वही आपको व्यापक-हितों के लिये कार्य करने की प्रेरणा देगी, परंतु अपनी निजी विचारधारा को भी संगठन की विचारधारा न बन जाने दें।

ऐसे अनेक कार्यक्रम हो सकते हैं, जो बिना व्यय किये अथवा नाम-मात्र के व्यय पर किये जा सकते हैं, आप ऐसे ही कार्यक्रमों को प्रमुखता से आयोजित करें। विचार-गोष्ठी, चिंतन-शिविर, रक्तदान-कार्यक्रम, प्रदर्शनी, प्रतियोगितायें आदि ऐसे ही कार्यक्रम हैं। यह भी ध्यान रखा जाये कि सभी कार्यक्रम केवल उत्सवधर्मी ही न हों, अर्थात् केवल भाषण-चाय-नाश्ते तक ही उनकी परिधि न रहे। कुछ कार्यक्रम ऐसे भी हों, जिनसे गरीबों, ग्रामीणों, मलिन-बस्तियों के निवासियों, महिलाओं, बच्चों आदि को सीधा लाभ पहुंचता हो। **'संसाधन केंद्र'** नैनपुर मंडला (म.प्र.) वृक्षारोपण तथा जल-संरचनाओं की स्वच्छता का कार्यक्रम अपने क्षेत्र का लोकप्रिय और सम्मानजनक कार्यक्रम माना जाता है। श्री भास्कर रमण का सृजनशील नेतृत्व संस्था की प्रतिष्ठा की सीमाओं को निरंतर व्यापक बना रहा है। **समर्पण** जबलपुर प्रतिवर्ष विविध कार्यक्रम अपने सदस्यों के बूते पर आयोजित करता हैं । वृक्षारोपण और पर्यावरण-चेतना के प्रति संस्था की निष्ठा इन कार्यक्रमों के जरिये अभिव्यक्त होती है। इसी तरह **अखिल भारतीय महिला परिषद की जबलपुर शाखा** भी महिलाओं के पक्ष में अपनी सक्रियता के लिये विशेष पहचान रखती है। जोनल सचिव श्रीमती गीता शरत् तिवारी का जादुई व्यक्तित्व और परिश्रम कार्यक्रमों में प्राण फूंकते हैं।

इनके अलावा जागरूकता कार्यक्रम, स्वयं सहायता समूहों का निर्माण, शासकीय कार्यक्रमों की जानकारी उपलब्ध कराना, पाठ्य-पुस्तकों का वितरण, स्वास्थ्य-शिविर, वनौषधि-निर्माण और वितरण जैसे कार्यक्रमों का आयोजन किया जा सकता है। आर्थिक उन्नयन कार्यक्रमों में लोगों की सहज रुचि होती है, क्योंकि युवाओं और महिलाओं की आवश्यकता भी यही है। जबलपुर के पनागर विकासखंड की **ग्राम पंचायत बरौदा** के पूर्व सरपंच श्री रूपेंद्र पटैल अत्यंत कल्पनाशील युवा हैं। वे **परिक्रमा** को जब-तब विभिन्न कार्यशालाओं के आयोजन हेतु आमंत्रित करते रहते हैं। पिछले दिनों बरौदा लैंगिक भेदभाव पर जागरूकता कार्यशाला का **मध्यप्रदेश वालंटरी हैल्थ एसोसियेशन**, इंदौर के सौजन्य से

आयोजन किया गया । ग्रामीण महिलाओं के लिये यह एकदम नया अनुभव था कि वे किसी ऐसे कार्यक्रम में हिस्सेदारी करें, जिसमें उन्हीं की प्रमुखता हो। पुरुषों का प्रभाव दोयम रहे। सामूहिक गीतों से शुरुआत उनकी रुचि के अनुकूल थी और खेलों के जरिये समस्याओं और महिला-शक्ति को जानना तो इतना अद्‌भुत रहा कि वे घरेलु महिलायें थोड़ी ही देर में संकोच त्यागकर खुलेमन से हिस्सेदारी करने लगीं और शाम को उनका उल्लासित मन मांग कर रहा था कि ऐसी कार्यशाला हर सप्ताह हुआ करे। वहां उपस्थित कुछ और सरपंचों तथा संगठनों ने तुरंत-फुरंत चिट्‌ठी बनायी और परिक्रमा को अपने गांवों में भी कार्यशाला आयोजित करने का निमंत्रण दिया । इस कार्यशाला में यह उजागर हुआ है कि पुरुषों का प्रभुत्व है, स्त्री की दशा पूर्ण स्वतंत्रतावाली नहीं हैं, फिर भी इस प्रश्न के उत्तर में कि यदि ईश्वर आपको पुरुष बनाने के लिय तैयार हों तो आप क्या करेंगी ? स्त्रियों ने स्त्री ही बने रहना चाहा था, क्योंकि स्त्री के सामने उपस्थित सामाजिक-चुनौतियां उन्हें स्त्री बनकर ही स्वीकार करने और उनका सामना करने का साहस भी देती हैं। खुद परिक्रमा को भी ऐसे कार्यक्रमों के जरिये सीखने के अवसर मिलते हैं। समाज की नब्ज दिखाई देती हैं।

कोई संगठन केवल उन्हीं कार्यक्रमों को नहीं करता, जिसके लिये उसे कहीं से वित्तीय सहायता उपलब्ध है। वह उन कार्यक्रमों को भी प्रमुखता के साथ आयोजित करने में रुचि दिखाता है, जिनके लिये उसे ही आर्थिक-व्यवस्थाएं करनी होती हैं।

एक दिन परिक्रमा के कार्यालय में मुझसे मिलने दो युवक आये। एक युवक स्थानीय थे, जो एकाध बार पहले भी परिक्रमा-कार्यालय आ चुके थे और परिक्रमा से प्रभावित भी थे। शायद थोड़ा-बहुत मुझसे भी। दूसरे युवक चपल और वाचाल थे। उन्होने आरंभिक परिचय के बाद बताया कि वे रायपुर (छत्तीसगढ़) से आये हैं और एन.जी.ओ. निर्माण में मेरी सहायता चाहते हैं। फिर खुद ही बताने लगे कि छत्तीसगढ़ में लाखों रुपया आया हुआ है, जिसका उपयोग एन.जी.ओ. के माध्यम से होना है। उन्होने यह भी बताया कि छत्तीसगढ़ के अनेक प्रभावशाली नौकरशाहों से उनके गहरे संबंध हैं, अतः धन प्राप्त कर लेना कुछ कठिन नहीं है।

- तब कठिनाई क्या है ?

- एन.जी.ओ. चाहिये।

- मेरी क्या मदद चाहिये।

- एन.जी.ओ. दे दीजिये।

- मेरे पास एन.जी.ओ. का स्टॉक नहीं है; और न ही यह दूकान है। हां, गठित कैसे करें यह बता सकता हूं। गठन करके पंजीयन करायें फिर तीन वर्ष बाद योजनाओं के लिये आवेदन करने की पात्रता होगी।

- तब तक तो धन खत्म हो जायेगा। लोग बीस प्रतिशत रिश्वत देकर स्कीम ले रहे हैं।

- तब क्या समस्या है, आप तीस प्रतिशत दे दीजिये, एन.जी.ओ. भी जरूरी नहीं होगा।

वे खामोश हो गये। तब मैंने कहा—महोदय, आप स्वप्नलोक में हैं। कहीं भी इस तरह से न तो धन बंटता है और न एन.जी.ओ. इस तरह काम करते हैं। आप यहां आकर निराश हुए

होंगे। जब कभी सच्चे मन से समाज के लिये कार्य करने की भावना जागे तो दोबारा परिक्रमा में आईयेगा। तब मेरे उत्तर आपको अच्छे लगेंगे। आप ठेकेदार वाली मानसिकता की गिरफ्त में हैं। उससे छुटकारा पाइये।

जिन लोगों के मन में ऐसी भावना हो, उन्हें गैरसरकारी संगठन के क्षेत्र में नहीं आना चाहिये। ठेकेदारी सहित और भी क्षेत्र हैं, जहां वे काम कर सकते हैं। एन.जी.ओ. धन कमाने का स्थान नहीं, प्रतिष्ठा और संतोष पाने का आश्रम है।

अन्य संगठनों से संबंध

> **सभी वास्तविक गैरसरकारी संगठन एक-दूसरे के पूरक हैं। किसी एक संगठन की किसी दूसरे संगठन के साथ कोई स्पर्धा नहीं होती। यह क्षेत्र अत्यंत उदार है और हजारों संगठन किसी एक विषय-क्षेत्र में कार्य कर सकते हैं। इसी तरह कोई संगठन छोटा या बड़ा नहीं होता प्रत्येक संगठन की पूंजी उसकी प्रतिष्ठा, कार्यक्रम और सक्षमता होती हैं।**

सभी गैरसरकारी संगठन उच्चतम आदर्शों और विशिष्ट सामाजिक मूल्यों की स्थापना के लिये कार्य करते हैं, इसलिये एकाकीपन की भावना से काम करते हुये वे राष्ट्र और मानवता की व्यापक सेवा नहीं कर सकते। अधिक प्रभावी तरीके से काम करने के लिये यही उत्तम है कि विभिन्न प्रकार के गैरसरकारी संगठन अपनी स्वायत्तता के साथ-साथ आपस में एक नेटवर्क भी स्थापित करें। नेटवर्क के जरिये समाज के विविध पक्षों का समन्वित विधि से विकास करने में सहायता मिलेगी। नेटवर्किंग के माध्यम से विभिन्न सूचनायें, विशेषज्ञता और सहयोग भी उपलब्ध हो जाता है।

प्राय: बड़ी वित्त प्रदाता संस्थाओं को किसी प्रदेश के अनेक जिलों में अपनी परियोजनाओं का क्रियान्वयन करने के लिये स्थानीय स्तर पर गैरसरकारी संगठनों की आवश्यकता पड़ती है। वे जिला स्तर पर काम करनेवाले संगठनों से सीधे परिचित नहीं होते, तब किसी सुपरिचित संगठन को नोडल एजेंसी बनाकर वे स्थानीय संगठनों को जोड़ने की जिम्मेदारी नोडल एजेंसी को सौंप देते हैं। नोडल एजेंसी अपने इलाके के संगठनों से परिचित होती है, अथवा विभिन्न माध्यमों से परिचित होने का प्रयत्न करती है। इसलिये स्थानीय संगठनों को अपनी ओर से यह कोशिश करते रहना चाहिये कि वे कम-से-कम संभाग और प्रदेश स्तर पर अन्य संगठनों के साथ संवाद बनायें रखें।

छोटे और पिछड़े हुये जिलों के गैरसरकारी संगठनों में अक्सर यह भावना देखने को मिलती है कि वे अपने जिले के दूसरे संगठनों से ईर्ष्या का व्यवहार करते हैं। उन्हें लगता है अन्य संगठन उनके हिस्से की वित्तीय मदद प्राप्त कर लेंगे। ये संगठन कभी-कभी एक-दूसरे के विरुद्ध पत्र युद्ध भी चलाया करते हैं। वे उन विभागों अथवा वित्त प्रदाता संस्थाओं को पत्र लिखकर यह शिकायत करते हैं कि अमुक संगठन उचित संगठन नहीं है और उसके माध्यम से कार्यक्रमों का क्रियान्वयन करवाना उचित नहीं है। इसका उल्टा असर होता है। विभाग और वित्त प्रदाता संस्थायें पूरे जिले के ही प्रति उदासीन हो जाते हैं। नकारात्मक प्रवृत्तियों से प्रेरित

संगठनों की प्रतिष्ठा भी नहीं बन पाती। ठीक इसके विपरीत यदि किसी संगठन से उसके परिचित संगठनों के बारे में कभी कोई राय मांगी जाती है तो उसे सकारात्मक भूमिका निभानी चाहिये। इसका तात्पर्य यह है कि संगठनों के अच्छे पक्ष के बारे में उदारतापूर्वक अपनी राय व्यक्त करना चाहिये और किसी अयोग्य संगठन की अयोग्यताओं का वर्णन करने की अपेक्षा यह कहना अधिक उचित होगा कि उस संगठन के संबंध में हम कुछ नहीं कहना चाहते, अच्छा होगा कि आप अपने स्रोतों से जानकारी एकत्र कर लें।

यहां पर मुझे ऐसी ही एक घटना का स्मरण आ रहा है। जबलपुर की प्रतिष्ठित संस्था **पर्यावरण विज्ञान आश्रम,** जो कि बायो-टेक्नोलॉजी पर विशेष रूप से कार्य करती है, के द्वारा दो दिन का सेमिनार आयोजित किया गया था। इस सेमिनार में केंद्र सरकार के बायो-टेक्नोलॉजी विभाग के निदेशक खासतौर पर पधारे थे। उन्हीं के मुख्य आतिथ्य में उद्घाटन सत्र आरंभ हुआ। इस सेमिनार में भाग लेने के लिये लगभग 20 गैरसरकारी संगठनों के प्रतिनिधि आये हुये थे। भोजन के बाद के सत्र में बायो-टेक्नोलॉजी विभाग के निदेशक ने कहा कि यहां पर अनेक गैरसरकारी संगठन उपस्थित हैं, यदि उनके पास बायो-टेक्नोलॉजी पर कोई परियोजना-विचार हो तो उसे यहीं प्रस्तुत किया जाये, विभाग उचित प्रतीत होनेवाली परियोजनाओं को तीन साल के लिये वित्तीय सहायता उपलब्ध करायेगा। बारी-बारी से अनेक संगठनों ने अपने परियोजना विचार प्रस्तुत किये। मुझे यह कहते हुये बहुत अफसोस हो रहा है कि अधिकांश प्रतिनिधियों ने ऐसे परियोजना विचार रखे जिनका बायो-टेक्नोलॉजी से कोई रिश्ता ही न था, बल्कि ऐसा भी प्रतीत हो रहा था कि उनमें से अधिकतर लोगों को बायो-टेक्नोलॉजी का ठीक-ठीक अर्थ भी पता न था। मध्यप्रदेश के शहडोल जिले के अमरकंटक नामक स्थान से पधारे हुये एक प्रतिनिधि ने परियोजना विचार के स्थान पर विस्तार से यह बताना शुरू कर दिया कि उनके जिले में बहुत से संगठन गलत काम कर रहे हैं, कई विभागों से अनुदान ले आये हैं और उसका दुरुपयोग कर रहे हैं। निदेशक महोदय ने उनकी बकवास सुनने के बाद टोकते हुये कहा कि वे विभिन्न संगठनों का कच्चा चिट्ठा बताने के बजाय अपना परियोजना-विचार प्रस्तुत करें ताकि उसे वित्तीय प्रबंध के लिये परखा जा सके। उन महोदय के पास, जो अन्य संगठन के बारे में 30 मिनिट से भी अधिक समय तक बोलते रहे थे, परियोजना-विचार पर बोलने के लिये कुछ भी नहीं था। वे झेंपते हुये यह कहकर बैठ गये कि वे बाद में डाक के द्वारा अपने विचार भेज देंगे। बाद में परियोजना निदेशक के साथ हुई बातचीत से यह पता लगा कि उनके मन में उन प्रतिनिधि महोदय के संबंध में ऐसी धारणा बन गई है कि वे उसे गैरसरकारी संगठन ही मानने को तैयार नहीं थे। वे उसे गांव भर की खबर देनेवाला 'कोटवार' कह रहे थे।

जब आपका अन्य संगठनों के साथ स्वस्थ संबंध होता है तब आपका संदेश और कीर्ति उन क्षेत्रों में भी पहुंचने लगती है, जहां तक आप भी नहीं पहुंच पाये हैं। अन्य संगठनों के प्रति सकारात्मक विचार रखने से स्वयं आपकी छवि भी उज्ज्वल होती है। जिन संगठनों से प्रत्यक्ष संबंध न बन पाया हो उनके साथ पत्र व्यवहार के माधमय से भी संबंध बनाये रखना चाहिये।

दस्तावेज

दस्तावेज, वर्तमान के साथ-साथ चलनेवाला इतिहास तो है ही, वह संगठन की पारदर्शिता का साक्ष्य भी है।

गैरसरकारी संगठनों के लिये जितना महत्त्व क्षेत्र-कर्म का होता है, लगभग उतना ही महत्त्व कार्यों से संबंधित विभिन्न दस्तावेजों, रजिस्टरों और रिपोर्ट आदि का भी होता है। इन्हीं दस्तावेजों के आधार पर ही संगठन की आर्थिक-दक्षता और पारदर्शिता ज्ञात होती है। कभी-कभी ऐसा भी होता है कि गैरसरकारी संगठन क्षेत्र कर्म और वास्तविक क्रियान्वयन पर तो बहुत ध्यान देते हैं, किंतु रजिस्टरों की समयबद्ध पूर्णता को दोयम मानकर उस ओर से लगभग उदासीन रहते हैं। यह उदासीनता बाद में संकट तक बन जाती है।

एक गैरसरकारी संगठन को इसी कारण बहुत कठिनाई का सामना करना पड़ा था। उक्त संगठन म.प्र. राजीव गांधी वाटरशेड मिशन के अंतर्गत जल ग्रहण क्षेत्र प्रबंधन परियोजना के लिये कार्य कर रहा था। सरकारी और गैरसरकारी दोनों ही तरह की जल ग्रहण-परियोजनाओं पर मानीटरिंग करने का दायित्व मिशन के जिला ग्रामीण विकास अभिकरण को सौंप रखा था। बाद में जिला पंचायत के मुख्य कार्यपालन अधिकारी के पद नाम से यह जिम्मेदारी अपर कलेक्टर की हो गयी।

डी आर डी ए और मुख्य कार्यपालन अधिकारी गैरसरकारी संगठनों को 'प्रोजेक्ट-पार्टनर' समझने के स्थान पर अपना अधीनस्थ कर्मचारी ही समझते रहे हैं। ऐसा उनकी नौकरशाही-मानसिकता के कारण हुआ। वे जो आदेश-निर्देश अपने सी ई ओ जनपद पंचायत के नाम जारी करते, उसी की प्रतियां परियोजना अधिकारी मिलीवाटर शेड के नाम गैरसरकारी क्षेत्र में भी भेज देते। इन आदेश-निर्देशों की भाषा बहुत ही फूहड़ और तानाशाहीपूर्ण रवैये से भरी होती। यह भाषा गैरसरकारी संगठनों के लिये तो आपत्तिजनक होती ही, सी ई ओ जनपद पंचायत के लिये भी कम अपमानकारी नहीं होती, किंतु सरकारी-नौकर होने के कारण वे इसे नजरअंदाज करने के लिये मजबूर थे। इन पत्रों में यह पंक्ति अवश्य होती कि उक्त निर्देश का पालन त्वरित रूप से न करने पर अनुशासनात्मक कार्यवाही की जायेगी।

एक समीक्षा बैठक में **तरुण संस्कार** के डॉयरेक्टर डॉ. वी.पी. चतुर्वेदी ने सी ई ओ जिला पंचायत अर्थात् अपर कलक्टर को इस मुद्दे पर आड़े हाथों लिया। वे वरिष्ठ एन.जी.ओ. कर्मी तो हैं ही विभिन्न परियोजनाओं और नीतियों का भी उन्हें गहराई से ज्ञान है। वे सामाजिक मूल्यों और जन-पक्षधरता के सबसे बड़े पैरोकार भी हैं। डॉ. चतुर्वेदी ने कहा कि सभी गैरसरकारी संगठन जो इस परियोजना पर काम कर रहे हैं, सरकार के प्रोजेक्ट-पार्टनर हैं, उनके कर्मचारी नहीं : यदि भाषा सुधारी नहीं गयी तो सभी संगठन प्रोजेक्ट त्याग देंगे। इस प्रतिरोध का तुरंत असर हुआ और बाद की चिट्ठियों में भाषा पर ध्यान भी दिया जाने लगा।

सरकारी अधिकारी विवशता के कारण गैरसरकारी संगठनों के साथ काम तो करते हैं, परंतु वे अंदर-अंदर दुखी भी रहते हैं। राजनीतिबाजों को तो यह नीति जरा भी पसंद नहीं है कि कोई परियोजना गैरसरकारी संगठनों की मार्फत चले। इसलिये कुछ विधायकों ने विधानसभा में बार-बार ऐसे प्रश्न किये जिससे गैरसरकारी संगठनों को बदनाम किया जा सके, किंतु वे

इसके बाद भी सफल नहीं हो सके। एक अपर कलक्टर और राजीव गांधी वाटरशेड मिशन के एक उच्चाधिकारी की यह निजी राय थी कि सरकारी अधिकारियों के नेतृत्व में चल रही जल ग्रहण परियोजनाओं की तुलना में गैरसरकारी क्षेत्र की परियोजनाओं का कार्य कहीं अधिक बेहतर है। न केवल बेहतर है बल्कि कम प्रशासनिक लागत में भी संपन्न हुआ है।

ऐसे वातावरण में एक एन.जी.ओ. परियोजना अधिकारी ने क्षेत्र में बेहतर परियोजना-कार्य करते हुए भी रिकॉर्ड-संधारण तथा अन्य दस्तावेजीकरण में उदासीनता भी बरती। सरकारी पक्ष को उनके जरिये यह कहने का अवसर मिला कि गैरसरकारी संगठनों का कार्य संतोषजनक नहीं है। यह मामला शायद और भी बिगड़ता किंतु तथ्यात्मक आधार पर बात को बिगड़ने से बचा लिया गया।

दस्तावेज ही कार्यों का प्रमाणीकरण करनेवाले कारक के रूप में बचे रहते हैं,जबकि क्षेत्र कर्म संपन्न होने के कुछ वर्षों बाद धूमिल पड़ने लगता है। परियोजनाओं से संबंधित दस्तावेज हों या संगठन के अपने कार्यक्रमों से संबंधित, वही संगठन की निरंतरता और इतिहास का साक्ष्य बनते हैं। इतना ही नहीं दस्तावेज ही संगठन की लोकतांत्रिक-आस्था और संचालन की गंभीरता को अभिव्यक्त करते हैं।

दस्तावेज के अंतर्गत बैठकों का कार्यवाही रजिस्टर, निर्णय लेने की प्रक्रिया, वार्षिक क्रियाकलापों का रजिस्टर, आय-व्यय, लेखा-जोखा, ऑडिट रिपोर्ट की फाइल, पत्र-व्यवहार की फाइल, फोटोग्राफ और पेपर की कतरनें आदि आती हैं। वित्तीय मदद से जो परियोजनायें संचालित हो रही हों, उनके लिये निर्धारित रजिस्टर आदि भी इसी रूप में दस्तावेज होंगे।

पुस्तकालय

> **पुस्तकालय और उसमें उपलब्ध पुस्तकों का स्तर ही यह बताता है कि उसका स्वामी-संगठन अथवा व्यक्ति चिंतन और साहित्य से कितना जुड़ाव रखता है और उसका किस तरह उपयोग करता है।**

पुस्तकालय व्यक्तियों के निजी उपयोग से लेकर संस्थाओं तक उपयोगी होता है क्योंकि पुस्तकालय ही वह स्थान है जहां हम अपने लिये ज्ञान के भंडार को सुरक्षित रख सकते हैं। पुस्तकालय में ही भिन्न-भिन्न विचारोंवाले हजारों विद्वानों का निवास होता है, जो सदैव अपना साहचर्य देने के लिये तत्पर रहते हैं। एक गैरसरकारी संगठन अपने निजी पुस्तकालय के अभाव में लंगड़ा और अंधा ही नहीं बुद्धिहीन भी होता है, क्योंकि अपने कार्यक्रमों से संबंधित कार्य- अवधारणा स्थापित करते समय जिन विचारों और प्रेरणाओं की आवश्यकता होती है वे पुस्तकालय के सौजन्य से ही प्राप्त होती हैं ।

यह जरूरी नहीं है कि जब तक हजारों पुस्तकें नहीं होंगी तब तक पुस्तकालय स्थापित नहीं होगा। सौ-पचास किताबों से लेकर 200-300 किताबों तक का पुस्तकालय भी अत्यंत उपयोगी होता है। असल में पुस्तकालय का आकार इस बात पर निर्भर करता है कि किसी

संगठन की जरूरतें कितनी हैं और पुस्तकालय तो समय के साथ-साथ बढ़ता रहता है। पुस्तकालय में अपने कार्यक्षेत्र और गैरसरकारी संगठनों से संबंधित विषयों पर पुस्तकों के अलावा देश और प्रदेश की विकास संबंधी रपटें, नीतिगत फैसले तथा आर्थिक और सामाजिक चिंतन से संबंधित ग्रंथों का होना अनिवार्य है।

ऐसा भी नहीं होना चाहिये कि पुस्तकालय केवल सजावट और आडंबर बनकर रह जायें। पुस्तकालय का संगठन के सदस्यों और पदाधिकारियों द्वारा नियमित उपयोग होना चाहिये । अध्ययन की आदत डालने के लिये यह भी किया जा सकता है कि किसी पुस्तक को संगठन के आठ-दस सदस्य पढ़ें और उस पर साप्ताहिक अथवा पाक्षिक गोष्ठी का आयोजन किया जाये। इस गोष्ठी में लेखक के विचारों पर मत-अभिमत प्रस्तुत किये जायें और लेखक की जिन अवधारणाओं से असहमति हो, उनके संबंध में सदस्य अपने मौलिक विचार रखें। इस तरह पुस्तकों का अध्ययन तो होगा ही, और मनन भी होगा। इस प्रक्रिया से संगठन का सहभागी-चिंतन भी सामने आयेगा।

संगठन के सभी प्रमुख व्यक्ति पुस्तकों के प्रकाशन के प्रति सदैव सचेत रहें और जैसे ही किसी ऐसी पुस्तक का पता चले जो संगठन के लिये उपयोगी जान पड़ती हो, तो उसे तुरंत खरीदने की प्रक्रिया आरंभ कर देनी चाहिये। पुस्तक-मेलों और बुक-स्टालों पर भी खोजी निगाहें डालते रहना चाहिये। विभिन्न पत्र-पत्रिकाओं में पुस्तकों की समीक्षा की जाती है, उनके माध्यम से भी उपयोगी पुस्तकों का पता चल सकता है।

पुस्तकालय में पुस्तकें ही नहीं ऑडियों कैसेट्स, वीडियों कैसेट्स और सी.डी. आदि भी संग्रहित करनी चाहिये। इसके अलावा समाचार पत्र, पत्रिकायें, सम्मेलनों की रपटें, अखबारों की कतरनों की फाइलें, फोटोग्राफ्स, नक्शे, चार्ट और विभिन्न प्रकार के ग्राफिक्स भी रखे जाने चाहिये।

जिस तरह गैरसरकारी संगठन समाज के लिये अनिवार्य और सहयोगी भूमिका अदा करते हैं उसी प्रकार पुस्तकालय भी संगठन के लिये अनिवार्य और सहयोगी भूमिका में होते हैं।

गैरसरकारी संगठन परियोजना प्रस्ताव की प्रक्रिया

प्रत्येक परियोजना की आवश्यकता होती है, एक भिन्न तरह का नियोजन, संसाधन और प्रबंधन। किसी भी विकास-परियोजना का प्रमुख उद्देश्य सामाजिक-न्याय को बढ़ावा देना ही है, जो आर्थिक उन्नयन से ही संभव हो पाता है ।

परियोजना प्रस्ताव का निर्माण किसी खास क्षेत्र के जरूरतमंद लोगों के लाभ हेतु विशेष समय-सीमा में खाका तैयार करना ही है। परियोजना प्रस्ताव तैयार करने के चार सोपान होते हैं–

1. समस्या की पहचान व उसका विश्लेषण।
2. समाधान की तालाश और रणनीति का निर्धारण।
3. आवश्यक सहायता का अनुमान लगाना।
4. मूल्यांकन और आनुषंगिक गतिविधियों का संगठन।

जब कोई संगठन अपनी ओर से समस्या प्रस्तुत करते हुये परियोजना प्रस्ताव तैयार करता है तो उसमें प्रमुख रूप से दो प्रकार की सूचनायें जुड़ी होती हैं–

1. संगठनात्मक सूचनायें
2. परियोजना संबंधी सूचनायें

संगठनात्मक सूचनाओं की अनुसूची

जब आप राष्ट्रीय या अंतर्राष्ट्रीय वित्त-प्रदाता संस्था को अपने संगठन की सूचनायें दे रहें हो, तो निम्नलिखित बिंदु अनिवार्य होते हैं। इसके अलावा सूचनायें सही, स्पष्ट और संपूर्ण होनी चाहिये ।

1. संगठन का नाम
2. पता (टेलीफोन नंबर, फैक्स, ई-मेल सहित)
3. लक्ष्य और उद्देश्य
4. गतिविधियों का क्षेत्र
5. वैधानिक स्थिति

6. अनुभव और विशेषतायें
7. लक्ष्य समूह–उनकी भूमिका और भागीदारी
8. मुख्य गतिविधियां
9. प्रबंध समिति के सदस्यों की सूची
10. निर्णय लेने की प्रक्रिया का ढांचा
11. स्टॉफ की स्थिति और वितरण
12. आर्थिक जुड़ाव
13. संगठनात्मक ढांचा
14. बैंक का नाम व पता तथा अकाउंट नंबर

क्रियान्वयन समिति से संबंधित सूचनाओं को और अधिक प्रभावी बनाने के लिये कुछ और सहयोगी सामग्री जोड़ी जा सकती है–

- पंजीयन प्रमाण-पत्र की प्रतिलिपि
- एफ.सी.आर.ए. प्रमाण-पत्र की प्रतिलिपि
- आयकर से छूट का प्रमाण-पत्र
- संगठन का ज्ञापन और उप-विधियां
- प्रबंध समिति के सदस्यों की सूची
- कार्यरत स्टाफ की सूची
- प्रवीणता के प्रमाण-पत्र (यदि हों)
- रूट चार्ट

किसी भी गैरसरकारी संगठन को परियोजना के क्रियान्वयन हेतु वित्तीय सहायता तभी मिलती है जब वह सरकारों अथवा वित्त-प्रदाता संस्थाओं की दृष्टि में पात्रता रखता हो।

पात्रता की सामान्य शर्तें

क्रियान्वयन संस्था को होना चाहिये–

- पंजीबद्ध संस्था
- पंजीयन्-पश्चात तीन वर्षीय अनुभव
- लिखित और उपयुक्त व्याख्यावाला संविधान
- निर्वाचित प्रबंध समिति
- आवश्यक ढांचागत सुविधायें
- योजना क्रियान्वयन की क्षमता
- कार्यक्षेत्र संबंधी सुविधायें, संसाधन, व्यक्ति और अनुभव
- अलग और नियमित खाते का रख-रखाव
- चार्टर्ड एकाउंटेंट द्वारा परीक्षित लेखा
- गैर-लाभकारी और भेदभाव रहित संस्था
- राजनैतिक दलों से असंबद्ध

- व्यवसायगत प्रशिक्षित टीम
- एफ.सी.आर.ए. प्रमाण पत्र की पूरी प्रक्रिया की गई हो। (यदि विदेशी धन का सहयोग लेना हो तो)

गैरसरकारी संगठनों के द्वारा परियोजनाओं का क्रियान्वयन प्रस्ताव दो तरह तैयार किया जाता है। एक तो स्वयं किसी समस्या की खोज करते हुये उसके समाधान की रणनीति सहित प्रस्ताव तैयार करना और दूसरा जिस विभाग अथवा वित्त-प्रदाता संस्था के लिये पहले से पहचान कर ली गई समस्या के समाधान के लिये, उसी विभाग के द्वारा सुनिश्चित आवेदन प्रपत्र के अनुरूप प्रस्ताव तैयार करना। दोनों ही विधियों से प्रस्ताव तैयार करने के लिये जिन परियोजना सूचनाओं की आवश्यकता पड़ती है, वे इस प्रकार हैं

- परियोजना के शीर्षक
- परियोजना जहां क्रियान्वित की जायेगी उस क्षेत्र का विवरण
- लक्ष्य समूह
- समस्या की पहचान
- आपकी संस्था की दिलचस्पी
- समस्या को कैसे निबटाया जायेगा
- परियोजना के उद्देश्य
- कार्य योजना
- पद्धति
- आवश्यक समयावधि
- पर्यवेक्षण
- लोगों का जुड़ाव
- अपेक्षित लाभ
- मूल्यांकन और आनुषंगिक
- बजट अनुमान
- बजट की न्याय संगतता
- स्थानीय योगदान
- संदर्भ और संस्तुतियां

सहायक दस्तावेज

संगठन के द्वारा जिस परियोजना का प्रस्ताव तैयार किया जा रहा है उसकी प्राथमिकतायें और संगठन की सक्षमता को पुष्ट करने के लिये सहायक दस्तावेज के साथ लगाना अनिवार्य होता है–

- कार्यान्वयन के लिये चुने गये क्षेत्र की सर्वेक्षण रिपोर्ट
- तात्कालिक वार्षिक रिपोर्ट (जितने वर्ष की मांगी जाये)
- चार्टर्ड एकाउंटेंट की रिपोर्ट (जितने वर्ष की मांगी जाये)

- बैलेंस शीट (जितने वर्ष की मांगी जाये)
- लाभार्थियों की सूची (यदि लाभार्थी केंद्रित परियोजना हो)
- परियोजना क्रियान्वयन के लिये उत्तरदायी व्यक्ति का बायोडाटा
- पूर्व में प्राप्त अनुदान और अन्य संपत्तियों से संबंधित सूचना
- प्रासंगिक समाचार-पत्र, कतरनें (यदि आवश्यक हों)
- फोटोग्राफ (यदि हो)
- क्षेत्र का नक्शा
- मूल्यांकन रिपोर्ट (यदि आनुषांगिक परियोजना प्रस्ताव है)
- परियोजना की संभाव्यता जीवन-योग्यता और बाजार-सुविधाओं से संबंधित दस्तावेज (आयवर्धन परियोजना हो तो)
- शासन बैंकर या एन.जी.ओ. द्वारा सहयोग के लिखित दस्तावेज (यदि वे परियोजना से जुड़े हों)
- संस्तुति पत्र
- कवरिंग लेटर

कुछ विख्यात फंडिंग एजेंसीज

कपार्ट—*भारत पर्यावास केंद्र, जोन-5-ए.,(कोर-सी) द्वितीय तल, लोदी रोड, नयी दिल्ली—110003.*

यू.एन.डी.पी., अल्प अनुदान कार्यक्रम हेतु—*सी ई ई सेंट्रल, 18 ग्रीन पार्क सोसायटी, अयुध पुणे—43007.*

नाबार्ड—*ई-5, अरेरा कॉलोनी, रविशंकर नगर, पो.बा.नं.—513, भोपाल—462016.*

नाबार्ड—*स्टर्लिंग सेंटर, शिव सागर, इस्टेट, डॉ. ए.बी. रोड, वर्ली, मुबंई—400018.*

हेल्प एज इंडिया—*सी-14, कुतुब इंस्टीट्यूशनल एरिया, नयी दिल्ली—110016.*

हेल्प एज इंडिया—*68, चित्रगुप्त नगर, कोटरा, भोपाल (म.प्र.)।*

विश्व प्रकृति निधि *(डब्ल्यू.डब्ल्यू. एफ.) इप्को, पर्यावरण परिसर, ई-5, अरेरा कॉलोनी, भोपाल—462016.*

केयर इंडिया—*बी-28, ग्रेटर कैलाश-I, पी.ओ. बॉक्स नंबर—440, नयी दिल्ली—110048.*

वालंटरी हैल्थ एसोसियेशन ऑफ इंडिया—*तोंग स्वास्थ्य भवन, 40, इंस्टीट्यूशनल एरिया, साऊथ ऑफ आई.टी., नयी दिल्ली—11001.*

भारतीय लघु उद्योग विकास बैंक—*(सिडबी), शिखर वार्ता बिल्डिंग, तीसरी मंजिल, प्रेस कॉम्पलेक्स, महाराणा प्रताप नगर, जोन-1, भोपाल (म.प्र.) 462011.*

मध्यप्रदेश महिला आर्थिक विकास निगम—*24, जोन 2, एम.पी. नगर, भोपाल (म.प्र.)—462011.*

एक्शन एड—*ई-7/88, लाजपत सोसायटी, अरेरा कॉलोनी, भोपाल—462016.*

अवार्ड—*5 (एफ.एफ.), इंस्टीट्यूशनल एरिया, दीनदयाल उपाध्याय मार्ग, नयी दिल्ली-2.*

परियोजना सूचना संक्षेपीकरण

व्यवस्थित और सीढ़ी-दर-सीढ़ी परियोजना सूत्र बनाना और प्रस्ताव तैयार करना उपयुक्त होता है, इसके लिये इस प्रकार तैयारी करें–

1. **परियोजना शीर्षक/परियोजना का नाम**–जो परियोजना का अर्थ और उद्देश्य का संकेत देता हो।
2. **क्रियान्वयन संस्था का परिचयात्मक चित्रण**–संपर्क व्यक्ति का नाम, पता और जरूरी दस्तावेज।
3. **परियोजना क्रियान्वयन क्षेत्र का विवरण**–नक्शा जिसमें क्रियान्वयन क्षेत्र को दर्शाया गया हो।
4. **लक्षित समूह**–परियोजना से लाभान्वित होनेवाले लोगों की अनुमानित संख्या तथा विवरण।
5. **समस्या का विवरण**–मुख्य समस्या का चित्रण, उसकी प्रकृति, मूल कारण और उससे प्रभावित व्यक्ति ।
6. **समस्या कैसे पहचानी गयी ?**–लोगों से चर्चा, सरकार या किसी अन्य प्रकार से।
7. **परियोजना में आपके संगठन की दिलचस्पी**–आप इसे महत्त्वपूर्ण क्यों मानते हैं, कारण बतायें कि यह परियोजना क्यों चुनी गयी या परियोजना की तार्किकता।
8. **समस्याएं**–समस्याओं की व्याख्या जो कि परियोजना के द्वारा समाहित की जायेगी।
9. **परियोजना के उद्देश्य**–क्या परिणाम होगा और कैसे परिवर्तन आयेंगे।
10. **कार्य योजना**–उद्देश्यों को प्राप्त करने के लिये आप कौन-सी गतिविधियां लेंगे।
11. **पद्धति**–कैसे कार्ययोजना करेंगे।
12. **संसाधन**–जरूरी मानव-शक्ति, सामग्री और वित्तीय जरूरतों को व्याख्यायित कीजिये।
13. **जरूरी समयावधि**–किस गतिविधि के लिये कितना समय लगेगा और कुल समयावधि कितनी होगी ?
14. **पर्यवेक्षण और सांगठनिक समन्वय**–आपका संगठन परियोजना प्रबंधन कैसे करेगा ?
15. **लोगों का जुड़ाव**–इस परियोजना में लोगों का जुड़ाव किस रूप में होगा–चयन, क्रियान्वयन, मूल्यांकन और लाभ के संदर्भ में।
16. **अपेक्षित परिणाम**–लाभ क्या होंगे ?
17. **मूल्यांकन और अनुषांगिक कार्य**–परिणाम ज्ञात करने का पूर्वानुमान, क्षेत्र और तरीके।
18. **बजट अनुमान**–विस्तृत बजट योजना, जिसमें खरीदी जानेवाली सामग्री (उपकरण) के कोटेशन (प्रचलित मूल्य) भी शामिल हों।
19. **बजट की न्यायसंगति**–आर्थिक आवश्यकताओं की व्याख्या करें और लाभों का विश्लेषण भी।

20. **स्थानीय योगदान**–आपका और स्थानीय लोगों का योगदान क्या होगा ?
21. **संदर्भ और संस्तुतियां**–उन व्यक्तियों/संस्थाओं के नाम दीजिये जो आपको जानते हों।
22. **कवरिंग लेटर**–संक्षिप्त पत्र।

परियोजना विवरण

परियोजना कोई भी हो, बुनियादी ढांचा सभी का एक-सा ही होता है, इसे आवेदन प्रपत्र की तरह मानते हुये, व्यवस्थित तरीके से परियोजना-प्रस्ताव तैयार करें।

1. परियोजना-शीर्षक/परियोजना का नाम

शीर्षक छोटा, यथार्थपूर्ण और नवाचार युक्त हो। उसे स्पष्ट रूप से संकेत कर देना चाहिये कि संपूर्ण रूप में परियोजना क्या है ? शीर्षक स्वयं ही परियोजना के मुख्य उद्देश्य को अभिव्यक्त कर दे।

जैसे–
1. ग्रामीण आयवर्धन।
2. औषधीय फसलों की खेती और उत्पाद प्रक्रियाकरण द्वारा आयवर्धन।
3. पेयजल विकास कार्यक्रम।

2. क्रियान्वयन संस्था का परिचय

जब आप समस्याओं से संबंधित पृष्ठभूमि और सामान्य परिस्थितियों का चित्रण कर रहे हों तभी यह इंगित करना उपयुक्त होगा कि आपके संगठन का इस समस्या के साथ क्या संबंध है ? समस्या की पहचान और समाधान के लिये आपका क्या जुड़ाव होगा ? इसे संक्षेप में व्यक्त करें।

संगठन का इतिहास, अनुभव, विशेषज्ञता, ढांचा, वैधानिक स्थित आदि के ब्यौरे दें। इससे वित्त प्रदाता संस्था को संतोष होगा कि उनकी अपेक्षा के अनुकूल संस्था है। आप अपनी योग्यता इन क्षेत्रों में दर्शायें–

1. **क्षेत्र :** जहां परियोजना क्रियान्वित होगी उसका विवरण दें। कारण भी बतायें कि उसी क्षेत्र का चयन क्यों किया गया ?
2. **मनुष्य :** प्रत्यक्ष या अप्रत्यक्ष रूप से लाभ प्राप्त करनेवाले कौन लोग होंगे, कितने लोग क्रियान्वयन से जुड़ेंगे ?
3. **धन :** वित्तीय आवश्यकता का अनुमान लगायें।
4. **सामग्री :** ढांचागत आवश्यकता को जोड़िये।
5. **रणनीति :** निर्धारित समय में लक्ष्यों की प्राप्ति के लिये क्या तरीका होगा। यह अनुभव और निरीक्षण से आयेगा।

6. **कार्य :** रणनीति का क्रियान्वयन दैनिक, साप्ताहिक, मासिक या वार्षिक गतिविधियों से होगा। यह दर्शायेगा कि कहां, कब, कौन और कैसे कार्य संपन्न करेगा ?

कार्य योजना

कार्य योजना ही यह विस्तारपूर्वक बतायेगी कि वास्तव में आप निर्धारित समयावधि में क्या करना चाहते हैं ? आप कैसे करेंगे और अन्य जरूरतें क्या होंगी ? आपको व्यवस्थित और चरणबद्ध योजना बनानी होगी, जिसमें यह स्पष्ट उत्तर भी हो कि समस्या कैसे निबटेगी और अपेक्षित परिवर्तन कैसे लायेंगे। यह बहुत महत्त्वपूर्ण है कि प्रत्येक विस्तृत जानकारी योजना में शामिल हो। जैसे कि मकान बनाने के लिये नक्शे में सब कुछ दर्शाया जाता है। आपकी योजना की निपुणता इस बात की प्रतिभूति देती हो कि आप तर्क दे सकें कि आपने सर्वोत्तम उपयुक्त योजना बनाई है और सर्वाधिक निपुण औजार चुने हैं ताकि परियोजना के उद्देश्य को पाया जा सके।

कार्य योजना में निम्नांकित बिंदु स्पष्ट करना चाहिये—

- योजना की गतिविधियां उचित क्रमानुसार रखी गई हैं।
- कौन क्या करेगा यह जिम्मेदारी व्यक्तियों को स्पष्ट रूप से दी गयी है। व्याख्यायित किया जाये।
- प्रत्येक कार्यक्रम-अंश के लिये समयावधि का निर्धारण और पालन करने की तार्किकता झलकती हो।

कार्य योजना बना रहे हों तब इन बिंदुओं को ध्यान में रखें—

- वह यथार्थपूर्ण और आसानी से क्रियान्वयन योग्य हो।
- समस्या का उत्तर देने में समर्थ हो और इच्छित परिवर्तन ला सकती हो।
- संबंधित क्षेत्र के अधिकतम लोगों को जोड़ा गया हो।
- सीमित समय में पूर्ण होने की संभाव्यता हो।
- स्थानीय कौशल और संसाधनों का उपयोग उसमें जुड़ा हो।
- वह पर्यावरण और सांस्कृतिक दृष्टि से ग्रहणीय हो।
- राष्ट्रीय नीति के साथ उसका तालमेल हो।
- जरूरतमंद लोगों की अधिकतम संख्या को लाभ पहुंचता हो।

आपके प्रस्ताव में समस्या के प्रभावी तथा नवाचारी रीतियों से समाधान तलाशे गये हों । समस्याओं की मात्रा, उद्देश्य और रणनीति आदि आपके संगठन की क्रियान्वयन क्षमता के अंदर होनी चाहिए। समस्या का विश्लेषण करते समय ही आप समस्या के महत्त्व और समाधान की त्वरित आवश्यकता को समझा दें। अब आपको अपने संगठन की नीतियों, प्राथमिकताओं के साथ उसकी प्रासंगिकता को प्रमाणित करना है। परियोजना

के पर्यवेक्षण के लिये अपने संगठन की क्षमता का औपचारिक अनुभव और प्रबंधन-व्यवस्था को स्पष्ट कीजिये। वित्त-प्रदाता संस्था आपके संगठन की प्रबंधन क्षमता को ही सर्वाधिक महत्त्व देगी।

अपने संगठन का पूरा नाम लिखें, यदि कोई संक्षिप्त नाम हो तो वह भी। सभी अनिवार्य सूचनायें संक्षेप में किंतु वास्तविक रूप में दे। जरूरी दस्तावेज अवश्य लगायें।

3. क्रियान्वयन क्षेत्र का विवरण

क्रियान्वयन-क्षेत्र का स्पष्ट विवरण देते हुये एक नक्शा भी दीजिये जिसमें परियोजना-क्षेत्र को दर्शाया गया हो। इसमें भोगौलिक क्षेत्र, आकार, पर्यावरण, प्राकृतिक-संसाधन, अवसर और समस्याओं का विवरण देनेवाली सर्वेक्षण-रिपोर्ट भी लगायें। यह सर्वेक्षण यदि संबंधित लोगों द्वारा किया जाये तो उत्तम होगा।

4. लक्ष्य-समूह

लक्ष्य-समूह की परिस्थितियों का विवरण देते हुये परियोजना से लाभांवित होनेवाले लोगों की अनुमानित संख्या भी दें और यह भी बतायें कि प्रत्यक्ष-अप्रत्यक्ष लाभांवितों का प्रतिशत क्या होगा तथा उनका चयन किस आधार पर किया जायेगा। उनकी समस्यायें क्या हैं और वे उनसे किस प्रकार प्रभावित हैं ? आबादी का आकार, साक्षरता दर, धंधा, आय के स्रोत, सामाजिक संरचना, संस्कृति, नेतृत्व-प्रणाली, जागरूकता, संगठन तथा जाति-समूह आदि का विवरण भी दें और जरूरी आंकड़े (सांख्यिकी) भी जोड़ें।

5. समस्या कथन

किसी भी परियोजना निर्माण के लिये पहचानी गयी समस्या के प्रति स्पष्ट समझ होनी चाहिये तथा ऐसी विश्लेषण-पद्धति हो जिसके कारण आसानी से समस्या से सहमत हुआ जा सके। यह सामान्य पृष्ठभूमि और विशिष्ट आवश्यकताओं से भी परिपूर्ण हो।
समस्या के प्रमुख आयाम होते हैं–

- समस्या की प्रकृति क्या है ?
- उसके मूल कारण क्या है ?
- सबसे ज्यादा प्रभावित लोग कौन हैं ?

समस्या के प्रति जागरूकता

समस्या का विश्लेषण या पृष्ठभूमि का अध्ययन इन बिंदुओं पर गौर करता है—

- आंकड़ों का संग्रह/क्षेत्र सर्वेक्षण।
- आंकड़ों को व्यवस्थित करना।

- आंकड़ों का पुष्टिकरण।
- सभी परिणामों का आलोचनात्मक विश्लेषण।
- संभव समाधान तक पहुंचना।

सिद्ध करें

- समस्या गंभीर है।
- आपके पास उसके समाधान की क्षमता है।
- वह राष्ट्रीय विकास योजना और प्राथमिकताओं में है।
- आपकी योजना उसी क्षेत्र में चल रही है किसी और योजना का ही दुहराव नहीं है।

समस्या-विश्लेषण के प्रमुख आयामों की व्याख्या

1. **समस्या की प्रकृति की व्याख्या :** जैसे कि वह सामाजिक, आर्थिक, सांस्कृतिक, शैक्षिक, धार्मिक, राजनैतिक, स्वास्थ्य, पर्यावरणीय, प्राकृतिक अथवा मनुष्य-निर्मित है ।
2. **समस्या से लोग कितना प्रभावित हैं :** गंभीरता, अवधि, क्षेत्र, लोगों की संख्या आदि ।
3. **समस्या के मूल कारण और समाधान में आड़े आ रही शक्तियों का पता लगाना :** जैसे जाति प्रथा, परंपरा, रीतिरिवाज, अन्यायपूर्ण वितरण, दहेज प्रथा, अशिक्षा, अस्वच्छता, सामाजिक अन्याय आदि।
4. **लोगों या समूह की पहचान जो सबसे ज्यादा प्रभावित हैं :** महिलायें, बच्चे, अनुसूचित जाति, अनूसूचित जनजाति, कच्चा माल, बाजार सुविधायें, लोगों की रुचि, लोगों की भागीदारी आदि।
5. **समाधान के लिये उपलब्ध संसाधनों का मापन :** भूमि का उपजाऊ पन, सिंचाई सुविधायें, कच्चा माल, बाजार की सुविधायें, लोगों की रुचि, लोगों की भागीदारी आदि।

6. समस्या की पहचान

समस्या कैसे पहचानी गयी ? नयी समस्या की पहचान करने के लिये कौन से तर्क किये गये ? स्पष्ट बतायें कि आपने कैसे विशिष्ट समस्या पहचानी और परियोजना के योग्य पाया ? इस समस्या की पहचान कर लेने के लिये कौन-सी विधि अपनायी गयी ? क्या यह लोगों की आवश्यकता की ही अभिव्यक्ति का परिणाम है ? क्या आपके द्वारा लोगों से किये गये विचार-विमर्श का परिणाम है ? या इसे सरकार अथवा स्थानीय अधिकारियों द्वारा पहचाना गया है ? इस परियोजना के चयन की प्रक्रिया को स्पष्ट करें।

7. परियोजना में आपकी रुचि

आप इसे महत्त्वपूर्ण क्यों मानते हैं ? परियोजना चयन के कारण क्या हैं ? परियोजना के प्रति तार्किकता का वर्णन करें। इसके अंतर्गत आप परियोजना चयन की न्यायसंगति सिद्ध करें और पिछले अनुच्छेद क्रमांक 6 में दी गयी प्राथमिकताओं, नीतियों, विशेषज्ञता और अनुभवों को भी कारण के रूप में बतायें।

8. समस्यायें, परियोजना जिन्हें संबोधित करती है

उन विशिष्ट समस्याओं का विवरण दें, जिन्हें हाथ में लेने की योजना बनाई गई है। पर्याप्त अध्ययन, समस्या की प्रकृति, मूल कारण, प्रभावित लोगों आदि के आधार पर आप समाधान के प्रति अपने आपको निश्चित बिंदुओं पर स्थिर करें। विशेष रूप से यह भी जोड़ें कि समस्या के ठोस आयाम क्या हैं और आप उनका समाधान करने में कितने सक्षम हैं ? इसे स्वास्थ्य, स्वच्छता और पर्यावरण से जोड़ें।

9. परियोजना के उद्देश्य

यह इस प्रश्न का उत्तर होगा कि आप इस परियोजना को क्यों लेना चाहते हैं ? आपकी उपलब्धियां क्या होंगी, इसका विशिष्ट विवरण दें। यह अपेक्षित परिणामों, उनके मापन और आपकी परियोजना से सीधे संबंधित शर्तें होंगी।

किसी भी परियोजना का मुख्य लक्ष्य होता है परिवर्तन। उद्देश्य ही परियोजना के अपेक्षित परिणाम होते हैं। उद्देश्य को सुनिश्चित करते हुये उनकी व्यापक महत्ता को ध्यान में रखें। उद्देश्यों में भिन्नता हो सकती है क्योंकि संगठनों की विचारधारा और परियोजना की प्रकृति पर ये निर्भर होते हैं।

दृष्टि : यह वह दर्शन है, जिस पर परियोजना आधारित होती है। यह सुनिश्चित मूल्य और प्रवृत्तियों को भी प्रकट करती है।

लक्ष्य : दर्शन पर आधारित परियोजना के दीर्घकालिक उद्देश्य ही लक्ष्य हैं। अंततः क्या परिवर्तन आयेगा, इस पर व्यापक कथन दीजिये। यह बिंदु एक बड़ा प्रभाव उत्पन्न करेगा क्योंकि इसमें वास्तविक पारिस्थितिक तथा प्रवृत्तिजनक परिवर्तन की शक्ति है।

उद्देश्य : संसाधनों, गतिविधियों और समय की सीमा में विशिष्ट और तात्कालिक परिणामों का कथन ही उद्देश्य होता है। प्रायः दो प्रकार के उद्देश्य होते हैं–

(अ) **दीर्घकालिक उद्देश्य** : यह वह परिवर्तन है जो उपलब्ध होगा। यह दर्शन और विचारधारा पर आधारित परियोजना का प्रभाव या लक्ष्य होता है। यह **पदार्थ** और **अपदार्थ** दोनों रूपों में हो सकता है–

पदार्थ : आयवर्धन, आवास प्राप्ति आदि।

अपदार्थ : कौशल, जागरूकता आदि।

(ब) अल्पावधि उद्देश्य : परियोजना क्रियान्वयन के कारण तुरंत और प्रत्यक्ष रूप से प्राप्त होनेवाले परिणाम इसके अंतर्गत आते हैं। उदाहरण–व्यावसायिक प्रशिक्षण उपलब्ध कराना, मजदूरी के कार्य उपलब्ध कराना। उद्देश्यों की आवश्यकता दो कारणों से होती हैं–

- परियोजना कार्य को विशिष्ट रूप देने के लिये।
- किये जा रहे मूल्यांकन और अंतिम मूल्यांकन के लिये सुविधा उपलब्ध कराना। उद्देश्य निर्धारण के लिये मार्गदर्शन।
- उद्देश्य स्पष्ट और आसानी से समझ में आनेवाले हों।
- उन्हें संगठन के उद्देश्यों के साथ तालमेल रखना चाहिये।
- वे समय-सीमा से आबद्ध और परिणाम मापे जा सकनेवाले हों।
- आपके संगठन द्वारा प्राप्त किये जा सकनेवाले हों।
- वे विशिष्ट और कम संख्या में हों।
- वे समस्या और रणनीति से जुड़े हुये हों।

स्पष्ट और विशिष्ट उद्देश्य परियोजना के अभिप्राय को भी स्पष्ट करेंगे तथा यह भी अभिव्यक्त कर सकेंगे कि परियोजना के द्वारा आप क्या और कैसे प्राप्त करना चाहते हैं? किन परिवर्तनों को आप दिखाना चाहते हैं या क्या लक्ष्य हैं।

उद्देश्य ऐसे रखें जो आरंभ से अंत तक बदले न जायें। उद्देश्य ही प्रेरणाशक्ति होंगे, जिससे कार्ययोजना क्रियान्वित होगी। इसलिये उद्देश्य खुले और स्पष्ट होने ही चाहिये। जिससे आपके संगठन के सभी व्यक्ति परिचित हों।

10. कार्य-योजना

जब आप कार्य-योजना बना रहे हों, तब मुख्य प्रयत्न यह होना चाहिये कि समस्या के विवरण के उत्तर प्राप्त हों। कार्य-योजना का महत्त्व और आवश्यक समय, समस्या की गंभीरता पर निर्भर करेगा। कार्य-योजना में निम्नलिखित बिंदु होंगे–

- मानव
- धन
- सामग्री
- रणनीति
- कार्य

11. पद्धति/रणनीति

पद्धति यह व्याख्या करती है कि परियोजना कैसे क्रियान्वित की जायेगी। इसके अंतर्गत आप वह आसान और प्रभावी तरीका अपनाते हैं जिससे सरलतापूर्वक कार्य योजना क्रियान्वित की जा सके। समस्या तक पहुंचने और निर्धारित क्रम में कार्ययोजना को क्रियान्वित करने का सही

रास्ता है। व्यवस्थित क्रियान्वयन और समयबद्ध प्रबंधन के लिये अच्छी रणनीति या पद्धति अनिवार्य तत्त्व है। अच्छी रणनीति में निम्नलिखित आयाम होते हैं–

- अनेक चरणों में बांटा जाये।
- पर्यवेक्षण और मूल्यांकन-व्यवस्था।
- परियोजना प्रबंधन-व्यवस्था।
- लोगों की भागीदारी।
- संसाधनों का उपयोग।
- अन्य गैरसरकारी संगठनों और सरकार से समन्वय।
- प्रशिक्षण और अभिप्रेरण-व्यवस्था।
- यही ऐसी तकनीक है जो समस्या के निराकरण के लिये उपयोग की जाती है ।

12. आवश्यक मानव शक्ति, सामग्री और वित्तीय जरूरतों को व्यवस्थित तरीके से चरण-दर-चरण समझायें। साथ ही प्रबंधकीय आवश्यकतायें जैसे स्टॉफ, ढांचा, भवन, फर्नीचर आदि के बारे में भी वर्णन करें। वेतन, उपकरण-खरीदी आदि का जिक्र भी करें।

13. आवश्यक समय

आपको उद्देश्यों की प्राप्ति के लिये लगनेवाले समय का वास्तविक आकलन करने में सक्षम होना ही चाहिये। परियोजना चरणबद्ध हो और एक चरण कितने समय का रहे, यह सीमा परियोजना की प्रकृति और क्रियान्वयन पद्धति पर निर्भर करता है। जो भी हो, प्रत्येक परियोजना को समयबद्ध होना ही चाहिये। इसे महीनों या वर्ष के आधार पर विभाजित होना चाहिये।

14. संगठनात्मक समन्वय/पर्यवेक्षण

यह जरूर बतायें कि आपका संगठन परियोजना का प्रबंध कैसे करेगा ? वित्त प्रदान करनेवाली संस्था आपके कौशल, क्षमता और उपलब्ध संसाधनों के प्रति बहुत सचेत रहती है, ताकि परियोजना प्रभावी तरीके से क्रियान्वित हो। इसलिये अपने संसाधन, ढांचा और कौशल के बारे में सभी विवरण दें ताकि वे आपसे सहमत हो सकें।

15. लोगों की भागीदारी

यह भी बतायें कि स्थानीय लोगों को परियोजना के साथ कैसे जोड़ा जायेगा। परियोजना चयन, योजना-निर्माण, क्रियान्वयन, मूल्यांकन और लाभ वितरण आदि में वे कैसे भागीदार बनेंगे ? परियोजना आखिर उन्हीं लोगों के लिये है, इसलिये यह बहुत सार्थक होगा कि स्थानीय लोगों का गहरा जुड़ाव हो। जहां एक ओर सैद्धांतिक रूप से यह बहुत महत्त्वपूर्ण और सहज लगता है, वहीं व्यावहारिकरूप से अनेक कठिनाइयों का सामना भी करना पड़ता है। जैसे

लोगों के अलग-अलग वर्ग, असहमतियां, सही नेतृत्व का अभाव, स्वार्थपूर्णता, तकनीकी-ज्ञान की कमी आदि। फिर भी एक वास्तविक जन-संगठन इन बाधाओं का समाधान भी खोज निकालता है।

16. अपेक्षित परिणाम

अपने प्रस्ताव में यह जरूर जोड़ें कि परियोजना से गुणवत्ता और मात्रा के आधार पर क्या अपेक्षायें हैं। यदि परियोजना व्यवस्थित, स्पष्ट, व्यावहारिक, कार्ययोजना लागू की जा सकनेवाली रणनीति से परिपूर्ण है, तो आप संभावित परिणामों और लाभों को देख पाने और बता पाने में समर्थ होंगे। इसके लिये भी अनिवार्य होगा कि आपने समस्या का ठीक-ठीक आकलन किया हो और प्रस्तावित समाधान भी बिलकुल उचित हो।

17. मूल्यांकन और अनुषंगी कार्य

इसके अंतर्गत् आप अपना प्रबंधकीय-ढांचा और प्रगति के मापन में उपयोग आनेवाले सूचकों का वर्णन कीजिये। परियोजना के स्वतंत्र मूल्यांकन की योजना क्या है? कौन करेगा? स्व-मूल्यांकन कौन और कैसे मूल्यांकित करेगा? परियोजना पूरी हो जाने पर आनुषांगिक-योजना क्या है?

सूचक : परियोजना-उद्देश्यों की प्राप्ति कर ली गयी है या उस दिशा में विकास हो रहा है, यह सिद्ध कर सकनेवाले तथ्य क्या होंगे? प्रेक्षणीय तथ्य भी हों।

18. बजट-अनुमान

परियोजना की आय-व्यय का विस्तृत बजट दें। परियोजना के लिये कौन-सी सेवायें और सुविधायें निःशुल्क उपलब्ध हैं, उनका मूल्य अनुमान लगायें। यदि अन्य संगठनों को अनुदान हेतु आवेदन किया है तो उनकी भी सूची दें।

बजट बनाने के चार सोपान

1. आवश्यताओं की सूची बनाना।
2. मूल्य का अनुमान लगाना।
3. आय की सूची बनाना।
4. व्यय को व्यवस्थित तरीके से दर्शाना।

बजट बनाते समय निम्नांकित जरूरतों पर ध्यान दें—

1. विभिन्न शीर्षकों के अंतर्गत कुल लागत को विभाजित करें।
2. उपकरणों की खरीद के लिये भरोसेमंद व्यवसायियों से कोटेशन प्राप्त करें।
3. खरीद, रख-रखाव, मजदूरी, मानदेय आदि को प्रतिदिन, प्रति सप्ताह, प्रति माह या प्रतिवर्ष वर्ष जैसी इकाई में दें।

4. यदि परियोजना आयवर्धन कार्यक्रम के लिये है, तो आय और व्यय की तुलनात्मक जानकारी भी दें। उत्पादन में वृद्धि और समयानुसार आय-वृद्धि यह बतायेगी कि परियोजना की संभाव्यता कितनी है ?
5. परियोजना के प्रत्येक चरण के लिये आवश्यक राशि की जानकारी दें।
6. सरकार या अन्य संस्था से प्राप्त योगदान।
7. कुल राशि की आवश्यकता।
8. मुद्रा-स्फीति और मूल्य-वृद्धि को देखते हुये भी कुछ व्यवस्था करें। सामान्यतः 10% अतिरिक्त राशि रखी जाती है।
9. अपने और स्थानीय योगदान को भी जोड़ें जैसे—भूमि, श्रम, सामग्री, ढांचागत या नकद।
10. वित्त प्रदात्ता से मांगी गयी शुद्ध राशि बजट संक्षेपण—
    - आवश्यक राशि—रुपये ....
    - स्वयं का योगदान—रुपये ....
    - अन्य संस्थाओं का योगदान—रुपये ....
    - राशि जिसके लिये निवेदन किया गया—रुपये ....

19. बजट की न्यायसंगति

बजट अनुमान पूरा होने पर वित्त प्रदाता संस्था को सहमत करने के लिये कुछ बिंदुओं के स्पष्टीकरण की भी आवश्यकता होगी। इसलिये यह बतायें कि किसी कार्यक्रम के लिये यह राशि आप क्यों आवश्यक मानते हैं ? उदाहरण के लिये आप वाहन की मांग करते हैं तो आपको उसकी आवश्यकता और परियोजना को होनेवाले लाभ की जानकारी भी देनी होगी।

20. स्थानीय योगदान

प्रत्येक वित्त प्रदात्ता संस्था चाहती है कि कुल राशि का एक भाग आप भी वहन करें। यह भूमि, श्रम, ढांचा या नकद योगदान के रूप में हो सकता है।

21. संदर्भ और संस्तुति

आपके संगठन से जो सीधे न जुड़े हों, ऐसे दो व्यक्तियों के नाम-पते दें। जो आपके कार्य की संस्तुति कर सकें।

22. कवरिंग लेटर/अग्रेषण पत्र

वित्त प्रदाता को एक संक्षिप्त पत्र लिखें और परियोजना प्रस्ताव के साथ लगायें, जिसमें अपने प्रस्ताव पर विचार करने हेतु प्रार्थना की गयी हो।

एफ.सी.आर.ए. (विदेशी अनुदान) पंजीकरण

अधिनियम का शीर्षक

फॉरेन करेंसी रेग्यूलेशन एक्ट

अर्थ

विदेशी मुद्रा नियमन अधिनियम

- यह एक्ट 1976 में संसद में पारित हुआ।

उद्देश्य

- विदेशी अनुदान की स्वीकार्यता एवं उपयोग को नियमित करना।
- संविधान द्वारा प्रदत्त देश की सम्प्रभुता, प्रजातंत्र और जनतांत्रिक-प्रकृति को संरक्षित करना।

पंजीकरण किसका ?

- कोई भी गैरसरकारी संगठन जो तीन वर्ष पहले गठित और राज्य या देश में पंजीबद्ध हो चुका हो।

विदेशी अनुदान क्या है ?

तात्पर्य–दान, चंदा या हस्तांतरण जो किसी भी विदेशी स्रोत से प्राप्त किया गया हो विदेशी अनुदान कहलाता है। यदि वह धन नहीं वस्तु हो तो वह व्यक्तिगत उपयोग के लिये तोहफे के रूप में न हो और उसका बाजार मूल्य भारत में एक हजार रुपये से अधिक हो।

- मुद्रा यदि दी गयी हो तो वह चाहे भारतीय हो या विदेशी।
- यदि अनुदान किसी विदेशी-भारतीय से मिल रहा हो और वह उसकी बचत हो जो बैंकिंग-व्यवस्था में जमा हो तो यह विदेशी अनुदान नहीं माना जायेगा। अत: वह इस अधिनियम की सीमा में भी नहीं आयेगा। हां, इस तरह के अनुदान को स्वीकार करने से पूर्व संदर्भित व्यक्ति के पासपोर्ट का विस्तृत विवरण अवश्य लेना होगा।

पंजीयन हेतु दस्तावेज

- एफ.सी.–8 प्रपत्र, तीन प्रतियों में पूर्णत: भरा हुआ।
- पिछले तीन वर्षों के ऑडीटेड एकाउंट रिपोर्ट की प्रतियां।
- पिछले तीन वर्षों का वार्षिक प्रतिवेदन।
- संगठन के कार्य-क्षेत्र का सामाजिक-आर्थिक विश्लेषण तथा हितग्राहियों का विस्तृत वर्णन।
- पंजीयन प्रमाण-पत्र की प्रमाणित प्रति।
- संगठन के नियम-उपनियम तथा ज्ञापन की प्रति।
- आयकर विभाग द्वारा 80-जी व 12-ए के अंतर्गत छूट अथवा पंजीयन प्राप्त हो तो उसकी प्रमाणित प्रति।
- संगठन को प्राप्त अन्य मान्यताओं की प्रति।

- संगठन की कार्यकारिणी द्वारा अनुमोदित अधिनियम की प्रति तथा एफ.सी.आर.ए. में पंजीयन कराने हेतु अनुमोदन।
- कार्यकारिणी द्वारा प्रतिपादित अधिनियम तथा पॉवर ऑफ एटर्नी के प्रति (जिसमें मुख्य कार्यकारी को एफ.सी.-8 प्रपत्र प्रस्तुत करने हेतु अधिकृत किया गया हो।)
- कार्यकारिणी के वर्तमान सदस्यों एवं पदाधिकारियों की सूची।
- संगठन यदि कोई जनरल या अन्य प्रकाशन करता हो तो उनकी एक-एक प्रतियां।
- कलक्टर का ज्ञापन पत्र।

आवेदन-पत्र को प्रभावित करनेवाले कारक

- आवेदन-पत्र निरस्त हो सकता है यदि भारत की संप्रभुता एवं स्थिरता प्रभावित होती हो।
- सार्वजनिक हित में बाधा आती हो।
- विदेश से दोस्ताना-रिश्ते प्रभावित होते हों।
- धार्मिक, क्षेत्रीय समूह, जाति या समुदाय के मध्य सामंजस्य प्रभावित होता हो।

विशेष

यदि बिना कारण बताये एफ.सी.आर.ए. आवेदन पत्र निरस्त किया जाता है तो 60 दिनों के अंदर उच्च न्यायालय में अपील की जा सकती है।

पंजीयन प्रदान करने की समय सीमा

कोई समय सीमा निर्धारित नहीं है।

पंजीयन के बाद

- विदेशी राशि का अलग बैंक खाता होगा।
- अलग कैशबुक-लेजरबुक होगी।
- प्रत्येक वित्तीय वर्ष के अंत में—4 माह के अंदर वार्षिक रिटर्न एफ सी-3 फॉर्म में जमा करना होगा।
- अलग बैलेंस शीट होगी।
- नॉन कैश कंट्रीब्यूशन (गैर-नकदी योगदान) का भी लेखा-जोखा व रिकॉर्ड रखना होगा।
- चुनाव में संगठन के 50 प्रतिशत से अधिक कार्यकारिणी सदस्य बदल जाते हैं तो उसे एफ.सी.आर.ए. अथॉरिटी से अनुमोदित कराना होगा।

गैरसरकारी संगठन
समूह गीतों में अभिव्यक्ति उन्मेष

गैरसरकारी संगठनों के कार्यक्रमों में गाये जानेवाले समूह-गीत

गीत लय और गेयता के तत्त्वों का संयोजन मात्र नहीं है, बल्कि वह सामाजिक ढांचे में परिवर्तन लाने का हार्दिक उन्मेष भी है ।

गैरसरकारी संगठनों के सभी कार्यक्रम समूह-गीत गायन से आरंभ होते हैं। सम्मेलन, कार्यशाला, संगोष्ठियां यहां तक कि साधारण बैठकें भी बिना गीत-गायन के आरंभ नहीं होतीं। ये गीत विविध कार्यक्रमों के विषयों पर आधारित होते हैं, जो समूह को एकाग्रता, लयात्मकता और चेतना तो प्रदान करते ही हैं, विषय के प्रति कौतूहल और परिचय भी जगा देते हैं।

समूह-गीतों का विशेष महत्त्व होता है। ग्रामीण-क्षेत्रों में तो गीत ही लोगों को भावनात्मक तरीके से जोड़ने में सहायता करते हैं। गीत-गायन ऐसा वातावरण निर्मित कर देते हैं, जिससे अनौपचारिक-चर्चाओं के लिये पृष्ठभूमि तैयार हो जाती है। अपरिचय तिरोहित हो जाता है। आत्मीयता प्रगाढ़ हो जाती है और सहजता व्याप्त हो जाती है।

(**टिप्पणी :** विभिन्न कार्यक्रमों से इन गीतों को संकलित किया गया है।)

<u>एक</u>

चले कहां पंछी

चले कहां पंछी,
छोड़कर बसेरा।
सांझ की उदासी,
गूंजता सवेरा।

यादें कहां हैं,
दूबों में दुबकी
साया यहीं है,
इरादों का तेरा।

डोलेंगे पत्ते,
पदचाप होगी।
गंध उड़ेगी,
डूबेगा उजेरा।

पवन आयेगी,
ठिठकी रहेगी।
नाम तक न तूने,
द्वार पर उकेरा।

पूछेगी चांदनी,
तेरा ठिकाना।
ज्यों कोंपलों ने
सरगम बिखेरा।

तू भी फिरेगा
भटका-सा भूला।

रह-रह छाएगा,
आंख में अंधेरा।

रुक जा जरा-सा,
पल भर ठहर ले।
कुछ भी नहीं यहां,
तेरा न मेरा।

चले कहां पंछी,
छोड़कर बसेरा।
सांझ की उदासी,
गूंजता सवेरा।

•

दो

गुमसुम-गुमसुम गांव...

गुमसुम-गुमसुम, गांव खड़ा है,
शहर का सदमा, आन पड़ा है।

बरगद पंछी, हवा जरा-सी,
सारस भोला, सहमा खड़ा है।

फटी कमीजोंवाले बादल
धान के दिल में, धड़का पड़ा है।

शोर-शराबा लेकर फटाका,
तनहाई पर पिला पड़ा है,

थर-थर करता, नीर नदी का,
कांटा उसके दिल में गड़ा है।

पवन लुकी है, पत्तों के पीछे,
डर जो उसकी, आंख जड़ा है।

भौंरे चुप हैं, चुप हैं कोयल,
सीने में उनके, पत्थर अड़ा है।

गुमसुम-गुमसुम, गांव खड़ा है,
शहर का सदमा, आन पड़ा है।

•

तीन

कल तक पहाड़ था

कल तक पहाड़ था,
अब किस्सा पहाड़ का।
नामो-निशां रहा ना,
अब एक झाड़ का।

झरना था जब तलक वो,
इठलाया करता था।
जुबां पर था किसी की,
किस्सा पहाड़ का।

पंछी थे, हिरन थे,
झरते थे हरसिंगार।
गाता था दरिया रोज,
किस्सा पहाड़ का।

झरने से टूटा नाता,
कोई नहीं है गाता।
सन्नाटे में सिर झुकाये,
किस्सा पहाड़ का।

वीरान है, अकेला है,
जाने क्या-क्या झेला है?
बादल तक बिसर गया,
किस्सा पहाड़ का।

जहां सुगंध उड़ती थी,
पवन मंद चलती थी।

आदमी ने खाक किया,
किस्सा पहाड़ का।

कल तक पहाड़ था,
अब किस्सा पहाड़ का।
नामो-निशां रहा ना,
अब एक झाड़ का।

•

चार

बिन आंगनों के घर

धूल से भरे हुये,
बिन आंगनों के घर।
अक्सर यहां मिलेंगे,
बिन आंगनों के घर।

चौरा है न तुलसी,
न आमले का झाड़।
गोबर से नहीं महकते,
बिन आंगनों के घर।

कागा कभी जो बोले,
तो पाहुनों का डर।
पायल से नहीं खनकते,
बिन आंगनों के घर।

ठुमरी है न दादरा,
न सोहरों के रंग।
ढोलक पर नहीं ठुमकते,
बिन आंगनों के घर।

टूटे हैं, सर्द हैं,
चेहरे भी जर्द हैं।
तनहाई में बिलखते,
बिन आंगनों के घर।

बच्चों की खिलखिलाहटें,
न रूठने की आहट,

मासूमियत को तरसते,
बिन आंगनों के घर।

धूल से भरे हुये,
बिन आंगनों के घर।
अक्सर यहां मिलेंगे,
बिन आंगनों के घर।

●

पांच

आओ सुनायें तुमको

आओ सुनायें तुमको,
दास्तां शहर की,
अब राह देखता है,
अपनी ही खबर की।

सूरज जो तप रहा है,
लपटें जो चल रही हैं,
खाने को दौड़ती है,
गरमी दोपहर की।

तालाब थे जहां पर,
करते थे नम हवा को,
बन गये मकां वहां पर,
हुई जगह बसर की।

धूल और धूये ने,
तानी है काली चादर,
सड़कों में शोर बैठा है,
पुड़िया बन जहर की।

आबादी बढ़ रही है,
और भूमि घट रही है,
मिटते हैं रोज जंगल,
कमी नहीं कसर की।

आओ सुनायें तुमको,
दास्तां शहर की,
अब राह देखता है,
अपनी ही खबर की।

•

छह

आओ जवान

आओ जवान आओ, तुमको जहां पुकारे,
धरती पे हम बिछा दें, आकाश के तारे ।
आओ जवान ....

राहों पे सब चट्टानें मिलजुल के तोड़ना है,
मुस्कान की नदी को दर-दर से जोड़ना है ।
इंसान के लिये हो, इंसान के सहारे ।
आओ जवान ....

आओ कि ताकतों की टकराहटें मिटा दें,
वहशत की ताकतों की टकराहटें मिटा दें ।
वतनों के बीच खेलें, आपस के भाईचारे
आओ जवान ....

जन-जन करे तरक्की, मन-मन दिया, जलावें
पारस बने पसीना ऐसा विकास दें
मेहनत के मंदिरों के अपना चलन संवारें ।
आओ जवान ....

•

सात

करवटें बदल रहा है

करवटें बदल रहा है, आज सब जहान ।
रंग बदलते जा रहे हैं, धरती आसमान ।।
नौजवान

क्यों न हम कदम बढ़ा सकें, समय के साथ-साथ ।
क्यों न छेड़ें हम, बदलती जिंदगी के तार ।।
नौजवान

अब न रोके से रोकेंगे, जिंदगी की राह ।
अब नहीं रुकेंगे जो, रुकती है निगाह ।।
नौजवान

हम मिलेंगे और मिलेंगे, कंधे और कदम ।
एक ही निशान अपना, एक ही निशान ।।
नौजवान

●

करें राष्ट्र निर्माण

करें राष्ट्र निर्माण बनायें, मिट्टी से अब सोना।
शस्य श्यामला सुजला सुफला, धरती के हम वासी।
फिर क्यों अपने महादेश की, जनता रहे उपासी।
अन्न-धान से भर दें अपने, घर का कोना-कोना।
करें राष्ट्र..................

गंगा-जमुना जहां बहाती, है अमृत की धारा।
ब्रम्हपुत्र, कृष्णा, कावेरी, जल है पय से प्यारा।
पय की धारा से धरती का, सूखा भाग भिगोना।
करें राष्ट्र..................

सागर हमको देता अपने, दूत जलद गंभीर।
और हिमालय देता हमको, शीतल मंद समीर।
गर्वोन्नत मस्तक रख कहता, कभी न विचलित होना।
करें राष्ट्र..................

आज हमारे दिव्य देश में प्रजातंत्र सुखदाई।
प्रजातंत्र की और प्रजा की होती रहे भलाई
यहां एक ही घाट पियें जल, सिंह और मृगछौना।
करें राष्ट्र..................

स्वप्न स्वर्ग का धरती पर, उतरेगा श्रम के द्वारा।
आज पसीने की बूंदों में, छिपा भविष्य हमारा।
अब आराम हराम राष्ट्र से, दोह एक पल खोना।
करें राष्ट्र..................

•

नौ

अनाड़ी दुनिया

अनाड़ी दुनिया भजन बिना कैसे तर हैं

1. *पत्थर काटकर सूरत गढ़ि हैं*
   उनकी पूजा करिहैं हे रामा, उनकी पूजा करिहैं
   कल तक उनको पांव से रौंदा, अब दिया जलाये रे
   अनाड़ी दुनिया ....

2. *जियत बाप को रोटी न दैइहैं*
   मरे बाद पछतायें हे रामा, मरे बाद पछतायें
   जब तक जिया गाली दिया, अब कौआ श्राद्ध खिलायें
   अनाड़ी दुनिया ....

3. *मंदिर-मस्जिद खूब बनाया*
   स्पीकर उसमें लगाया रे रामा, स्पीकर उसमें लगाया
   उस पर पंडा, मुल्ला चीखें
   बहरा राम-खुदाया रे
   अनाड़ी दुनिया ....

4. *पत्थर काट के नाग बनाया*
   उसको दूध पिलाया रे रामा, उसको दूध पिलाया
   सच्चा नाग जब बाहर निकला
   ले लाठी धमकायें रे
   अनाड़ी दुनिया ....

•

हम होंगे कामयाब

हम होंगे कामयाब
हम होंगे कामयाब
हम होंगे कामयाब एक दिन
ये मन में है विश्वास पूरा है विश्वास
हम होंगे कामयाब एक दिन

1. *होगी शांति चारों ओर*
होगी शांति चारों ओर
होगी शांति चारों ओर एक दिन
ये मन में है विश्वास पूरा है विश्वास
हम होंगे कामयाब एक दिन

2. *नहीं डर किसी का आज*
नहीं डर किसी का आज
नहीं डर किसी का आज एक दिन
ये मन में है विश्वास पूरा है विश्वास
हम होंगे कामयाब एक दिन

3. *हम चलेंगे साथ-साथ डाले हाथों में हाथ*
हम चलेंगे साथ-साथ एक दिन
ये मन में है विश्वास पूरा है विश्वास
हम होंगे कामयाब एक दिन
हम होंगे कामयाब एक दिन

•

ग्यारह

दमन की चक्की

दमन की चक्की पीस रही इंसान
बापू के बंदर की नाई बैठे हैं बेईमान

जिसने सच्ची भाषा बोली
उसको वहीं मार दी गोली
बेटा-बेटी गैया-मैया
सब पर चला दमन का पहिया
कहां बचायें कहां छुपायें छोटा-सा ईमान
दमन की चक्की पीस रही इंसान

इधर अफसरी उधर तस्करी
आमदनी ये दोहरी-तिहरी
परमिट से कुर्सी की शादी
रोज कराती उजली खादी
काला धन चलता दहेज में एक मुहर में एक पेज में
फिफ्टी-फिफ्टी हो जाता है सारा हिंदुस्तान
दमन की चक्की पीस रही इंसान

इनके हाथ बड़े लंबे हैं,
पांव नहीं इनके खंबे हैं
गांधी का चर्खा चबा गये,
भरे पेट में देश खा गये
फिर भी ये भूखे के भूखे मांग रहे अनुदान
दमन की चक्की पीस रही इंसान

कहीं नहीं होती सुनवाई,
कितना भी चिल्लाओ भाई

फैली चारों ओर तबाही,
लोकतंत्र में तानाशाही
बिना संगठन के न हिलेगी ये काली चट्टान
दमन की चक्की पीस रही इंसान

•

बारह

मुंह सी के

मुंह सी के अब जी न पाऊंगी
मुंह सी के अब जी न पाऊंगी
जरा सबसे ये कह दो

मैया कहे बिटिया शीश झुकाओ
मैया कहे बिटिया शीश झुकाओ
सर को मैं ऊंचा उठाऊंगी
जरा सबसे ये कह दो
मुंह सी के अब जी न पाऊंगी

बाबू कहे बिटिया पढ़ने न जाना
बाबू कहे बिटिया पढ़ने न जाना
अपना मैं ज्ञान बढ़ाऊंगी
जरा सबसे ये कह दो
मुंह सी के अब जी न पाऊंगी

भैया कहे बहना चौखट न लांघो
भैया कहे बहना चौखट न लांघो
चार दिवारी को गिराऊंगी
जरा सबसे ये कह दो
मुंह सी के अब जी न पाऊंगी

दुनिया कहे मुनिया मन की न करना
दुनिया कहे मुनिया मन की न करना
मन को ना अपने दबाऊंगी
जरा सबसे ये कह दो
मुंह सी के अब जी न पाऊंगी

•

तेरह

मत बांटों इंसान को

मंदिर मस्जिद-गिरजाघर ने
बांट दिया भगवान को
धरती बांटी, सागर बांटा
मत बांटो इंसान को

हिंदु कहता मंदिर मेरा
मंदिर मेरा धाम है
मुस्लिम कहता मक्का मेरा
मक्का ही ईमान है

दोनों लड़ते लड़-लड़ मरते
लड़ते-लड़ते खत्म हुये
दोनों ने एक दूजे पर
ना जाने क्या-क्या जुल्म किये

किसका ये मकसद है और
ये किसकी चाल है जान लो
नेता ने सत्ता की खातिर
जातिवाद से काम किया

धर्म के ठेकेदारों से मिलकर
लोगों को नाकाम किया
भाई बंटे टुकड़े-टुकड़े में
नेता का ईमान बढ़ा

वोट मिला और नेता जीता
शोषण का आधार मिला
वक्त नहीं बीता है अब भी
वक्त की कीमत जान लो

•

चौदह

जय जगत

जय जगत, जय जगत, जय जगत पुकारे जा।
जय जगत, जय जगत, जय जगत पुकारे जा।

सिर अमन पे वारे जा, सबके हित के वास्ते
अपना सुख बिसारे जा,
जय जगत, जय जगत, जय जगत पुकारे जा।

प्रेम की पुकार हो, सबका सबसे प्यार हो,
जीत हो जहान की, क्यों किसी की हार हो,
जय जगत, जय जगत, जय जगत पुकारे जा,

न्याय का विधान हो, सबका हक समान हो,
सबकी अपनी हो जमीं, सबका आसमान हो,
जय जगत, जय जगत, जय जगत पुकारे जा,

रंग भेद छोड़ दो, जात-पात तोड़ दो,
मानवों में आपसी, अखंड प्रीत जोड़ दो,
जय जगत, जय जगत, जय जगत पुकारे जा,

शांति की हवा चले, जग कहे वले वले,
दिन ऊगे स्नेह का, रात रंज की ढले,
जय जगत, जय जगत, जय जगत पुकारे जा।

●

पंद्रह

मानवता के लिये

मानवता के लिये ऊषा की, किरण जगानेवाले हम।
शोषित, पीड़ित, दलित जनों का, भाग्य बनानेवाले हम।।

हम अपने श्रम सीकर के, ऊसर में स्वर्ण उगा देंगे।
कंकड़, पत्थर समतल करके, कांटों में फूल खिला देंगे।।
सतत परिश्रम से अपने है, वैभव लानेवाले हम।
मानवता के लिये ऊषा की, किरण जगानेवाले हम।।

अन्य किसी के मुंह की रोटी, हरना अपना काम नहीं।
पर अपने अधिकार गवांकर, कर सकते आराम नहीं।।
अपने हित औरों के हित का, मेल मिलानेवाले हम।
मानवता के लिये ऊषा की, किरण जगानेवाले हम।।

भारत माता का सुख गौरव, प्राणों से भी प्यारा है,
युग-युग से मानव हित करना, शाश्वत धर्म हमारा है
जीवन शक्ति उसी माता को, भेट चढ़ानेवाले हम
मानवता के लिये ऊषा की, किरण जगानेवाले हम,

•

सोलह

कदम-कदम बढ़ाये जा

कदम-कदम बढ़ाये जा।
खुशी के गीत गाये जा।
ये जिंदगी है कौम की।
कौम पर लुटाये जा।।
कदम-कदम बढ़ाये जा।

तू शेरे हिंद आगे बढ़
मौत से कभी न डर
फलक तलक उठा के सर
जोशे वतन बढ़ाये जा।।
कदम-कदम बढ़ाये जा।

खुदा तेरी सुनता रहे।
हिम्मत तेरी बढ़ती रहे।
जो सामने तेरे पड़े।
तू खाक में मिलाए जा।।
कदम-कदम बढ़ाये जा।

दिल्ली चलो पुकार के।
कौमी निशां संहाल के।
लाल किले में गाड़ के।
लहराये जा, लहराये जा।।
कदम-कदम बढ़ाये जा।

•

सतरह

हम भारत के भाग्य विधाता

हम भारत के भाग्य विधाता, नौ मत एक बनायें।
फिर काल को गति दें, वैभव के शिखर चढ़ायें।।

हम बिजली घर के पुर्जे, ऊर्जा उत्पादन करते।
कसकर-जमकर दृढ़ रहते, सामूहिक मति से चलते।।
मर्यादित गति-मति लेकर, अनुशासन यंत्र चलायें।
हम भारत के भाग्य विधाता, नौ मत एक बनायें।।

बलशाली लौह भुजा से, सोने के मोती झरते।
श्रम से आनंद उठा हम, कण-कण में हलचल भरते।।
सूरज-सा तेज जगाकर, सुख के बादल उमड़ायें।
हम भारत के भाग्य विधाता, नौ मत एक बनायें।।

अपना अधिकार न छोड़ें, श्रम से न कभी मुख मोड़ें।
यह गहन विषमता खाई, कारा की कड़ियां तोड़ें।।
शोषण अन्याय मिटाकर, मानव को मुक्त करायें।
हम भारत के भाग्य विधाता, नौ मत एक बनायें।।

•

गैरसरकारी संगठन
भारत सरकार की प्रमुख योजनायें

भारत सरकार के विभिन्न मंत्रालयों द्वारा अनुदान सहायता योजनायें
कृषि एवं सहकारिता मंत्रालय के सहकारी अनुभाग की योजनायें

1

योजना का नाम—सहकारी विपणन, प्रक्रिया और भंडारण कार्यक्रम (पिछड़े राज्यों और केंद्र शासित प्रदेशों के लिये)

उद्देश्य—देश के विभिन्न भागों में क्षेत्रीय असंतुलन को सुधारना ताकि सहकारी कृषि के विपणन, प्रक्रिया तथा भंडारण आदि में आवश्यक सहायता उपलब्ध कराना।

सहायता की पद्धति—पिछड़े प्रदेशों व केंद्र शासित राज्यों में सहकारी सहायता उपलब्ध कराने हेतु उदार पद्धति अपनायी गयी है। सरल नियमों और शर्तों के साथ सहकारी क्षेत्र में विभिन्न कार्यक्रमों को सहायता दी जाती है। उत्तर-पूर्वी क्षेत्र को आंशिक रूप से विकसित घोषित किया गया है, अतः यहां के राज्यों व केंद्र शासित प्रदेशों को और भी सहायता पाने की योग्यता है।

आवेदन प्रपत्र और विस्तृत जानकारी के लिये संपर्क—कृषि एवं सहकारिता विभाग, कृषि मंत्रालय, कृषि भवन, नयी दिल्ली—110001

2

योजना का नाम—कपास, उत्पादकों द्वारा स्थापित स्पिनिंग-मिलों में अंश पूंजी-सहभागिता हेतु सहायता।

उद्देश्य—कपास उत्पादकों द्वारा स्थापित स्पिनिंग मिलों को आर्थिक सहायता उपलब्ध कराना ताकि वे नयी मिलें स्थापित कर सकें, स्थापित मिलों का विस्तार कर सकें या उनका आधुनिकीकरण कर सकें।

सहायता पद्धति–

1. सामान्य प्रदेशों की परियोजना-लागत का 22.5% या राज्य सरकार की इक्विटी योगदान का 50% सहयोग, इनमें से जो भी कम हो। पिछड़े राज्यों की परियोजना लागत का 33.75 % या सरकार के इक्विटी योगदान का 75% आर्थिक सहायता नयी मिलों की स्थापना हेतु उपलब्ध करायी जायेगी।
2. मिलों के विस्तार के लिये सामान्य-प्रदेशों में परियोजना लागत का 17.5% या राज्य शासन के इक्विटी योगदान का 50% इनमें से जो कम हो तथा पिछड़े राज्यों में परियोजना लागत का 26.25% या शासन के इक्विटी योगदान का 75% आर्थिक सहयोग उपलब्ध कराया जायेगा।

संपर्क–कृषि एवं सहकारिता विभाग, कृषि मंत्रालय, कृषि भवन, नयी दिल्ली–110001

3

योजना का नाम–महिला सहकारिताओं को बढ़ावा देना।

उद्देश्य–विभिन्न प्रकार की सहकारिता-संस्थाओं से महिलाओं को जोड़ना।

सहायता पद्धति–नेशनल को-ऑपरेटिव डेवलपमेंट कार्पोरेशन (एन.सी.डी.सी.) महिला सहकारी संस्थाओं को हैंडलूम, मत्स्यपालन, डेरी आदि क्षेत्रों के लिये आर्थिक सहायता देगा।

संपर्क–कृषि एवं सहकारिता विभाग, कृषि मंत्रालय, कृषि भवन, नयी दिल्ली–110001

4

योजना का नाम–सहकारी संस्थाओं को कमजोर वर्ग के विकास हेतु सहायता।

उद्देश्य–कमजोर वर्ग की सहकारी संस्थाओं को बढ़ावा देना व विकसित करना। विशेष रूप से ग्रामीण और श्रमिकों की संस्थायें।

सहायता-पद्धति–10,000 रुपये तक शेयर-पूंजी के रूप में आर्थिक सहायता 20,000 रुपये तक कार्यशील पूंजी के रूप में तथा प्रबंधकीय सब्सिडी के तौर पर 5000 रुपये तक सहायता की जायेगी। उत्तर-पूर्व राज्यों में राज्य सरकार द्वारा उपलब्ध कराये जानेवाले सहयोग के साथ यह सहयोग होगा।

संपर्क–कृषि एवं सहकारिता विभाग, कृषि मंत्रालय, कृषि भवन, नयी दिल्ली–110001

5

योजना का नाम–नेशनल को-ऑपरेटिव फेडरेशन और बहु-राज्यीय सहकारी समितियों को सहायता।

उद्देश्य–बहु-राज्यीय सहकारी समिति सदस्यों के हितों की रक्षा करना।

सहायता पद्धति–नेशनल को-ऑपरेटिव फेडरेशन और बहु-राज्यीय सहकारी समितियों को आर्थिक सहायता उपलब्ध करायी जायेगी।
संपर्क–कृषि एवं सहकारिता विभाग, कृषि मंत्रालय, कृषि भवन, नयी दिल्ली–110001

6

योजना का नाम–सहकारिता प्रशिक्षण एवं शिक्षा।
उद्देश्य–सहकारी संस्थाओं के प्रबंधन में व्यावसायिक कुशलता का विकास करना तथा सहकारी-व्यक्तियों को जो शासन या सहकारी संस्थाओं में हैं, प्रशिक्षित करना। सहकारी संस्थाओं के सदस्यों, समिति सदस्यों व पदाधिकारियों को राष्ट्र स्तर पर शिक्षित बनाना।
सहायता पद्धति–भारत सरकार नेशनल कौंसिल फॉर को-ऑपरेटिव ट्रेनिंग (एन.सी.सी.टी.) को राष्ट्रीय स्तर पर प्रशिक्षण कार्यक्रम चलाने हेतु उसके 18 सहकारी प्रबंधन संस्थानों एवं एक राष्ट्रीय संस्थान पुणे के लिये 100% आर्थिक सहायता देती है।
संपर्क–कृषि एवं सहकारिता विभाग, कृषि मंत्रालय, कृषि भवन, नयी दिल्ली–110001

7

योजना का नाम–एकीकृत सहकारी विकास परियोजनायें (आई.सी.डी.पी.)
उद्देश्य–प्राथमिक कृषि साख समितियों को बहुउद्देशीय समितियों के रूप में विकसित करना ताकि वे कृषि के विकास और सहकारी ढांचे के विकास में सहयोगी बन सकें।
सहायता-पद्धति–

1. नेशनल को-आपरेटिव डेवलेपमेंट कार्पोरेशन (एन.सी.ड़ी.सी.) अपने संस्थानों को पूंजी सहायता करेगा तथा कृषि विभाग एन.सी.डी.सी. के माध्यम से सब्सिडी-सहयोग उपलब्ध करायेगा।
2. सब्सिडी-सहयोग की परियोजना-तैयारी, परियोजना-क्रियान्वयन, प्राथमिक समितियों के कर्मचारियों तथा व्यक्तियों के प्रशिक्षण आदि पर व्यय किया जा सकता है।

संपर्क–कृषि एवं सहकारिता विभाग, कृषि मंत्रालय, कृषि भवन, नयी दिल्ली–110001

8

योजना का नाम–आर. एंड डी. फंडिंग फॉर एस. एंड टी. प्रोजेक्ट्स–इंडियन कौंसिल ऑफ एग्रीकल्चर रिसर्च (आई.सी.ए.आर.)
उद्देश्य–कृषि, पशुपालन, मत्स्यपालन तथा अन्य संबंधित विभागों एवं विषयों पर होनेवाले अनुसंधानों को बढ़ावा व समन्वय प्रदान करना।
पात्रता की शर्तें–कृषि व अन्य विश्वविद्यालयों, सार्वजनिक, निजी संस्थानों तथा अन्य संगठनों को उनके द्वारा चलाये जानेवाले अनुसंधान कार्यक्रमों के लिये आई.सी.ए.आर. प्रायोजन करेगी।

सहायता पद्धति–

1. विश्वविद्यालयों, निजी एवं सार्वजनिक कौंसिल 100% व्यय उपलब्ध करायेगी। यदि राज्य सरकार या किसी संस्थान द्वारा योजना प्रायोजित की गयी हो तो 50% भागीदारी कौंसिल वहन करेगी।
2. सहायता केवल कर्मचारियों, विशिष्ट उपकरणों, आवर्ती-आकस्मिक खर्चे तथा चुने हुए मामलों में कार्य के छोटे आइटम्स के लिये दी जायेगी।
3. अत्यंत अनिवार्य वैज्ञानिक, तकनीकी और सहयोगी कर्मचारियों को नियमित वेतन पर सहायता का प्रावधान भी है, यदि वे आई.सी.ए.आर. के अलावा दूसरे संस्थान हों।

आवेदन करने का तरीका–

1. सचिव, आई.सी.ए.आर. को वर्ष के दौरान कभी भी परियोजना-प्रस्ताव की 35 प्रतियां निर्धारित प्रपत्र में दी जा सकती हैं। वैज्ञानिक अपना बायोडाटा और परियोजना की विस्तृत जानकारी भी सचिव को भेज सकते हैं।
2. जूनियर एवं सीनियर फैलोशिप के चयन की वही प्रक्रिया होगी, जो केंद्र सरकार के विभागों या अन्य संगठनों द्वारा अपनायी जाती है।

संपर्क–ऑफिसर ऑन स्पेशल ड्यूटी, (पी.आई. एंड एम.), आई.सी.ए.आर., कृषि भवन, नयी दिल्ली–110001

इलेक्ट्रॉनिक्स विभाग की योजनायें (डी.ओ.ई.)

1

योजना का नाम–ग्रामीण कृषि तकनीक एवं ग्रामीण रोजगार के माध्यम से इलेक्ट्रॉनिक क्षेत्र के सामाजिक आर्थिक प्रभाव को बढ़ाना।

उद्देश्य–

1. इलेक्ट्रॉनिक उपयोगों को तेज करना, इलेक्ट्रॉनिक उपयोगों के जरिये ग्रामीण क्षेत्र में रोजगार उत्पन्न करना। इसके साथ-साथ इलेक्ट्रॉनिक उत्पादन, सेवा और रख-रखाव को ग्रामीण क्षेत्रों में बढ़ावा देना।
2. ग्रामीण स्वास्थ्य सुरक्षा के क्षेत्र में इलेक्ट्रॉनिक्स के आधुनिक प्रयोगों का लाभ दिलाना।
3. इलेक्ट्रॉनिक उपकरणों से संबंधित प्रशिक्षण ताकि चिकित्सा, सूचना-प्रौद्योगिकी, उपभोक्ता सामग्री का संचालन और रख-रखाव संभव हो सके।

पात्रता की शर्तें–स्वयंसेवी संगठन, शासकीय संगठन, गैरसरकारी संगठन, पंजीबद्ध समितियां, स्वायत्त संगठन तथा सहकारी संस्थायें आदि।

सहायता की पद्धति–कर्मचारियों को वेतन, उपकरण, यात्रायें, कार्यालयीन खर्चे, आकस्मिक-व्यय आदि स्वीकृत। ढांचागत सुविधायें नहीं दी जायेंगी। एप्लीकेशन ऑफ

इलेक्ट्रॉनिक्स फॉर सोशल एंड रूरल डेवलपमेंट (ए.इ.एस.आर.डी.) के रूरल इलेक्ट्रॉनिक्स वर्किंग ग्रुप या टी.डी.सी. वर्किंग ग्रुप की सिफारिश पर ही योजनायें स्वीकृत होंगी।

आवेदन प्रक्रिया–निर्धारित प्रपत्र में प्रस्ताव भेजें।

प्रपत्र और विस्तृत जानकारी के लिये संपर्क–दि डिपुटी डॉयरेक्टर, रूरल एंड सोशल एप्लीकेशन डिवीजन, डिपार्टमेंट ऑफ इलेक्ट्रॉनिक्स 6, सी.जी.ओ. कॉम्पलेक्स, लोदी रोड, नयी दिल्ली–110003

2

योजना का नाम–आर. एंड डी. फंडिंग फॉर एस. एंड टी. प्रोजेक्ट्स नेशनल फोटोनिक्स कौंसिल (एन.पी.सी.)

उद्देश्य–विशिष्ट अनुसंधान को सहयोग करना, फोटोनिक्स क्षेत्र की परियोजनाओं का विकास करना एवं सूचना संग्रह के लिये ऑपटीकल मेमोरी से संबंधित परियोजनाओं का विकास करना।

पात्रता की शर्तें–विश्वविद्यालयों एवं अन्य अकादमिक संस्थाओं के वैज्ञानिक तथा इंजीनियर आई.आई.टी., रिसर्च इंस्टीट्यूट, प्रयोगशालाओं, सार्वजनिक क्षेत्र के उपक्रम तथा अलाभप्रद पंजीबद्ध निजी इकाइयां इसके लिये पात्र हैं।

सहायता पद्धति–

1. कर्मियों का वेतन, उपकरण, कच्चा माल और अन्य सामाग्री, यात्रायें, कार्यालयीन खर्चे तथा आकस्मिक व्यय के लिये सहायता का प्रावधान हैं।
2. सामान्यत : ढांचेगत-सुविधायें उपलब्ध नहीं करायी जातीं, यदि आवश्यकता की अनिवार्यता हो या एन.पी.सी. ने सिफारिश की हो तो विचार किया जा सकता है।

आवेदन की प्रणाली–निर्धारित प्रपत्र में 15 प्रतियों के साथ वर्ष में कभी भी प्रस्ताव भेजे जा सकते हैं।

प्रपत्र और विस्तृत जानकारी के लिये संपर्क–

द मेंबर सचिव, नेशनल फोटोनिक्स कौंसिल, डिपॉर्टमेंट ऑफ इलेक्ट्रॉनिक्स, इलेक्ट्रॉनिक्स निकेतन, 6 सी.जी.ओ. कॉम्पलेक्स लोदी रोड, नयी दिल्ली–110003

पर्यावरण एवं वन मंत्रालय की योजनायें

1

योजना का नाम–बिगड़ी वन भूमि का पुनरुद्धार।

उद्देश्य–

1. वन क्षेत्र के समुदाय को प्रेरित करना कि वे जिन वनों से लाभ प्राप्त करते हैं, उनकी सुरक्षा और विकास से जुड़ें।
2. वृक्षारोपण कार्यक्रमों में ग्रामीण-समुदायों की भागीदारी सुनिश्चित करना।

पात्रता की शर्तें–

1. संस्थाओं को समाज कल्याण के क्षेत्र में कार्य करने का प्रतिष्ठापूर्ण स्थान प्राप्त हो– तथा संस्था के प्रबंधन का मजबूत ढांचा हो।
2. संस्था पंजीबद्ध हो और धर्म, लिंग, जाति के आधार पर किसी को सदस्यता से वंचित न करती हो।
3. संस्था समाज कल्याण की गतिविधियों में कम-से-कम तीन वर्षों से कार्यरत हो तथा अनुदान का प्रयोग उसी कार्य के लिये करेगी जिसके लिये वह स्वीकृत किया गया है ।
4. संस्था अपना अलग और नियमित खाता रखती हो, जिसका समय पर ऑडिट भी होता हो।
5. संस्था की उत्पादक इकाई व्यावसायिक तौर पर कार्य करती हो और नियमित रूप से काम तथा उचित पारिश्रमिक श्रमिकों को देती हो।

सहायता-पद्धति–

1. संस्था या हितग्राहियों को वन भूमि का स्वामित्व या पट्टा अधिकार नहीं दिया जायेगा।
2. हितग्राहियों को पात्रता होगी कि वे वन-उत्पाद में भागीदारी कर सकें, बशर्ते राज्य सरकार ने ऐसा कोई नियम बनाया हो।
3. हितग्राही घास, शाखायें और लघु वन उपज का उपयोग कर सकते हैं।

आवेदन की पद्धति–

1. आवेदन पत्र राज्य सरकार के माध्यम से प्रस्तुत किया जायेगा किंतु यदि कोई राष्ट्रीय संगठन आवेदन कर रहा हो तो केंद्र सरकार सीधे प्रस्ताव ले सकती है।
2. किसी राष्ट्रीय संगठन की राज्य शाखा भी सीधे अपना आवेदन प्रस्तुत कर सकती है।
3. आवेदन-पत्र के साथ संस्था का संविधान, नियम, ज्ञापन तथा उद्देश्यों की प्रति भी संलग्न की जाये।
4. प्रबंध समिति का विधान, पिछली वार्षिक रिपोर्ट, पिछले दो वर्षो में प्राप्त अनुदान और उसके व्यय का लेखा भी सम्मिलित करें।
5. शासकीय अधिकारी द्वारा प्रमाणित, संस्था के खाते की पिछले वर्ष की बैलेंश-शीट भी लगायी जाये।
6. संस्था को अपनी जिम्मेदारी और वित्तीय दायित्वों के लिये अपना प्रमाण-पत्र भी लगाना होगा।

प्रपत्र और विस्तृत जानकारी के लिये संपर्क–पर्यावरण एवं वन विभाग, पर्यावरण एवं वन मंत्रालय, पर्यावरण भवन, सी.जी.ओ. कॉम्पलेक्स, बी-ब्लॉक, लोदी रोड, नयी दिल्ली–110003

2

योजना का नाम–पर्यावरण शिक्षा एवं सूचना, राष्ट्रीय पर्यावरण जागरूकता अभियान।

उद्देश्य–सन् 1986 से पर्यावरण मंत्रालय राष्ट्रीय पर्यावरण जागरूकता अभियान को प्रोत्साहन दे रहा है, गैरसरकारी संस्थायें, शिक्षा और प्रशिक्षण संस्थान, व्यावसायिक संगठन, सामुदायिक

संस्थायें, विद्यालय आदि इसमें भागीदारी कर सकते हैं, ये संस्थायें अकेले अथवा दूसरी संस्थाओं के साथ मिलकर स्थानीय, क्षेत्रीय तथा राष्ट्रीय स्तर पर पर्यावरण जागरूकता के लिये कार्यक्रम चला सकते हैं।

पात्रता की शर्तें–कोई भी शासकीय, गैरसरकारी संगठन और स्वायत्त संस्था आर्थिक सहायता के लिये आवेदन कर सकती है। गैरसरकारी संगठनों का पंजीबद्ध होना जरूरी है।

सहायता की पद्धति–इस अभियान की देख-रेख एक ऐसी सक्षम समिति करेगी जिसका नेतृत्व मंत्रालय के सचिव करेंगे। यह समिति सरकारी अधिकारियों और गैरसरकारी विशेषज्ञों की सदस्यता से निर्मित की जायेगी।

पूरे देश में यह अभियान चलाया जाये यह तय करने के लिये कि पर्यावरण मंत्रालय कुछ संगठनों और क्षेत्रीय संसाधन एजेंसियों की नियुक्ति करेगी। ये एजेंसियां योजना बनाने, क्रियान्वयन करने और मूल्यांकन करने में योगदान करेगी। आर्थिक सहायता, परियोजनाओं की प्रकृति के अनुरूप प्रदान की जायेगी, परंतु उपकरणों की खरीद के लिये कोई सहायता नहीं दी जायेगी।

आवेदन की प्रणाली–विभिन्न रंगों में छापा गया प्रपत्र पूरी तरह भरकर तीन प्रतियों में भेजें। **आवेदन प्रपत्र और विस्तृत जानकारी के लिये इन्हें लिखें**-सलाहकार (ई.आई.), पर्यावरण एवं वन मंत्रालय, पर्यावरण भवन, सी.जी.ओ. कॉम्पलेक्स, लोदी रोड, नयी दिल्ली–110003

मध्यप्रदेश के लिये–कार्यकारी निदेशक, पर्यावरण नियोजन एवं समन्वय संगठन (ई.पी.सी.ओ.), कचनार पर्यावरण परिसर, ई-5, अरेरा कॉलोनी भोपाल (म.प्र.)

3

योजना का नाम–इको क्लब–पर्यावरण संरक्षण में स्कूली बच्चों की सहभागिता हेतु एक योजना।

उद्देश्य–बच्चों को उनके आस-पास के पर्यावरण तथा पर्यावरण नष्ट करनेवाले कारणों के प्रति शिक्षित करना। किसी इको-तंत्र में विभिन्न कारकों की क्या भूमिका होती है, इसका ज्ञान प्रदान करना। इको-तंत्र के घटकों की पारस्परिक निर्भरता, अस्तित्व की आवश्यकतायें समझाने के लिये क्षेत्र भ्रमण और प्रदर्शनकारी क्रिया-कलाप कराना। किशोरों में वैज्ञानिक पड़ताल की भावना को इस तरह बढ़ावा देना जिससे पर्यावरण समस्याओं का समाधान तालाशा जा सके।

पात्रता की शर्तें–शिक्षण संस्थायें, गैरसरकारी संगठन तथा व्यावसायिक समितियां समन्वयक एजेंसी के तौर पर कार्य करेंगी, प्रत्येक समन्वयक एजेंसी को 25-30 इको क्लब संगठित करने का दायित्व सौंपा जायेगा।

सहायता की पद्धति–मंत्रालय प्रति इको क्लब हेतु 1000 रुपये प्रति वर्ष प्रदान करता है। इको क्लबों की बैठकों तथा उनमें समन्वयन हेतु समन्वयक संस्था अधिक-से-अधिक 10%

राशि की हकदार होती है, शेष 90% राशि इको क्लबों पर व्यय की जाती है। समन्वय समिति इको क्लब के खर्च पर नियंत्रण रखती है। यदि समन्वयक समिति कोई विशेष गतिविधि अथवा क्षेत्र भ्रमण की योजना बनाये तो अलग से भी कुछ सहायता का प्रावधान है।

आवेदन करने की प्रणाली–25-30 इको क्लब स्थापित करने की सूचना, विद्यालयों का नाम और स्थान जहां इको क्लब स्थापित किये जायेंगें। स्थापना के लिये विद्यालयों के प्राचार्यों/प्रधानाध्यापकों के सहमति-पत्र भी संलग्न करें। प्रत्येक इको क्लब के सदस्यों की संख्या भी लिखें। प्रस्तावित गतिविधियों के संचालन हेतु समयबद्ध कार्यक्रम तथा बजट प्रावधान भी तय करें।

विस्तृत जानकारी के लिये संपर्क–सलाहकार (ई.आई.), पर्यावरण एवं वन मंत्रालय, पर्यावरण भवन, सी.जी.ओ. कॉम्पलेक्स, लोदी रोड, नयी दिल्ली–110003

4

योजना का नाम–व्यावसायिक समितियों व संस्थानों को अनुदान सहायता।

उद्देश्य–इस योजना के अंतर्गत उद्देश्य व्यावसायिक समितियों, विशिष्ट संस्थानों, संग्रहालयों, विज्ञान केंद्रों को सहायता दी जाती है ताकि वे पर्यावरण के क्षेत्रों में गतिविधियों और परियोजनाओं का विकास कर सकें। इसके अलावा प्रदर्शनी-दीर्घायें एवं शैक्षणिक कार्यक्रम भी आयोजित किये जा सकते हैं।

पात्रता की शर्तें–व्यावसायिक समितियां, विशिष्ट संस्थान, संग्रहालय और विज्ञान केंद्र इस सहायता को पाने के पात्र हैं।

सहायता की पद्धति–इस योजना हेतु राष्ट्रीय स्तर पर 10-15 लाख रुपये की व्यवस्था है।

आवेदन की प्रणाली–इसके लिये कोई प्रपत्र निर्धारित नहीं किया गया है। आवेदन पत्र में ली गई गतिविधियों की विस्तृत जानकारी देते हुये मंत्रालय को आवेदन करें।

विस्तृत जानकारी के लिये संपर्क करें–सलाहकार (ई.आई.), पर्यावरण एवं वन मंत्रालय, पर्यावरण भवन, सी.जी.ओ. कॉम्पलेक्स, लोदी रोड, नयी दिल्ली–110003

5

योजना का नाम–पारिस्थितिकीय पुनरुद्धार–समग्र पारिस्थितिकी विकास के लिये क्षेत्र प्रदर्शन परियोजना।

उद्देश्य–पर्यावरण संरक्षण एवं पर्यावरण सुधार की तकनीकों का छोटे स्तर पर क्षेत्र प्रदर्शन। सहायता के लिये बड़ी परियोजनायें स्वीकार नहीं की जायेंगी। स्थानीय उपलब्ध तकनीकों तथा वैज्ञानिक ज्ञान के माध्यम से बिगड़े हुए क्षेत्रों का पर्यावरणीय सुधार। चुने हुए ग्रामों या ग्रामों के समूहों का समग्र पारिस्थितिकीय विकास। यह प्रदर्शित करना कि पारिस्थितिकीय संतुलन को बिगाड़े बिना भी आर्थिक विकास किया जा सकता है।

पात्रता की शर्तें–शासकीय, गैरसरकारी संगठन, स्वायत्त संस्थायें आर्थिक सहायता के लिये आवदेन कर सकती हैं। गैरसरकारी संगठन पंजीबद्ध हों।

सहायता की पद्धति-प्रस्तावकों के पास उनका अपना संस्थागत ढांचा होना चाहिये। अनुदान उपयुक्त किश्तों में दिया जायेगा, जब मंत्रालय संतुष्ट हो जाये कि पूर्व में प्रदत्त किश्त का उपयोगी तरीके से लाभ लिया गया है, तभी अगली किश्त जारी होगी।

आवेदन करने की प्रणाली–निर्धारित प्रपत्र में 25 प्रतियों में मंत्रालय को आवेदन करें।

आवेदन पत्र और विस्तृत जानकारी के लिये लिखें–निदेशक (आर. ई.), पर्यावरण एवं वन मंत्रालय, पर्यावरण भवन, सी.जी.ओ. कॉम्पलेक्स, लोदी रोड, नयी दिल्ली–110003

6

योजना का नाम–पर्यावरण शिक्षा एवं सूचना सेमिनार, सिम्पोजिया और वर्कशाप।

उद्देश्य–मंत्रालय सेमिनार, सिम्पोजिया तथा वर्कशाप आयोजित करने के लिये गैरसरकारी संगठनों, स्वैच्छिक संगठनों, विश्वविद्यालयों को सहायता प्रदान करता है ताकि पर्यावरण से जुड़े हुए मुद्दों पर विमर्श हो सके। यह उद्देश्य भी है कि मंत्रालय एक ऐसा मंच उपलब्ध कराये, जहां ज्ञान और अनुभवों का आपसी आदान-प्रदान संभव हो सके।

पात्रता की शर्तें–पंजीबद्ध एन.जी.ओ., विश्वविद्यालय आर्थिक सहयोग के लिये आवेदन कर सकते हैं।

सहायता की पद्धति–50-60 आयोजनों के लिये प्रतिवर्ष 50-60 लाख रुपये का प्रावधान है।

आवेदन प्रणाली–निर्धारित प्रपत्र में अपना आवेदन आयोजन तिथि से कम-से-कम दो माह पहले प्रस्तुत करें।

संपर्क–सलाहकार (ई.आई.), पर्यावरण एवं वन मंत्रालय, पर्यावरण भवन, सी.जी.ओ. कॉम्पलेक्स, लोदी रोड, नयी दिल्ली–110003

7

योजना का नाम–पर्यावरण शिक्षा एवं सूचना व्यवसायिक समितियां और संस्थान।

उद्देश्य–इस योजना के अंतर्गत व्यवसायिक समितियों, संस्थानों, म्यूजियम, विज्ञान केंद्रों को सहायता दी जाती है, ताकि वे अपनी गतिविधियों का विकास एवं पर्यावरण क्षेत्र की परियोजनाओं को क्रियान्वित कर सकें। इसके साथ प्रदर्शन-गैलरियों, इकोलॉजी से जुड़े शिक्षा कार्यक्रमों और वन्य-जीवन संबंधी सूचनाओं का प्रदर्शन और आयोजन कर सकें।

पात्रता की शर्तें–व्यवसायिक समितियां संस्थान, म्यूजियम और विज्ञान केंद्र सहायता के लिये पात्र हैं।

सहायता की पद्धति–इस हेतु प्रति वर्ष 20-30 लाख रुपये की राशि का प्रावधान है।

आवेदन प्रणाली–कोई प्रपत्र निर्धारित नहीं है। जो गतिविधि ली जानी हो। उसे विस्तार से आवेदन पत्र में उल्लिखित कर भेजा जाये।

संपर्क–सलाहकार (ई.आई.), पर्यावरण एवं वन मंत्रालय, सी.जी.ओ. कॉम्पलेक्स, लोदी रोड, नयी दिल्ली–110003

8

योजना का नाम–पर्यावरण वाहिनी-पर्यावरण संरक्षण के लिये जन-भागीदारी की योजना।

उद्देश्य–

1. सक्रिय भागीदारी के माध्यम से पर्यावरण चेतना उत्पन्न करना और लोगों को पर्यावरण-भावना से जोड़ना।
2. वनों, वन्य-प्राणियों, प्रदूषण, पर्यावरण-बिगाड़ और पशुओं के प्रति दुष्टता जैसे कार्यों के लिये वैधानिक कार्यों का प्रचार-प्रसार करना।
3. पौधों की वृद्धि और वनों की समृद्धि के लिये अनुपोषण कार्य करना।
4. वायु, जल और वाहन प्रदूषणों की पड़ताल करना, सेंपल एकत्र करना तथा उनका विश्लेषण करना।

पात्रता की शर्तें–पंजीबद्ध संस्थायें जिनका उस जिले में कार्यालय हो। संस्था पिछले तीन वर्षों से पर्यावरण के क्षेत्र में सक्रिय हों।

सहायता की विधि–

1. 200 रु. प्रति सदस्य, प्रतिमाह टोकन अनुदान के रूप में दिया जायेगा ताकि वह बैठक आदि का खर्च निकाल सकें। यह राशि राज्य सरकारों को दी जायेगी ताकि वह अपने जिला कलेक्टरों के माध्यम से सदस्यों को वितरित कर सकें।
2. गैरसरकारी संस्थाओं से आशा की जाती है कि वे प्रचार-प्रसार के लिये अपने संसाधनों का प्रयोग करें।

आवेदन करने की प्रणाली–जिला कलक्टर पर्यावरण वाहिनी के सृजन हेतु व्यापक प्रचार कर गैरसरकारी संगठनों, विद्यार्थियों, युवाओं आदि को सदस्यों के रूप में सूचीबद्ध करेंगे।

संपर्क–मुख्य वन संरक्षक, क्षेत्रीय कार्यालय, पर्यावरण एवं वन मंत्रालय, बंगलुरु/शिलॉग/भुवनेश्वर/लखनऊ/चंडीगढ़/भोपाल, या संयुक्त निदेशक (एन.जी.ओ. सेल), पर्यावरण भवन, सी.जी.ओ. कॉम्पलेक्स, लोदी रोड, नयी दिल्ली–110003

9

योजना का नाम–नेशनल एफारेस्टेशन एंड इको-डेवलपमेंट बोर्ड की अनुदान योजनायें

उद्देश्य–निम्नलिखित गतिविधियों के द्वारा पड़ती भूमि का विकास करना।

1. बीजों का उत्पादन
2. वृक्षारोपण
3. प्रशिक्षण एवं विस्तार कार्यक्रम
4. बिगड़े वनों का पुनरुद्धार
5. घास और चारे का उत्पादन

पात्रता की शर्तें—निम्नलिखित श्रेणी के गैरसरकारी संगठन और स्वैच्छिक संस्थायें—

1. पंजीबद्ध गैरलाभप्राप्तकर्त्ता संगठन।
2. पंजीबद्ध समितियां, सहाकारी समितियां, कंपनियां और ट्रस्ट।
3. मान्यता प्राप्त विद्यालय, महाविद्यालय और विश्वविद्यालय।

सहायता की पद्धति—

1. 3 से 6 माह की नर्सरी के लिये प्रति पौधा 0.06 रुपये, 8-12 माह की नर्सरी के लिये 1.00 रुपये कीमत में पॉलीथीन थैले, स्थल विकास, खरपतवारों का उन्मूलन, पानी, खाद और पारिश्रमिक आदि शामिल हैं।
2. वृक्षारोपण के लिये सहायता—(भूमि विकास, गड्ढे खोदना, खरपतवारों का उन्मूलन, खाद और पारिश्रमिक सहित) तीन वर्षों के रख-रखाव सहित, प्रति हेक्टेयर 4800 रुपये या प्रति पौधा 3.00 रुपये इनमें से जो भी कम हो।
3. परियोजना के प्रशासनिक-व्यय हेतु सहायता—(वाहनों का परिचालन और कर्मियों के वेतन सहित) चेतना-विकास गतिविधियों से संबंधित कार्यों हेतु नर्सरी एवं वृक्षारोपण की लागत 15% खर्च स्वीकार है।
4. अनुदान की सीमा, एन.जी.ओ. की क्षमता और बोर्ड द्वारा दी गयी प्राथमिकता पर निर्भर है।
5. सामान्यतया अपेक्षा की जाती है कि एन.जी.ओ. के पास बुनियादी ढांचा और परियोजना के क्रियान्वयन की दक्षता हो। अनुदान सहायता में ढांचागत सहायता शामिल नहीं है, जैसे भवन, वाहन, भारी उपकरण, कंप्यूटर आदि।

आवेदन की प्रणाली—नेशनल एफारेस्टेशन एंड इको-डेवलपमेंट बोर्ड को, निर्धारित प्रपत्र में, दो प्रतियों में सभी जानकारियों सहित प्रस्ताव किया जा सकता है।

संपर्क—दि डॉयरेक्टर, नेशनल एफारेस्टेशन एंड इको-डेवलपमेंट बोर्ड, मिनिस्ट्री ऑफ इंवायरन्मेंट एंड फारेस्ट्स, सेवंथ-फ्लोर, पर्यावरण भवन, सी.जी.ओ. कॉम्पलेक्स, लोदी रोड, नयी दिल्ली—110003

स्वास्थ्य एवं परिवार कल्याण मंत्रालय की योजनायें
परिवार कल्याण विभाग

1

योजना का नाम—छोटे परिवार की धारणा एवं जनसंख्या नियंत्रण की आदर्श योजना—6 बिस्तरोंवाला वार्ड एवं ऑपरेशन थियेटर की स्थापना।

उद्देश्य—

1. छोटे परिवार की धारणा और जनसंख्या नियंत्रण।
2. एन.जी.ओ. और निजी चिकित्सक निम्नलिखित गतिविधियों को ले सकते हैं—
   1. वैसेक्टॉमा और ट्यूबेक्टॉमी स्टरलाइजेशन, एम.टी.पी. तथा संभव हो तो आई.यू.डी. इनसेर्सन का संचालन करना।

2. कुछ प्रकरणों में आनुषांगिक कार्य करना और दिक्कतों को दूर करना तथा हितग्राही को पूर्णतया संतुष्ट करना।
3. लक्ष्य क्षेत्र के पात्र-जोड़ों को शिक्षित एवं प्रेरित करना।
4. खाई जानेवाली गोलियों तथा अन्य निरोध साधनों का वितरण।

पात्रता की शर्तें–सभी एन.जी.ओ., संस्थायें जो पंजीबद्ध हों तथा ट्रस्ट आदि इस योजना में सहायता प्राप्त कर सकते हैं।

2. यह योजना ग्रामों में और शहरों के झुग्गियोंवाले क्षेत्रों में लागू है जहां ऑपरेशन थियेटर सुविधायें दूरी पर हों।

सहायता की पद्धति–

1. सहायता में एक पूर्णकालिक चिकित्सक, ऑपरेशन थियेटर, नर्स, तीन अंशकालिक नर्स मिडवाइव, भवन-किराया शामिल है। अनावर्ती अनुदान से उपकरण, फर्नीचर और वाहन खरीदा जा सकता है।
2. वर्ष में दो बार अनुदान-किश्तें दी जायेगी। पहले वर्ष परियोजना स्वीकृति के साथ अनावर्ती व्यय एवं 6 माहों के आवर्ती व्यय हेतु सहायता दी जायेगी।
3. दूसरी किश्त के लिये आवेदन करते समय पहली तिमाही के व्यय का लेखा तथा बची हुई अवधि का संभावित लेखा भी प्रस्तुत करना होगा, जिसके लिये अनुदान दिया गया था।
4. परियोजना को जारी रखने के लिये संस्था को औपचारिक-आवेदन वित्तीय-वर्ष के आरंभ में ही सरकार को भेज देना चाहिये। सरकार पिछले साल के गैर-ऑडिट लेखा के आधार पर 50% राशि प्रदान कर देगी। शेष 50% राशि ऑडिट रिपोर्ट और उपयोगिता प्रमाण-पत्र प्राप्त होने पर जारी कर दी जायेगी।

आवेदन की प्रणाली–

1. निर्धारित प्रपत्र में अपना प्रस्ताव दो प्रतियों में नीचे दिये पते पर प्रस्तुत कर सकते हैं।
2. एक प्रति राज्य शासन को इस निवेदन के साथ भेजें कि वह तीन माह के अंदर अपनी सिफारिश के साथ उसे अग्रेषित कर दे।

संपर्क–दि डॉयरेक्टर (एन.जी.ओ.), डिपाटमेंट ऑफ फेमिली वेलफेयर, निर्माण भवन, नयी दिल्ली–110001

2

योजना का नाम–गैर सरकारी संगठनों को सहायता उपलब्ध कराने की आदर्श योजना–ताकि वे छोटा परिवार और जनसंख्या नियंत्रण कार्यों के लिये कार्य कर सकें।

उद्देश्य–

1. सुपात्र-जोड़ों द्वारा विविध उपायों से छोटे परिवार की अवधारणा को बढ़ावा दिया जाना।
2. जनसंख्या नियंत्रण।

पात्रता की शर्तें–

1. सभी गैरसरकारी संगठन, और संस्थायें जो पंजीबद्ध हों।
2. धर्माथ संस्थायें।
3. सार्वजनिक ट्रस्ट।
4. पंजीबद्ध गैरलाभ प्राप्त संगठन जो समाज सेवा के कार्य में संलग्न हों।

सहायता पद्धति–1. स्वीकृत अनुदान दो किश्तों में दिया जायेगा। 50% अनुदान पहली किश्त के रूप में जारी होगी जबकि दूसरी किश्त कार्य की रिपोर्ट और प्रभाव के आधार पर जारी होगी।

आवेदन की प्रणाली–

1. निर्धारित प्रपत्र में अपना आवेदन दि डॉयेरेक्टर (एन.जी.ओ.), डिर्पाटमेंट ऑफ फेमिली वेल्फेयर को दो प्रतियों में भेजें।
2. एक प्रति जिला कलक्टर को इस निवेदन के साथ कि वे अपनी संस्तुति के साथ परिवार कल्याण विभाग के सी.एम.ओ. की राय सहित अग्रेषित करें।
3. परियोजना-रपट में जो गतिविधियां शामिल की गयी हैं अनुदान उनके औचित्य पर निर्भर करेगा।
4. संगठन के पास अपनी पिछली परियोजनाओं को सफलतापूर्वक क्रियान्वित करने का बेहतर अनुभव होना चाहिये।

संपर्क–दि डॉयरेक्टर (एन.जी.ओ.), डिपार्टमेंट ऑफ फेमिली वेलफेयर, निर्माण भवन, नयी दिल्ली–110001

3

योजना का नाम–पॉलीपैथी छोटे गैरसरकारी संगठनों के द्वारा प्राथमिक स्वास्थ्य केंद्र और परिवार कल्याण कार्यक्रमों का संचालन।

उद्देश्य–

1. यह एक बहुआयामी योजना है, जो स्वास्थ्य-शिक्षा, प्रशिक्षण, सफाई, पेयजल, जन-संगठनों की भूमिका के साथ जोड़कर चलाने के लिये है। यह योजना चिकित्सा की पारंपरिक विधियों को स्वीकार करती है जैसे यूनानी, आयुर्वेद, प्राकृतिक-चिकित्सा तथा ऐलोपैथी के साथ-साथ होम्योपैथी।
2. यह योजना ग्रामीण क्षेत्रों में क्षेत्रीय आधार पर बनी इकाइयों के रूप में चलायी जाये, जैसे 10,000, 20,000 या 30,000 की आबादी पर चलनेवाली इकाई। यह योजना उन क्षेत्रों में चलायी जायेगी, जहां सी.पी.आर. 35% से कम हो। जहां आदिवासी जनसंख्या हो, उस क्षेत्र में प्राथमिकता दी जायेगी।
3. योजना, स्वास्थ्य जागरूकता को बढ़ाने में योगदान देगी–डायरिया, कुपोषण, एनीमिया तथा परिवार कल्याण कार्यक्रमों तथा स्वास्थ्य रक्षा के कार्यक्रमों को

अनपाने के लिये कौशल विकास किया जायेगा। इस हेतु सूचना, शिक्षा और अभिप्रेरण क्रियाकलापों को क्रियान्वित किया जाये।

4. छोटे परिवार की अवधारणा को स्वीकार्य बनाने के लिये उपलब्ध विधियों का प्रयोग किया जाये ताकि जागरूकता फैले।
5. परियोजना के बेहतर क्रियान्वयन के लिये सभी स्तरों के कार्यकर्त्ताओं को प्रशिक्षण उपलब्ध कराया जाये।
6. अन्य ऐसी परियोजनाओं एवं संगठनों के साथ, समन्वय बनाना जो सामाजिक क्षेत्र के कार्यों के माध्यम से स्वास्थ्य एवं परिवार कल्याण गतिविधियों पर प्रभाव डालती हों ।

पात्रता की शर्तें–सभी गैरसरकारी संगठन जो पंजीबद्ध हैं, इसके लिये योग्यता रखते हैं।

सहायता की पद्धति–10,000 की आबादीवाले क्षेत्र की इकाई को कर्मचारियों के प्रशिक्षण, दो साइकिल एवं एक मोपेड की खरीदी, सर्वेक्षण कार्य, तथा आकस्मिक चिकित्सा किट खरीदने हेतु 72,000 रुपये की अनावर्ती अनुदान राशि उपलब्ध करायी जायेगी। आवर्ती खर्चों जैसे कर्मियों का स्थापना व्यय, यात्रा और ईंधन व्यय, कम मूल्य की दवाइयां और आकस्मिक चिकित्सा किट का नवीनीकरण आदि हेतु 2.63 लाख रुपये की राशि दी जायेगी।

1. तीन साल की परियोजना के लिये अनुदान राशि 8.61 लाख रुपये होगी। 20,000 एवं 30,000 की आबादी पर गठित इकाई का व्यय अनुपातिक रूप से अधिक दिया जायेगा।

आवेदन करने की प्रणाली–

1. परियोजना प्रस्ताव अपने आपको व्याख्यायित करने में सक्षम हो।
2. निर्धारित प्रपत्र में, दो प्रतियों में प्रस्ताव अंडर सेक्रेटरी (वी.ओ.पी.) डिपार्टमेंट ऑफ फेमिली वेलफेयर, निर्माण भवन, नयी दिल्ली को भेजा जाये।
3. एक प्रति, जिला कलेक्टर को इस निवेदन के साथ भेजी जाये कि वे सी.एम.ओ. की सलाह से परियोजना के प्रति अपनी संस्तुति डिर्पाटमेंट ऑफ फेमिली वेलफेयर को भेजें।

संपर्क–दि डॉयेरक्टर (एन.जी.ओ.), डिपार्टमेंट ऑफ फेमिली वेलफेयर, निर्माण भवन, नयी दिल्ली–110001

4

योजना का नाम–राष्ट्रीय एड्स नियंत्रण कार्यक्रम में एन.जी.ओ. का जुड़ाव।

उद्देश्य–

1. सभी राज्यों में राष्ट्रीय एड्स नियंत्रण संगठन के अंतर्गत एड्स की रोकथाम और नियंत्रण के लिये विशेष प्रकोष्ठ एड्स नियंत्रण कार्यक्रम समन्वय, क्रियान्वयन और नियोजन का कार्य करेंगे। प्रत्येक प्रकोष्ठ एक एन.जी.ओ. सलाहकार संविदा आधार

पर रखेंगे। प्रत्येक राज्य/केंद्र शासित प्रदेशों में प्रतिष्ठित एन.जी.ओ. को सामुदायिक विकास कार्यक्रम में नोडल एजेंसी के रूप में जोड़ा जायेगा। प्रकोष्ठ सलाहकार एन.जी.ओ. और नोडल एजेंसी के साथ मिलकर अन्य पंजीबद्ध एन.जी.ओ. को परामर्श और मार्गदर्शन देगा तथा कुछ एन.जी.ओ. को कार्यक्रम के साथ संबद्ध भी करेगा।

2. एन.जी.ओ. नोडल एजेंसी की पहचान की जायेगी और अन्य एन.जी.ओ. के साथ नेटवर्क तैयार किया जायेगा, तथा नये एन.जी.ओ. को एड्स नियंत्रण कार्यक्रम के लिये तैयार किया जायेगा।
3. चयनित एन.जी.ओ. एक या अधिक कार्यक्रमों के लिये जोड़े जायेंगे, जो निम्नलिखित हैं—
    1. सामान्य लोगों को एस.टी.डी./एच.आई.वी./एड्स के संबंध में जागरूकता और शिक्षा उपलब्ध कराना।
    2. लक्ष्य समूह के लिये सूचना और जागरूकता के स्तर को बढ़ाना—कॉलेज छात्र, हाई स्कूल छात्र, महिला स्वास्थ्य रक्षण क्षेत्र के व्यवसाय कौशल वाले लोग व अन्य।
    3. देह व्यापार से जुड़ी महिलायें, ट्रक ड्राइवर, ऑटोरिक्शा ड्राइवर, ड्रग उपयोगकर्त्ता, यौन रोगों से ग्रस्त लोग, सैनिक आदि वर्गों में सूचना और शिक्षा का विकास करना।
    4. घर-घर जाकर वेश्याओं को कंडोम का वितरण।
    5. ड्रग उपयोगकर्त्ताओं में मध्यस्थता करना।
    6. कंडोम उपयोग को बढ़ावा देना।
    7. एच.आई.वी. संक्रमित व्यक्तियों को परामर्श देना।
    8. एच.आई.वी./एड्स प्रभावित व्यक्तियों को चिकित्सीय और स्वास्थ्य संबंधी सहायता करना।
    9. एड्स रोगियों के परिवार/समुदाय को सहायता देना।
    10. एच.आई.वी. प्रभावित व्यक्तियों को अपना संगठन बनाने में सहायता करना।
    11. परंपरागत और लोक माध्यमों के प्रयोग द्वारा जागरूकता जैसे—नुक्कड़ नाटक, कठपुतली प्रदर्शन, लोक-नाट्य आदि।

पात्रता की शर्तें—

1. प्रमुख समाचार पत्रों में विज्ञापन के द्वारा नोडल एजेंसी का चयन, सबल समितियों की सूची तैयार करना और राज्य एड्स नियंत्रण समिति द्वारा अंतिम चुनाव।
2. नोडल एजेंसी के चयन की शर्तें—सामुदायिक समस्याओं की व्यापक समझ, एन.जी.ओ. को प्रस्ताव तैयार करने में सहायता देने के लिये बुनियादी ढांचा। सामाजिक-शोध और कार्यक्रम नियोजन के लिये तकनीकी ज्ञान और उपकरणों से

परिपूर्ण। राज्य स्तरीय शासकीय अधिकारियों और अन्य एजेंसियों के साथ समन्वय करने की क्षमता। शासकीय और अशासकीय क्षेत्रों में साख और सम्मान हो।

3. नोडल एजेंसी और एन.जी.ओ. की सूची तैयार करने की शर्तें-वैधानिक रूप से पंजीबद्ध।

सहायता की प्रणाली–

1. चयनित नोडल एजेंसी प्रतिवर्ष 25,000 रुपये की राशि प्राप्त करेगी जो सचिवालयीन सहायता या आकस्मिक व्यय के रूप में होगी।
2. अन्य एन.जी.ओ. की पहचान करने के लिये नोडल एजेंसी दस लाख रुपये तक व्यय कर सकती है, इसमें प्रशिक्षण, एन.जी.ओ. कर्मचारी, शैक्षिक सामग्री का विकास एवं परियोजना की मॉनीटरिंग का खर्च भी शामिल है।
3. चयनित एन.जी.ओ. सामग्री/उपकरण और परिवहन, आवास एवं वेतन आदि मदों के लिये अपना बजट वर्ष की परियोजना के लिये प्रस्तुत कर सकते हैं।

आवेदन की प्रक्रिया–रुचिवान एन.जी.ओ. अपनी स्वआकलित रपट प्रस्तुत करें और एड्स कंट्रोल प्रकोष्ट से संपर्क करें।

फार्म व अन्य जानकारी के लिये संपर्क–संबंधित राज्य एड्स प्रकोष्ठ के कार्यक्रम अधिकारी
अथवा

दि डॉयरेक्टर (नेशनल एड्स कंट्रोल ऑर्गनाइजेशन), डिपार्टमेंट ऑफ हेल्थ, 1, रेड क्रास बिल्डिंग, नयी दिल्ली–110001

5

योजना का नाम–छोटे परिवार की अवधारणा को बढ़ावा देने के लिये नवाचार पद्धतियों को सहायता देना।

उद्देश्य–इस योजना का प्रमुख उद्देश्य छोटे परिवार और जनसंख्या नियंत्रण की नयी पद्धतियों को बढ़ावा देना है।

पात्रता की शर्तें–वे सभी गैरसरकारी संस्थायें जो इंडियन सोसायटी रजिस्ट्रेशन एक्ट 1860 पब्लिक ट्रस्ट या अन्य किसी धारा के अंतर्गत पंजीबद्ध हैं। वे अनुदान ग्रहण करने के योग्य हैं।

सहायता की पद्धति–

1. इस योजना को सहायता देने के लिये कोई विशेष पद्धति नहीं हैं। ऐसी सभी परियोजनायें विचारार्थ स्वीकार की जा सकती हैं, जो योजना के उद्देश्यों, क्षमताओं और स्थायित्व को ध्यान में रखकर बनाई गई हों।
2. स्वैच्छिक संस्थाओं के द्वारा दस प्रतिशत राशि योगदान के रूप में प्राप्त करने की आशा की जाती है, ताकि परियोजना की अवधि समाप्त होने के बाद भी गतिविधियों को जारी रखा जा सके। सामान्य तौर पर इस तरह की परियोजना के लिये अधिकतम 15,00,000 रुपये तक की सहायता की जाती है।

आवेदन की प्रक्रिया–1. प्रस्ताव निर्धारित प्रपत्र में दो प्रतियों के साथ प्रस्तुत किया जाये। 2. प्रस्ताव की एक प्रति राज्य शासन को इस निवेदन के साथ भेजी जाये कि वे मुख्य चिकित्सा अधिकारी की सलाह से अपनी सिफारिशें परिवार कल्याण विभाग को इस सूचना के साथ भेजें कि–

1. परियोजना रिपोर्ट में जिन गतिविधियों का वर्णन किया गया है, वे सहायता नियमों के लिये औचित्यंपूर्ण हैं।
2. स्वैच्छिक संस्था का कार्य करने के क्षेत्र में अच्छा रिकॉर्ड है वह इस परियोजना का प्रभावी तरीके से क्रियान्वयन करने में सक्षम हैं।
3. संस्था द्वारा प्रस्तुत किये गये दस्तावेज और रिपोर्ट की जांच कर ली गई है तथा वे उपयुक्त हैं–

संपर्क–दि डॉयरेक्टर (एन.जी.ओ.), परिवार कल्याण विभाग, निर्माण भवन, नयी दिल्ली–110001

6

योजना का नाम–मदर यूनिट हेतु रोलिंग फंड योजना के अंतर्गत वित्तीय सहायता।

उद्देश्य–जो नोडल संस्थायें इस परियोजना के तहत चुनी जायेंगी वे अपने अंतर्गत गैरसरकारी संस्थाओं को चुनेंगी और छोटी संस्थाओं को भी मदद करेंगी ताकि जन-कल्याण के कार्यक्रम को बढ़ावा देने हेतु वे सक्षम हो सकें।

पात्रता की शर्तें–1. वे सभी गैरसरकारी संस्थायें जो इंडियन सोसायटी रजिस्ट्रेशन एक्ट-1860, पब्लिक ट्रस्ट एक्ट या इसी तरह की किसी और धारा में पंजीकृत हों, वे इस योजना के तहत अनुदान के योग्य हैं। पंजीयन के बाद गैरसरकारी संस्थानों को कम-से-कम पांच साल का अनुभव स्वास्थ्य और परिवार कल्याण के क्षेत्र में होना चाहिये। नोडल संस्था राष्ट्रीय स्तर की होनी चाहिये।

आवेदन की प्रक्रिया–

1. नोडल संस्थाओं के द्वारा गैरसरकारी संगठनों को भी अनुदान दिया जायेगा जो उस वित्तीय वर्ष में एक लाख से अधिक नहीं होगा।
2. इस परियोजना में व्यय का लेखा प्रति तिमाही देना होगा जो हर तीसरे महीने की तीस तारीख के पूर्व जमा करना होगा। नोडल एजेंसी किसी भी स्तर पर दस लाख रुपये की राशि से कम व्यय नहीं करेगी।
3. नोडल संस्थायें, गैरसरकारी संगठनों द्वारा उचित उपयोग के लिये पूर्णतः उत्तरदायी होंगी और सर्तकता बरतेंगी।
4. नोडल संस्थायें, गैरसरकारी संस्थाओं के प्रकोष्ठ की देखरेख तथा रोलिंग फंड के क्रियान्वयन हेतु जो कार्य करेंगी उनके लिये उन्हें सहायता दी जायेगी।
5. मदर यूनिट अपने अंतर्गत पचास गैरसरकारी संस्थाओं की पहचान कर सकती है तथा उन्हें वित्त उपलब्ध करा सकती है।

फार्म और अधिक जानकारी के लिये संपर्क–दि डॉयरेक्टर (एन.जी.ओ.), डिर्पाटमेंट ऑफ फेमिली वेलफेयर, निर्माण भवन, नयी दिल्ली–110001

7

योजना का नाम–चिकित्सा सेवाओं का उन्नयन

उद्देश्य–1. यह योजना ग्रामीण एवं सघन शहरी मलिन बस्तियों में चिकित्सा सेवायें उपलब्ध कराने के लिये है।

2. योजना का उद्देश्य स्वैच्छिक-संगठनों को प्रोत्साहन देने के लिये है ताकि वे उन्नत चिकित्सीय सेवायें उपलब्ध करायें।

यह योजना निम्नलिखित के लिये स्वीकार्य नहीं है–

1. हस्पताल की स्थापना।
2. निजी हस्पताल या नर्सिंग होम की स्थापना।
3. चालू हस्पताल के लिये आवर्ती खर्चे।
4. दवाओं के किसी भी क्षेत्र में शोध-केंद्र की स्थापना या विस्तार।
5. केंद्र सरकार या राज्य सरकार की किसी योजना में पहले से स्वीकृत गतिविधि।

पात्रता की शर्तें–

1. पंजीबद्ध संस्था हो।
2. किसी व्यक्तिगत या समूह के लाभ के लिये उसका गठन न हुआ हो।
3. उसे गैर-अधिकृत और नॉन-प्रोप्राइटरी प्रबंधन का होना चाहिये।
4. उसे धर्म,जाति, नस्ल और रंग का भेद किये बिना अपनी सेवायें सभी को देनी चाहिये।
5. उसके पास संसाधन, विशेषज्ञ, अनुभव और प्रबंधकीय योग्यता हो ताकि वह उस उद्देश्य की प्राप्ति कर सके जिसके लिये अनुदान लिया गया है।
6. उसके कार्य और आर्थिक-स्थिति संतोषजनक हों और अनुदान भुगतान हेतु राज्य सरकार ने संस्तुति की हो।
7. सामान्यतः उसे क्षय रोग, कुष्ठ रोग, केंसर तथा आंख आदि के रोगों के उपचार से जुड़ा होना चाहिये।
8. उसे 20 प्रतिशत बिस्तरों को फ्री बेड्स के तौर पर आरक्षित रखना चाहिये, जो कि आवेदन में उल्लिखित हो।
9. उसे आर्थिक रूप से पुष्ट भी होना चाहिये और आवश्यकता पड़ने पर अनावर्ती-खर्चों में हिस्सेदारी के लिये तैयार भी रहना चाहिये।
10. उन्हें पूर्व प्राप्त शासकीय अनुदान के लिये उपयोगिता प्रमाण-पत्र प्रस्तुत करना चाहिये।
11. सामान्यतया सहायता एक संस्था को तीन वर्ष में एक बार दी जाती है।

सहायता की पद्धति–

1. सहायता मूल्यवान अनिवार्य उपकरणों की खरीदी के लिये दी जाती है जैसे एक्स-रे प्लांट, एंबुलेंस, शल्य क्रिया-कक्ष के उपकरण, स्टरलाइजर, हस्पताल के पलंग, बिस्तर से लगे लाकर्स, शल्य क्रिया औजार, लेबोरेटरी उपकरण आदि।
2. हस्पताल में विस्तार के लिये अतिरिक्त कक्षों के लिये जैसे शल्य क्रिया कक्ष, एक्स-रे लेबोरेटरी, गरीबों के लिये वार्ड आदि के लिये तथा सहायता की शैली इस प्रकार होगी–
    1. कुष्ठ रोग, नेत्र रोग तथा अंधता के क्षेत्र में विशेष रूप से कार्य करनेवाली संस्थाओं को शत-प्रतिशत।
    2. अन्य प्रकार के उपचारों के लिये पचास प्रतिशत।
    3. जहां भारत सरकार के द्वारा पचास प्रतिशत सहायता देने का नियम हो वहां शेष पचास प्रतिशत संस्था को मिलाना होगा।
    3. यदि संस्था ने अपनी ओर से पहले ही कोई खर्च कर लिये हो तो उनका भुगतान नहीं किया जाता।
    4. संस्थाओं को उपकरण और निर्माण के लिये दी जानेवाली राशि चार लाख रुपये प्रति वर्ष से अधिक नहीं होगी।
    5. यदि मूल्य वृद्धि के कारण राशि में कोई वृद्धि हो रही है तो 4 लाख रुपये की सीमा के अंदर दस प्रतिशत राशि बढ़ाने का अधिकार मंत्रालय के संयुक्त सचिव तथा वित्त सलाहकार को होगा।

आवेदन का तरीका–संस्था को आवेदन पत्र की तीन प्रतियां अपनी राज्य सरकार को भेजनी होंगी। एक प्रति स्वास्थ्य मंत्रालय के सचिव को भेजें। राज्य सरकार तीन प्रतियों में से अपनी संस्तुति के साथ एक प्रति स्वास्थ्य मंत्रालय भारत सरकार को भेजेगी।

प्रपत्र तथा अन्य जानकारियों के लिये संपर्क–सचिव, स्वास्थय विभाग, स्वास्थय एवं परिवार कल्याण मंत्रालय, निर्माण भवन, नयी दिल्ली–110001

8

योजना का नाम–ग्रामीण क्षेत्रों के लिये विशेष स्वास्थ्य योजना।

उद्देश्य–

1. योजना का उद्देश्य देश की ग्रामीण आबादी को स्वास्थ्य सुविधायें उपलब्ध कराना है।
2. योजना का यह भी उद्देश्य है कि ग्रामीण क्षेत्रों में हस्पताल स्थापित करने के लिये स्वैच्छिक संस्थाओं को बढ़ावा दिया जाये। यह योजना निम्नलिखित के लिये स्वीकृति योग्य नहीं होगी।

1. शहरी क्षेत्र में हस्पताल की स्थापना।
2. वर्तमान हस्पताल का विस्तार।
3. हस्पताल चलाने के लिये आवर्ती खर्चे।
4. निजी नर्सिंग होम या क्लीनिक की स्थापना।
5. दवाओं के क्षेत्र में अनुसंधान केंद्र की स्थापना।
6. केंद्र सरकार या राज्य सरकार के द्वारा पहले से अनुदान के लिये स्वीकृत की गई गतिविधि।

पात्रता की शर्तें–

स्वैच्छिक संस्था/संस्थान यदि निम्नलिखित शर्तें पूरी करती हों तो वह इस योजना के लिये पात्र संस्था होगी–

1. उसे सोसायटी रजिस्ट्रेशन एक्ट 1860 अथवा किसी अन्य नियम के अंतर्गत पंजीबद्ध होना चाहिये।
2. उसका अखिल भारतीय स्वरूप हो या राज्य स्तरीय महत्त्व हो या कोई नवाचार कार्य अथवा कोई नयी शुरुआत कर रही हो।
3. उसे गैर-अधिकृत और गैर-स्वामित्व प्रबंधन की संस्था होना चाहिये।
4. वह किसी व्यक्ति या समूह के फायदों के लिये न चल रही हो।
5. उसे धर्म, जाति और रंग का भेदभाव किये बिना अपनी सेवायें सभी के लिये खुली रखना चाहिये।
6. संस्था का आर्थिक आधार मजबूत होना चाहिये ताकि वह अनावर्ती खर्चों तथा हस्पताल की स्थापना के बाद उसे चलाने के व्यय वहन कर सके।
7. आवेदन पत्र में यह उल्लेख भी हो कि एक-तिहाई बिस्तर व चिकित्सा सुविधायें फ्री होंगी और फ्री की व्याख्या भी प्रस्तुत करें।
8. संस्था में विशेषज्ञों, संसाधनों, अनुभवों और प्रबंधकीय समर्थता हो जो अनुदान प्रदान करने के उद्देश्यों को पूरा कर सकें।
9. राज्य सरकार द्वारा संस्था का कार्य व आर्थिक दशा संतोषप्रद होने व अनुदान के लिये संस्तुति होनी चाहिये। राज्य सरकार या स्थानीय प्रशासन की संस्थायें अनुदान लेने के लिये पात्र नहीं हैं।

सहायता की पद्धति–

1. हस्पताल की स्थापना और अधिकतम 30 बिस्तरों की संख्या के लिये सहायता उपलब्ध है।
2. भूमि क्रय करने, हस्पताल भवन निर्माण, शल्य क्रिया, वार्ड, पानी और बिजली और अनिवार्य हस्पतालीय उपकरणों की खरीद के लिये जो कि अनावर्ती खर्चे होंगे, भारत सरकार और राज्य सरकार इसमें अपना योगदान कर सकती है।
3. हस्पताल के चालू खर्चों का दायित्व संस्था का होगा। यदि संस्था इसके लिये सक्षम न हो तो संबंधित राज्य सरकार सहायता कर सकती है।

4. तीन बिस्तरोंवाले प्राथमिक स्वास्थ्य केंद्रों के निर्माण की स्तरीय मूल्यवत्ता और उपकरणों की कीमत या अनुमानित कीमत अपनी परियोजना रपट में दे।
5. हस्पताल भवन निर्माण, शल्य क्रिया कक्ष, भूमि मूल्य, बिजली, पानी के खर्चें सहित अनुदान की अधिकतम सीमा 8 लाख और उपकरणों की खरीद के लिये 4 लाख रुपये है।
6. अपवाद स्वरूप, केंद्र सरकार वित्त मंत्रालय से परामर्श कर सीमा से अधिक अनुदान भी दे सकती है।

आवेदन की प्रणाली–संस्था अपने आवेदन की तीन प्रतियां राज्य सरकार को भेजे। एक प्रति स्वास्थ्य एवं परिवार कल्याण मंत्रालय को अग्रेषित करनी होगी। राज्य सरकार अपनी तीन प्रतियों में से एक प्रति स्वास्थ्य एवं परिवार कल्याण मंत्रालय को निर्धारित संस्तुति प्रमाण पत्र सहित भेजेगी।

आवेदन प्रपत्र और विस्तृत जानकारी के लिये संपर्क–सचिव, स्वास्थ्य विभाग, स्वास्थ्य एवं परिवार कल्याण मंत्रालय, निर्माण भवन, नयी दिल्ली–110001

9

योजना का नाम–स्वैच्छिक रक्तदान कार्यक्रम से जुड़े स्वैच्छिक संगठनों/संस्थानों के लिये अनुदान सहायता।

उद्देश्य-इस योजना के अंतर्गत अनुदान सहायता उन स्वैच्छिक संगठनों को दी जायेगी जो स्वैच्छिक रक्तदान के लिये सघन प्रचार द्वारा लोगों को शिक्षित और प्रेरित करते हों।

पात्रता की शर्तें–

1. उसे समिति पंजीयन एक्ट 1860 के अंतर्गत पंजीबद्ध होना चाहिये।
2. उसे गैरसरकारी और गैर-स्वामित्व प्रबंधन का होना चाहिये।
3. उसे रक्तदान कार्यक्रम के प्रचार-प्रसार से जुड़ा होना चाहिये।
4. उसे किसी व्यक्ति या व्यक्तियों के समूह के लाभ के लिये नहीं चलाया जा रहा हो।
5. उसकी सेवायें जाति, नस्ल, रंग और धर्म का भेद किये बिना सभी के लिये खुली हों।
6. जिस उद्देश्य के लिये वह संस्था अनुदान लेना चाहती है उसे पूरा करने के लिये संसाधन, व्यक्ति, अनुभव और प्रबंधन-योग्यतायें संस्था के पास होनी चाहिये।

संस्था का कार्य और वित्तीय स्थिति की रिपोर्ट संतोषजनक हो और राज्य शासन की ओर से अनुदान के लिये संस्तुति की गयी हो।

सहायता की पद्धति–1. वाहन (मैटाडोर जैसी स्टेशन वैन) के लिये अनावर्ती राशि एक लाख रुपये की सहायता ताकि प्रचार कार्य किया जा सके–इसके अतिरिक्त खर्च हो तो संस्था को वहन करना होगा। अनुदान एक किश्त में, तब उपलब्ध कराया जायेगा जब संस्था

निम्नलिखित उपकरणों सहित वाहन खरीदकर आवश्यक कागजात विक्रेता फर्म द्वारा प्रस्तुत किये जायेंगे–

क. जनता को घोषणायें सुनाने का यंत्र (माइक्रोफोन, लाउड स्पीकर, एंपलीफायर तथा बैटरी)

ख. सोलह एम.एम. प्रोजेक्टर तथा रक्त दाताओं को प्रेरणा देनेवाली कम-से-कम छह फिल्में

ग. वाश वेसिन, नल और जल-संचय उपकरण

घ. रक्तदाताओं का रक्त एकत्र करने के लिये लोए बॉक्स।

2. वाहन के रख-रखाव तथा वाहन-चालक के वेतन आदि के खर्चे संस्था वहन करेगी।
3. तीन वर्ष बाद, गतिविधियों के बढ़ जाने पर दूसरे वाहन की खरीद के लिये भी सहायता की जाती है।
4. प्रचार सामग्री, पर्चे, पोस्टर आदि के लिये पहले वर्ष 15,000 रुपये और बाद के वर्षों में 10,000 रुपये की राशि उपलब्ध करायी जायेगी।

आवेदन करने की प्रणाली–अनुदान का आवेदन राज्य शासन द्वारा अनुशंसित किया गया हो।

प्रपत्र और आगे की विस्तृत जानकारी के लिये संपर्क–

सचिव, स्वास्थ्य विभाग, स्वास्थ्य एवं परिवार कल्याण मंत्रालय, निर्माण भवन, नयी दिल्ली–110 001

10

योजना का नाम–नेत्र शिविरों का आयोजन–राष्ट्रीय अंधत्व निवारण कार्यक्रम के अंतर्गत।

उद्देश्य–1. इस योजना के अंतर्गत नेत्र शिविर आयोजित कर ग्रामीण व सुदूर रहनेवाले समुदायों को नेत्र-रक्षण की सुविधायें उपलब्ध करायी जायेंगी।

अ. नेत्र-रोगों और अंधेपन के कारणों तथा उनसे बचाव के उपायों के लिये लोगों को शिक्षित करना।

ब. नेत्र-रोगों से बचाव तथा मोतियाबिंद के ऑपरेशन हेतु चिकित्सीय व शल्यक्रिया उपचार सुविधायें उपलब्ध कराना।

पात्रता की शर्तें–केंद्र/राज्य/जिला चलित इकाइयां, निजी धर्मार्थ चिकित्सालय/नर्सिंग होम तथा निम्नलिखित प्रकार के स्वैच्छिक संगठन पात्र माने जायेंगे–लायंस क्लब, रोटरी क्लब, जिला पंचायतें, ग्राम पंचायतें तथा अन्य स्वैच्छिक संगठन।

सहायता की पद्धति–1. अर्थिक सहायता केवल तभी दी जायेगी जब नेत्र शिविरों का आयोजन नियमानुसार हो तथा सक्षम अधिकारियों से इसकी अनुमति प्राप्त कर ली गयी हो। कैंप में रोगी उपचार और शल्यक्रिया उपचार, ऑपरेशन आदि नि:शुल्क किये गये हैं तथा इसी कार्य के लिये किसी अन्य राष्ट्रीय/अंतर्राष्ट्रीय संस्था से सहायता नहीं ली गयी हो।

प्रपत्र और अन्य जानकारी के लिये संपर्क–
निदेशक (डी जी एच एस), स्वास्थ्य विभाग, स्वास्थ्य एवं परिवार कल्याण मंत्रालय, निर्माण भवन, नयी दिल्ली–110 001

11

योजना का नाम–स्वैच्छिक-क्षेत्र में नेत्र-बैंक की स्थापना (राष्ट्रीय अंधत्व निवारण कार्यक्रम)
उद्देश्य–अंधत्व से छुटकारा दिलाने के लिये सहायता करना।
पात्रता की शर्तें–

1. स्वैच्छिक संस्था को सोसायटी रजिस्ट्रेशन एक्ट 1860 या किसी अन्य अधिनियम के अंतर्गत पजीबद्ध होना चाहिये।
2. वह गैरसरकारी हो तथा व्यक्तियों के समूह के लिये न चलायी जा रही हो।
3. उसका कार्य और आर्थिक स्थिति संतोषजनक हो तथा अनुदान के लिये राज्य शासन ने अनुशंशित किया हो।
4. नेत्र-बैंक की गतिविधियां संचालित करने के लिये उसके पास अपनी अधो-संरचना हो।
5. संस्था का अच्छा रिकॉर्ड हो।
6. उसे आई बैंक एसोशियेशन ऑफ इंडिया, द्वारा मान्यता प्राप्त हो।

सहायता की पद्धति–

1. वाहन, फ्रिज, इमूक्लेशन सैट, कार्नेल्स सैट के लिये कंटेनर्स, फिल्म प्रोजेक्टर, स्लाइड आदि खरीदने के लिये एक लाख पचास हजार रुपये की अनावर्ती सहायता दी जायेगी।
2. एम.के. मीडिया, ग्लासवेयर तथा अन्य आकस्मिक खर्चों के लिये पचास हजार रुपये की आवर्ती सहायता दी जायेगी।

आवेदन करने की प्रक्रिया–निर्धारित प्रपत्र में आवेदन तैयार कर राज्य के संचालक स्वास्थ्य सेवायें के माध्यम से भेजें।
प्रपत्र एवं विस्तृत जानकारी के लिये संपर्क–सलाहकार (आपथैलमोलॉजी), डॉयरेक्टर जनरल, स्वास्थ्य सेवायें, स्वास्थ्य विभाग, स्वास्थ्य एवं परिवार कल्याण मंत्रालय, निर्माण भवन, नयी दिल्ली–110 001

12

योजना का नाम–कुष्ठ रोग के लिये सर्वेक्षण, शिक्षा और उपचार कार्य हेतु सहायता।
उद्देश्य–स्वैच्छिक संगठनों को कुष्ठ रोग के सर्वेक्षण शिक्षा और उपचार कार्य हेतु बढ़ावा देना।
पात्रता की शर्तें–कुष्ठ रोग के क्षेत्र में अनुभव रखनेवाली पंजीबद्ध संस्थायें।

आवेदन की प्रणाली–

1. आवेदक संस्था को यह प्रमाण पत्र संलग्न करना होगा कि संबंधित राज्य सरकार ने उसे निश्चित आबादी में कुष्ठ रोग के लिये कार्य करने हेतु चिन्हित किया है और वहां कोई और संस्था यही कार्य नहीं कर रही है।
2. निर्धारित प्रपत्र में आवेदन-पत्र राज्य सरकार के माध्यम से भेजा जाये।

प्रपत्र व विस्तृत जानकारी के लिये संपर्क–प्रमुख, कुष्ठ रोग विभाग, स्वास्थ्य विभाग, स्वास्थ्य एवं परिवार कल्याण मंत्रालय, निर्माण भवन, नयी दिल्ली–**110 001**

13

योजना का नाम–आर एंड डी फंडिंग फॉर एस एंड टी प्रोजेक्टस–इंडियन कौंसिल ऑफ मेडिकल रिसर्च (आई सी एम आर)

उद्देश्य–

1. औषधि, जन-स्वास्थ्य और संबंधित क्षेत्र में अनुसंधान को बढ़ावा देना तथा संक्रामक रोगों के क्षेत्र में मिशन-भावना से संचालित अनुसंधानों को महत्त्व देना।
2. स्वास्थ्य से संबंधित सभी क्षेत्रों में कार्य हेतु आर्थिक सहायता देना। वायरल-रोगों, प्रजनन एवं गर्भधारण नियंत्रण सहित संक्रामक रोगों एवं अन्य रोगों के क्षेत्र में प्राथमिकता क्षेत्रों को चिन्हित करना।

प्रात्रता की शर्तें–मेडिकल कॉलेज, निजी अनुसंधान संस्थाओं, विश्वविद्यालयों में कार्यरत वैज्ञानिक, अपनी अनुसंधान गतिविधियों के लिये सहायता ले सकते हैं।

प्रपत्र विस्तृत जानकारी के लिये संपर्क–दि डॉयरेक्टर, जनरल इंडियन कौंसिल ऑफ मेडिकल रिसर्च (आईसीएमआर), अंसारी नगर, नयी दिल्ली–**110 029**

मानव संसाधन विकास मंत्रालय की योजनाएं

1

योजना का नाम–सांस्कृतिक संगठनों के लिये भवन अनुदान।

उद्देश्य–सांस्कृतिक संगठनों को अपने भवन निर्माण हेतु अनुदान देना (वर्तमान भवन में विस्तार करने या उसका पुनरुद्धार करने के लिये यह सहायता नहीं है।)

पात्रता की शर्तें–

1. संगठन कम-से-कम पांच वर्षों से कार्य कर रहा हो तथा दो वर्ष पहले पंजीबद्ध हो।
2. उसका क्षेत्रीय अथवा अखिल भारतीय स्वरूप हो। संस्था की परियोजनायें प्रयोगात्मक तथा अखिल भारतीय गौरव की हों।
3. भारतीय संस्कृति को बढ़ावा, प्रचार और सुरक्षित करनेवाले कार्यक्रमों के प्रति संगठन/संस्था की निष्ठा हो।

4. यदि कोई संस्था नृत्य नाटक व संगीत के क्षेत्र में कार्य कर रही है, तो उसे प्राथमिकता दी जायेगी ताकि वह उपर्युक्त क्षेत्रों में शिक्षित करने का कार्य करे।

सहायता की पद्धति–

1. कुल व्यय का 50% और अधिकतम 5 लाख रुपये प्रति संगठन सहायता दी जायेगी– इसमें भूमि का मूल्य शामिल नहीं है।
2. इसे या तो सिर्फ भवन-निर्माण के लिये या भवन-निर्माण और उपकरणों के लिये उपयोग किया जा सकता है। उपकरणों के लिये यह सहायता एक लाख रुपये से अधिक नहीं होगी।
3. यह अनुदान बढ़ाया नहीं जायेगा तथा अनावर्ती स्वरूप का होगा।
4. अनुदान की पहली किश्त 25% की होगी।
5. इसकी अगली किश्त तभी जारी होगी जब परियोजना का लेखा ऑडिट कराकर दिया जायेगा और चार्टर्ड एकाउंटेंट का उपयोगिता प्रमाण पत्र दिया जायेगा।

आवेदन करने की प्रणाली–

1. आवेदन राज्य शासन/केंद्र शासित प्रदेश शासन के माध्यम से आना चाहिये।
2. आवेदन पत्र के साथ प्रास्पेक्टस की प्रति, ज्ञापन पत्र की प्रति, प्रबंध समिति की सूची भी लगायें।
3. पंजीयन प्रमाण-पत्र की प्रति, पिछले पांच वर्षों की ऑडिट रिपोर्ट, वर्तमान वर्ष का बजट अनुमान, पहले से प्राप्त अनुदानों की विस्तृत जानकारी, आदि भी आवेदन पत्र में लगायें।
4. एकत्र की गयी राशि के दस्तावेज, भूमि अधिग्रहण या प्राप्ति के दस्तावेज, कब निर्माण शुरू हो जायेगा, कब पूरा हो जाने की उम्मीद है तथा अनुमानित व्यय आदि की जानकारी भी भेजें।

प्रपत्र एवं विस्तृत जानकारी–संयुक्त सचिव, संस्कृति विभाग, मानव संसाधन विकास मंत्रालय, शास्त्री भवन, नयी दिल्ली–110 001

2

योजना का नाम–स्वैच्छिक संगठनों को अनुसंधान कार्यों के लिये आर्थिक सहायता

उद्‌देश्य–भारतीय संस्कृति के विभिन्न पक्षों, परंपराओं और उसके दार्शनिक पक्ष से संबंधित अनुसंधान कार्यों से जुड़े हुए स्वैच्छिक संगठनों को आर्थिक सहायता देना। संगठन नृत्य, नाटक और संगीत के क्षेत्र से हों।

पात्रता की शर्तें–

1. संगठन/संस्था विधिवत् पंजीबद्ध हो। वह कोई धार्मिक संगठन, पुस्तकालय, विश्वविद्यालय और विद्यालय भी हो सकता है।

2. उसका लिखित संविधान हो, अखिल भारतीय स्तर का चरित्र व ख्याति हो तथा अपने क्षेत्र में न्यूनतम तीन वर्षों से सक्रिय हो।
3. उसकी अपनी आर्थिक स्थिति सुदृढ़ हो। उसके पास साधन, विशेषज्ञ और अनुभवी लोग हों, जो उस योजना का क्रियान्वयन करने में सक्षम हों, जिसके लिये अनुदान लिया जा रहा है ।

सहायता की पद्धति–

1. सम्मेलन आयोजित करने, सेमिनार तथा संगोष्ठी का आयोजन, महत्त्वूपर्ण सांस्कृतिक मुद्दों आदि के लिये तथा सर्वेक्षण एवं पायलट प्रोजेक्ट का संचालन करने के लिये सहायता उपलब्ध करायी जाती है।
2. कुल व्यय की 50% राशि ही अनुदान में दी जायेगी या अधिकतम 20,000 रुपये दी जायेगी।

आवेदन की प्रणाली–

1. अपना आवेदन पत्र भारत सरकार के संस्कृति विभाग को राज्य सरकार के माध्यम से भेजें।
2. संगठन का अपना संविधान हो, प्रबंध समिति का विधान हो, पिछले वर्ष की वार्षिक रिपोर्ट और परियोजना की विस्तृत रूपरेखा साथ में भेजिये।
3. परियोजना का आर्थिक ब्यौरा, पिछले तीन वर्षों का आय-व्यय तथा पिछले साल की बैलेंस शीट की प्रति भी भेजें।

प्रपत्र और अन्य जानकारी के लिये संपर्क–

संयुक्त सचिव, संस्कृति विभाग, मानव संसाधन विकास मंत्रालय, शास्त्री भवन, नयी दिल्ली–110 001.

3

योजना का नाम-हिमालय क्षेत्र की सांस्कृतिक विरासत का रक्षण तथा विकास करने के लिये सहायता।

उद्देश्य–हिमालय की सांस्कृतिक विरासत को बढ़ावा देने, सरंक्षित करने और उसे बचाये रखने के कार्यों को सहायता देना। यह सहायता स्वैच्छिक संगठनों और संस्थानों को उपलब्ध करायी जायेगी।

पात्रता की शर्तें–

1. संस्थान/समिति/संगठन/तथा ट्रस्ट को पंजीबद्ध होना चाहिये तथा उसे कम-से-कम तीन वर्षों से सक्रिय होना चाहिये।
2. स्वैच्छिक संगठन में यह क्षमता होनी चाहिये कि वह अनुसंधान कार्य को हाथ में ले सके तथा उसे बढ़ावा दे सके। योजना संचालन के लिये उसके पास सभी प्रकार के साधन होने चाहिये।

3. राज्य शासन द्वारा उसके कार्य को प्रमाणित एवं संतोषजनक माना जाना चाहिये, तथा संगठन किसी व्यक्ति या व्यक्तियों के समूह के लिये न चलाया जा रहा हो।
4. संगठन का स्पष्ट संविधान हो संस्थानों जैसे विश्वविद्यालयों को छूट होगी कि वे पात्रता के लिये अपना पाठ्यक्रम प्रस्तुत कर सकते हैं।

सहायता की प्रणाली–

1. सहायता की अधिकतम राशि 5 लाख रुपये है। अपवाद स्वरूप से इसे बढ़ाया भी जा सकता है, यदि विशेषज्ञ समिति ने इसके लिये संस्तुति की हो।
2. उसे यू.जी.सी., राज्य शासन या केंद्र शासित शासन द्वारा संस्तुत होना चाहिये।
3. सहायता दो या तीन किश्तों में दी जाती है। पहली किश्त का उपयोगिता प्रमाण पत्र प्रस्तुत करने पर ही अगली किश्त जारी की जायेगी।

आवेदन करने की पद्धति–महाविद्यालय/विश्वविद्यालय अपना आवेदन यूजीसी द्वारा अग्रेषित करायें। संगठन, समितियों राज्य सरकार के माध्यम से आवेदन भेजें।

प्रपत्र तथा अन्य जानकारी के लिये संपर्क–

संयुक्त सचिव, संस्कृति विभाग, मानव संसाधन विकास मंत्रालय, शास्त्री भवन, नयी दिल्ली–110 001.

4

योजना का नाम–राष्ट्रीय महत्त्व रखनेवाली पांडुलिपियां और स्मारकों का संरक्षण तथा दस्तावेजीकरण करने हेतु आर्थिक सहयोग ।

उद्देश्य–स्वैच्छिक संगठनों, शैक्षणिक संस्थाओं, पुस्तकालयों, संग्रहालयों और विश्वविद्यालयों को पांडुलिपियों तथा दुर्लभ पुस्तकों के संरक्षण, अनुसूचीकरण, मूल्यांकन तथा प्रकाशन आदि के लिये आर्थिक सहयोग प्रदान करना।

पात्रता की शर्तें–

1. राष्ट्रीय स्तर पर व राज्य स्तर की पांडुलिपि पुस्तकालय, जिनके पास पांडुलिपियों का प्रकाशन या माइक्रोफिल्म बनाने की क्षमता हो, के लिये पात्र हैं।
2. छोटे स्वैच्छिक संगठन, राजवंशों की अनुवांशिक संग्रह और बड़े जमींदार, व्यक्तिगत, मठ और मंदिर भी इसके लिये पात्र हैं।

सहायता की पद्धति–

1. प्रति परियोजना प्रति वर्ष अधिकतम सहायता 10 लाख रुपये होगी। कुल व्यय का 75% केंद्र सरकार और 25% संस्था अथवा अन्य स्रोत उपलब्ध करायेंगे। जो 2 लाख रुपये तक की सहायता के लिये आवेदन करना चाहते हैं वे इन्हें संपर्क करें– डायरेक्टर, नेशनल अरकाइव्स् ऑफ इंडिया, नयी दिल्ली। (पांडुलिपियों का संरक्षण योजना के अंतर्गत)
2. विश्वविद्यालयों को 100% सहयोग दिया जायेगा।
3. यदि कोई संस्था वास्तव में बहुत अच्छा कार्य कर रही हो तो सहयोग 3 से 5 वर्ष तक दिया जा सकता है।

4. केंद्र सरकार अपना सहयोग तभी देगी जब यह सुनिश्चित हो जायेगा कि वह संस्था इसी कार्य के लिये किसी और स्रोत से आर्थिक सहायता प्राप्त नहीं कर रही है और न कहीं सहायता विचाराधीन है।

आवेदन करने की प्रणाली–

1. स्वैच्छिक संगठन राज्य सरकार के माध्यम से भेजें किंतु विश्वविद्यालय और विश्वविद्यालय जैसी संस्थायें सीधे आवेदन करें।
2. आवेदन पत्र के साथ संगठन का विधान, प्रबंध समिति का विधान, तात्कालिक वर्ष की ऑडिट रिपोर्ट और वार्षिक रिपोर्ट भी भेजें।
3. आवेदन पत्र के साथ परियोजना की विस्तृत रिपोर्ट, स्टॉफ, आर्थिक स्टेटमेंट और प्राप्त अनुदान या प्राप्त होनेवाले अनुदान की जानकारी भी भेजें।
4. कुल आय एवं व्यय की पत्र, बैलेंस शीट, जो कि चार्टर्ड एकांउटेंट द्वारा प्रमाणित हो, भी भेजें।

आवेदन प्रपत्र और विस्तृत जानकारी के लिये संपर्क–दि ज्वाइंट सेक्रेटरी, डिपार्टमेंट ऑफ कल्चर, मिनिस्ट्री ऑफ ह्यूमन रिसोर्स डेवलपमेंट, शास्त्री भवन, नयी दिल्ली–110001

5

योजना का नाम–क्षेत्रीय एवं स्थानीय संग्रहालयों के विकास तथा क्षमतावृद्धि हेतु आर्थिक सहयोग।

उद्देश्य–

1. स्थानीय एवं क्षेत्रीय कला के विकास और संग्रहालय की स्थापना को बढ़ावा देना।
2. केंद्र एवं राज्य सरकारों के प्रबंधनवाले संग्रहालयों को छोड़कर स्वैच्छिक संगठनों और संग्रहालयों को आर्थिक सहयोग देना।

पात्रता की शर्तें–

1. स्वैच्छिक संगठन/समितियां/ट्रस्ट को पंजीबद्ध होना चाहिये।
2. उन्हें कम-से-कम तीन वर्ष पहले से पंजीबद्ध रूप में कार्य करते रहना चाहिये।
3. उनका सुव्यवस्थित विधान हो और संबंधित राज्य सरकार का नजरिया उसके प्रति संतोषप्रद हो तथा उसे किसी व्यक्ति या व्यक्तियों के फायदे के लिये नहीं चलाया जा रहा हो।
4. उसमें संग्रहालय के संचालन की क्षमता हो, उसके पास पर्याप्त सुविधायें, संसाधन और व्यक्ति हों।

सहायता की पद्धति–

1. संस्थाओं को भवन निर्माण के लिये 60% आर्थिक सहयोग दिया जायेगा तथा इसी अनुपात में कलात्मक वस्तुयें खरीदने के लिये दिया जायेगा।

2. उपकरणों की खरीद के लिये शत-प्रतिशत राशि दी जायेगी, परंतु कोई भी एक उपकरण का मूल्य 50,000 रुपये से अधिक न हो।
3. कैटेलॉग, गाइड टू गैलरी, फोटो-इनडेक्स-कार्ड, पिक्चर-पोस्टकार्ड, प्रदर्शनी की फोटो एलबम तथा मोनोग्राफ के प्रकाशन हेतु भी आर्थिक सहयोग दिया जाता है। परंतु यह तभी दिया जायेगा जब डॉयरेक्टर जनरल, राष्ट्रीय म्यूजियम, जनपथ, नयी दिल्ली, द्वारा एप्रूवल प्राप्त होगा।
4. पहली किश्त के रूप में 25% राशि डी.जी. के एप्रूवल के बाद भेजी जायेगी, 50% राशि की दूसरी किश्त तब दी जायेगी जब पांडुलिपि प्रेस में प्रकाशन हेतु दी जायेगी और शेष 25% की अंतिम किश्त परिस्थितियों के मूल्यांकन पर निर्भर करेगी।
5. स्थापित लेबोरेट्रीज यदि प्रशिक्षित स्टॉफ से परिपूर्ण हो तो उसे भी आर्थिक सहायता मिल सकेगी। यदि स्टॉफ प्रशिक्षित न हो तो इस कार्य के प्रभारी को प्रशिक्षित होना अनिवार्य है।
6. वर्तमान पुस्तकालयों को जो कि स्वैच्छिक संगठनों द्वारा संचालित की जा रही हों उन्हें कला और संस्कृति की किताबों, रैक्स, शैल्वस् और किताबों की बाइंडिंग हेतु एक अनुपात में सहायता दी जायेगी अर्थात् 50% सहायता दी जायेगी।
7. फर्नीचर, बिजली फिटिंग, आंतरिक सज्जा, स्टेशनरी, पत्रिकायें आदि खरीदने के लिये भी योजना के अंतर्गत सहायता मिल सकेगी। आवेदन राज्य सरकार के माध्यम से आना चाहिये।

आवेदन प्रपत्र तथा विस्तृत जानकारी हेतु संपर्क—दि ज्वाइंट सेक्रेटरी डिपार्टमेंट ऑफ कल्चर, मिनिस्ट्री ऑफ ह्यूमन रिसोर्स डेवलपमेंट, शास्त्री भवन, नयी दिल्ली—110001

6

योजना का नाम—प्रदर्शनात्मक कला के क्षेत्र में सक्रिय संस्थाओं को आर्थिक सहयोग।

उद्देश्य—

1. ऐसी स्थापित संस्थाओं को जिन्होंने प्रदर्शनात्मक कला के क्षेत्र में महत्त्वपूर्ण कार्य किया हो, तथा राष्ट्रीय या क्षेत्रीय महत्ता प्राप्त कर रखी हो, को आर्थिक सहयोग उपलब्ध कराना।
2. ऐसी संस्थाओं को राष्ट्रीय या क्षेत्रीय संसाधन केंद्र के रूप में बढ़ावा देने के लिये सहायता करना।

पात्रता की शर्तें—

1. ऐसी संस्थायें जिन्होंने प्रदर्शनात्मक कला किसी विशेष क्षेत्र में शिक्षण, प्रचार और प्रदर्शन के लिये योगदान किया हो वे अनुदान प्राप्त करने के लिये पात्र हैं।

2. इन संस्थाओं को पंजीबद्ध होना चाहिये। वे सभी भारतीय नागरिकों, संस्थाओं (जो नवाचारी कार्यों में लगी हों), मौलिक लेखन तथा मौलिक निर्देशन, थियेटर शोध, थियेटर ट्रेनिंग कार्यक्रम अथवा दर्शकों के प्रशिक्षण के लिये कार्य कर रही हों तो उन्हें विशेष महत्त्व दिया जायेगा।

सहायता की पद्धति–

1. संगठन/संस्था के कुल व्यय के आधार पर सहायता की जायेगी।
2. कुल अनुदान 3,37,000/-रुपये प्रतिवर्ष होगी। नये कार्यों के लिये प्रति समूह 25,000/-की सीमा होगी, लाइब्रेरी के लिये 15,000 तथा दस्तावेजीकरण के लिये 18,000/-प्रति वर्ष दिये जायेंगे।
3. संस्थाओं के पास 30 नियमित कलाकर हों और उन्हें 750/-का समेकित वेतन दिया जा रहा हो। गुरु को 1500/-प्रतिमाह दिया जाता हो।

आवेदन की प्रणाली–संस्कृति विभाग एक विशेषज्ञ समिति बनायेगी जो सुस्थापित संस्थानों की सिफारिश करेगी, जो कि शिक्षण, प्रचार और प्रदर्शन के क्षेत्र में अपनी विशेषज्ञतावाली कला हेतु योगदान कर रही हों।

आवेदन प्रपत्र तथा अन्य विस्तृत जानकारी हेतु संपर्क–

संयुक्त सचिव, संस्कृति विभाग, मानव संसाधन विकास विभाग, शास्त्री भवन, नयी दिल्ली–110001

7

योजना का नाम–किसी विशिष्ट प्रदर्शनात्मक कला के क्षेत्र में किसी प्रोफेशनल-समूह एवं व्यक्तिगत लोगों को आर्थिक सहायता देना।

उद्देश्य–प्रोफेशनल समूहों जैसे ड्रामा ग्रुप, थियेटर ग्रुप, संगीत आर्केस्ट्रा, व्यक्तिगत कलाकारों को आर्थिक सहायता उपलब्ध कराना। यह सहायता अनावर्ती तथा तदर्थ आधार पर होगी।

पात्रता की शर्तें–

1. इस योजना के तहत जो परियोजनायें ली जायेंगी। जो कि एक वर्ष की अवधि से अधिक के लिये स्वीकार नहीं की जायेंगी। नृत्य-नाटिका एवं बैले समूहों के लिये यह अवधि दो वर्ष तक हो सकती है।
2. विशेषज्ञ समिति की सिफारिश के आधार पर अनुदान उपलब्ध कराया जायेगा। यह अनुदान सभी तरह के व्यय को स्वीकृत मान कर दिया जायेगा।

आवेदन की प्रणाली–

1. राज्य सरकार/राज्य अकादमी के माध्यम से आवेदन किया जाए।
2. आवेदन पत्र दो प्रतियों में भेजा जाये।

आवेदन प्रपत्र विस्तृत जानकारी हेतु संपर्क–
संयुक्त सचिव, संस्कृति विभाग, मानव संसाधन विकास मंत्रालय, शास्त्री भवन, नयी दिल्ली–110 001

8

योजना का नाम–आदिवासी लोक-कला तथा संस्कृति को बढ़ावा देने के लिये सहायता करना।

उद्देश्य–

1. स्वैच्छिक संगठनों/एवं संस्थानों को जो आदिवासी/लोक-कला तथा संस्कृति के संरक्षण तथा बढ़ावा देने के लिये कार्य कर रहे हैं, आवर्ती तथा अनावर्ती अनुदान उपलब्ध कराना।
2. आदिवासियों को अवसर उपलब्ध कराना ताकि वे अपने पर्यावरण में अपनी सांस्कृतिक गतिविधियों को संचालित कर सकें तथा उनका संरक्षण करें।
3. राज्य के शैक्षिक अधिकारियों को सहयोग करना ताकि वे ऐसी परियोजनाओं को प्राप्त करें जो शिक्षा पद्धति की एकरूपता को सहयोग कर सकें।

पात्रता की शर्तें–

1. संस्थाओं को पंजीबद्ध होना चाहिये। वे चाहे आदिवासी संस्थायें हो या गैर-आदिवासी।
2. संस्थाओं के पास अपनी परियोजनाओं के संचालन के लिये उपयुक्त ढांचा हो तथा वे आदिवासी कला और हस्तकला के क्षेत्र में पहले से जुड़ी हों।

सहायता की पद्धति–

1. अनुदान राशि की अधिकतम सीमा 2 लाख है।
2. यह आवर्ती या अनावर्ती श्रेणी में होगा।

आवेदन करने की प्रणाली–

1. संस्कृति विभाग समय-समय पर आवेदन पत्र आमंत्रित करता है।
2. स्वैच्छिक संगठनों से अपनी राज्य सरकार के माध्यम से आवेदन करना चाहिये।

आवेदन प्रपत्र और अन्य जानकारी के लिये संपर्क–संयुक्त सचिव, संस्कृति विभाग, मानव संसाधन विकास मंत्रालय, शास्त्री भवन, नयी दिल्ली–110001

9

योजना का नाम–स्वैच्छिक संगठनों और समितियों को राष्ट्रीय स्मारकों का विकास तथा रख-रखाव करने के लिये अनुदान सहायता।

उद्देश्य–

1. राष्ट्रीय विभूतियों को उनकी भूमिका के लिये स्मरण रखना, जिन्होंने देश के इतिहास में स्थान बनाया।
2. उनके जीवन, गतिविधियों और विचारों की प्रासंगिकता को महत्त्व प्रदान करना।

3. विभूतियां जिन मूल्यों और आध्यात्मिक विचारों के लिये जानी जाती हैं उन्हें सामान्य लोगों तक पहुंचाना और व्याख्यायित करना।
4. विभूतियों के योगदान के प्रति जागरूकता पैदा करना ताकि नयी पीढ़ियां उनसे परिचित हों।

पात्रता की शर्तें–

1. आवेदक संस्था पंजीबद्ध हो।
2. आवेदन करने के पूर्व कम-से-कम 5 वर्ष पहले से संस्था का अस्तित्व हो। अपवाद स्वरूप भारत सरकार इस अवधि में रियायत भी कर सकती है।
3. आवेदक संस्था राष्ट्रीय स्तर की हों।

सहायता की पद्धति–

1. एक स्मारक के लिये आर्थिक सहायता की अधिकतम सीमा 5 लाख रुपये होगी।
2. एक विशेषज्ञ समिति प्रकरणों की जांच कर सहायता राशि का निर्धारण करेगी।

आवेदन करने की प्रक्रिया–आवेदन निम्नलिखित दस्तावेजों के साथ भेजे जायें–

(अ) संस्था का विधान।
(ब) प्रबंध समिति का विधान और प्रत्येक सदस्य की जानकारी।
(स) राज्य सरकार की सिफारिश।

आवेदन पत्र और विस्तृत जानकारी के लिये संपर्क–संयुक्त सचिव, मानव संसाधन विकास मंत्रालय, संस्कृति विभाग, शास्त्री भवन, नयी दिल्ली–110001

10

योजना का नाम–स्वैच्छिक संगठनों को शताब्दी/जयंती कार्यक्रम आयोजित करने हेतु सहायता।

उद्देश्य–

1. महत्त्वपूर्ण व्यक्तित्वों के जीवन के महत्त्वपूर्ण किंतु अचर्चित बिंदुओं को उजागर करना ताकि समाज और खासतौर पर युवा समाज उस भावना से परिचित हो सकें।
2. राष्ट्रीय स्तर की विभूतियों द्वारा राष्ट्रीय सांस्कृतिक क्षेत्र, समाज सुधार, आध्यात्मिक मूल्यों, संस्कृति, शिक्षा, कला, चित्रकला तथा वास्तुकला जैसे क्षेत्रों में की गयी सेवाओं के लिये कृतज्ञता ज्ञापित करने हेतु शताब्दी/जयंती समारोहों का आयोजन करना।

पात्रता की शर्तें–संस्था पंजीबद्ध हो।

सहायता की पद्धति–

1. योजना के अंतर्गत एक आयोजन के लिये 1 लाख रुपये से अधिक की सहायता नहीं की जायेगी।
2. यदि 125, 150 या 175वीं जयंती मनायी जा रही हो तो 40,000 रुपये से अधिक उपलब्ध नहीं कराये जायेंगे।

3. 75% राशि सहायता होगी तथा 25% राशि स्वयं संस्था की होगी।

आवेदन की प्रणाली—आवेदन निम्नलिखित दस्तावेजों के साथ किया जाये।

1. शताब्दी/जयंती कार्यक्रम का पूर्ण विवरण तथा अवधि की जानकारी।
2. वित्तीय-पत्रक जिसमें प्रत्येक वस्तु और गतिविधि के आधार पर व्यय का विवरण।
3. पिछले तीन वर्षों की ऑडिट रिपोर्ट और वार्षिक रिपोर्ट (संस्था की)।
4. संस्था का पंजीयन प्रमाण पत्र, विधान, ज्ञापन, उद्देश्य की प्रतियां।

आवेदन और विस्तृत जानकारी के लिये संपर्क—संयुक्त सचिव (सी. एंड एम.), मानव संसाधन विकास मंत्रालय, संस्कृति विभाग, शास्त्री भवन, नयी दिल्ली–110001

मानव संसाधन विकास मंत्रालय के शिक्षा विभाग की योजनायें

1

योजना का नाम--पर्यावरण मूलक स्कूली शिक्षा।

उद्देश्य—

1. प्रयोग और नवाचार को बढ़ावा देना ताकि स्थानिक-विशिष्टता का शिक्षण/सीखने की सामग्री विकसित की जा सकें।
2. शोध/प्रयोग/नवाचारी गतिविधियों को आरंभ करना ताकि विशिष्ट--क्षेत्र में उपलब्ध पर्यावरण ज्ञान् शिक्षा में जोड़ा जा सके।
3. शिक्षकों और शिक्षाविदों को प्रशिक्षण तथा अन्य शिक्षामूलक प्रशिक्षण देना जिसमें स्थानीय पर्यावरण मुद्दे शामिल हों।
4. स्थानीय पर्यावरण मुद्दों से संबंधित विषयों पर विद्यार्थियों के विद्यालयीन अनुभव से संबंधित नवाचारी कार्यक्रम संचालित करना।

पात्रता की शर्तें—

1. शैक्षिक संस्थायें, पंजीबद्ध समितियां, ट्रस्ट और अलाभकारी कंपनियां इसके लिये पात्र है।
2. ऐसे स्वैच्छिक संगठन जिनका विधिवत् विधान, ज्ञापन, व प्रबंध समिति हो तथा जो व्यक्ति या व्यक्तियों के लाभ के लिये संचालित न हों।
3. संस्थायें इस योग्य हों कि वे स्वैच्छिक आधार पर जुड़ सकें और उनके पास विषयानुकूल विशेषज्ञता वाले संसाधन व्यक्ति हों।
4. धर्म, जाति, नस्ल, लिंग आदि के आधार पर कोई भेदभाव न रखा जाता हो।
5. किसी राजनैतिक दल के फायदे के लिये वह संगठन सीधे कार्य न करता हो।

सहायता की प्रणाली—

1. 100% सहयोग के आधार पर सहायता किंतु अनुदान समिति जहां उपयुक्त समझेगी वहां संगठन का योगदान भी आमंत्रित कर सकेगी।

2. परियोजना स्वीकृत होने पर सहायता वार्षिक आधार पर किश्तों में जारी की जायेगी। जब 75% राशि की पहली किश्त का उपयोगिता प्रमाण पत्र प्राप्त हो जायेगा, तभी दूसरी किस्त जारी की जायेगी।
3. संस्था को एक बांड और दो जमानतें भी निर्धारित प्रपत्र में देनी होंगी (यदि संस्था का वैधानिक स्वरूप नहीं हो तो)।
4. संस्था को तार्किक मितव्ययिता से कार्य करना होगा और अनुदान से उत्पन्न संपत्ति का रिकॉर्ड रखना होगा।
5. जिसे आर्थिक सहयोग उपलब्ध कराया गया है उस संस्था को भारत सरकार के अधिकारी या एन.सी.ई.आर.टी. या राज्य शिक्षा विभाग से जांच कार्य कराने के लिये तैयार रहना होगा।

आवेदन करने की प्रणाली–

1. राज्य के शिक्षा विभाग के माध्यम से मानव संसाधन विकास मंत्रालय, भारत सरकार के पास आवेदन भेजना होगा। एक प्रति मंत्रालय के लिये भी हो। राष्ट्रीय स्तर की संस्थायें सीधे ही आवेदन कर सकती हैं।
2. सहायता उतनी अवधि के लिये होगी जितनी कि संस्था ठीक तरीके से क्रियान्वित कर पाने में सक्षम हो।
3. साधारणतया, सहायता प्रस्तावित अवधि के लिये ही होती है किंतु उसे बची हुई पंचवर्षीय योजना की अवधि के अंदर ही होना चाहिये।
4. आवेदन के साथ प्रबंध समिति का विधान, सदस्यों की जानकारी, पिछली वार्षिक रिपोर्ट, पिछले तीन वर्षों की ऑडिट रिपोर्ट तथा पिछले वर्ष की बैलेंश शीट की प्रमाणित प्रति भी भेजना चाहिये।

आवेदन प्रपत्र और विस्तृत जानकारी के लिये संपर्क–

शिक्षा विभाग, मानव संसाधन विकास मंत्रालय, शास्त्री भवन, नयी दिल्ली–110001

2

योजना का नाम–विद्यालयों में विज्ञान-शिक्षा में सुधार।

उद्देश्य–

1. बच्चों और युवाओं के लिये विज्ञान शिक्षा कार्यक्रम में स्वैच्छिक-संगठन, ट्रस्ट, अलाभकारी कंपनियों, समाजिक रूप से सक्रिय समूहों को प्रभावी तरीके से जोड़ना।
2. चुनी हुई संस्थाओं को विज्ञान-शिक्षण उपलब्ध कराने हेतु आर्थिक सहयोग प्रदान करना।
3. प्रयोगों और नवाचारों के जरिये प्राप्त विधियों, प्रक्रिया और प्रतिफलों को विज्ञान शिक्षण में जोड़ना।

4. शैक्षिक संस्थाओं में विज्ञान-शिक्षण हेतु शिक्षण कार्य में उत्तरोत्तर प्रगति लाने हेतु प्रयत्नों को सहयोग करना। प्रौढ़ शिक्षा, अनौपचारिक शिक्षा केंद्र और जन-शिक्षण कार्यक्रमों में भी सहयोग करना, जो कि विज्ञान और समाज की बेहतर समझ के लिये सक्रिय रहते हों।

पात्रता की शर्तें–

1. शैक्षणिक संस्थायें, पंजीबद्ध संस्थायें, ट्रस्ट, अलाभकारी कंपनियां सहायता प्राप्त करने के लिये पात्र हैं।
2. ऐसे स्वैच्छिक संगठन जिनका विधिवत् विधान, ज्ञापन व प्रबंध समिति हो तथा जो व्यक्ति या व्यक्तियों के लाभ के लिये संचालित न हों ।
3. संस्थायें इस योग्य हों कि वे स्वैच्छिक-आधार पर जुड़ सकें और उनके पास विषयानुकूल विशेषज्ञतावाले संसाधन-व्यक्ति हों।
4. धर्म, जाति, नस्ल, लिंग आदि के आधार पर कोई भेदभाव न हो।
5. किसी राजनैतिक दल के फायदे के लिये सीधे कार्य न करता हो।

सहायता की प्रणाली–

1. 100% सहयोग के आधार पर सहायता किंतु अनुदान समिति जहां उपयुक्त समझेगी वहां संगठन का योगदान भी आमंत्रित कर सकेगी।
2. परियोजना स्वीकृत होने पर सहायता वार्षिक आधार पर किश्तों में जारी की जायेगी। जब 75% राशि की पहली किश्त का उपयोगिता प्रमाण पत्र प्राप्त हो जायेगा, तभी दूसरी किस्त जारी की जायेगी।
3. संस्था को एक बांड और दो जमानतें भी निर्धारित प्रपत्र में देनी होगी (यदि संस्था का वैधानिक स्वरूप नहीं हो तो)।
4. संस्था को तार्किक मितव्ययिता से कार्य करना होगा और अनुदान से उत्पन्न संपत्ति का रिकॉर्ड रखना होगा।
5. जिसे आर्थिक सहयोग उपलब्ध कराया गया है उस संस्था को भारत सरकार के अधिकारी या एन.सी.ई.आर.टी. या राज्य शिक्षा विभाग से जांच कार्य कराने के लिये तैयार रहना होगा।

आवेदन करने की पद्धति–

1. राज्य शिक्षा विभाग के माध्यम से मानव संसाधन विकास मंत्रालय के शिक्षा विभाग को प्रस्ताव भेजें, एक प्रति मंत्रालय के लिये ऐंडोर्स की गयी हो। राष्ट्रीय स्तर की संस्थायें सीधे ही आवेदन कर सकती हैं।
2. सहायता उस अवधि के लिये होगी, जितनी अवधि के लिये सक्षमता से कार्य करनेवाली संस्था की शक्ति हो।
3. साधारणतया सहायता उतनी अवधि के लिये होती है जितनी अवधि प्रस्तावित की गयी हो और परियोजना स्वीकृत कर ली गयी हो, फिर भी वह अवधि पंचवर्षीय योजना की शेष अवधि से अधिक नहीं होनी चाहिये।

4. आवेदन के साथ प्रबंध समिति का संविधान, प्रबंध समिति के सदस्यों की जानकारी, पिछले वर्ष की वार्षिक रिपोर्ट, ऑडिट रिपोर्ट, पिछले तीन वर्षों की बैलेंस शीट की प्रमाणित प्रति संलग्न करें।

आवेदन प्रपत्र तथा विस्तृत जानकारी के लिये संपर्क–
डिपार्टमेंट ऑफ एजुकेशन, मिनिस्ट्री ऑफ ह्यूमन रिसोर्स डेवलपमेंट, शास्त्री भवन, नयी दिल्ली–110001

3

योजना का नाम–निःशक्त बच्चों के लिये समेकित शिक्षा।

उद्देश्य–

1. सामान्य स्कूल के निःशक्त बच्चों को शिक्षा के अवसर उपलब्ध कराना।
2. उन निःशक्त बच्चों को जो विशेष स्कूलों में शिक्षा पा रहे हैं, प्रोत्साहित करना कि वे सामान्य स्कूलों में शिक्षा लें, यदि वे संप्रेषण ग्रहण करने और दैनिक जीवन कार्यों को संपन्न करने का हुनर रखते हों।
3. अपंग बच्चों को सामान्य बच्चों के साथ जोड़ना और अहसास कराना कि वे सभी बराबर हैं।
4. अपंगों को सामान्य वृद्धि, जिंदगी का साहस और विश्वास के साथ सामना करने के लिये तैयार करना।

पात्रता की शर्तें–

1. योजना राज्य शासन/संघीय प्रशासन/स्वायत्त संगठनों के माध्यम से संचालित की जाती हैं, जिन्हें निःशक्त बच्चों की शिक्षा और पुनर्वास का अनुभव हों।
2. शिक्षा विभाग क्रियान्वयन अभिकरण होगा। राज्य शासन इन कार्य में स्वैच्छिक संगठनों का राज्य शासन/संघीय प्रशासन भी सहयोग ले सकता है।
3. राज्य शासन/संघीय प्रशासन भी नियमों में शिथिलता लाने के लिये उप-नियम आदि बना सकते हैं। जो प्रवेश, प्रवेश की न्यूनतम और अधिकतम सीमा, उत्तीर्णता आदि से संबंधित हों।
4. कोई निःशक्त बच्चा किसी अन्य योजना के अंतर्गत छात्रवृत्ति/सहायता प्राप्त कर रहा हो तो उसे इस योजना में किसी तरह का लाभ नहीं मिलेगा।

सहायता की पद्धति–

1. क्रियान्वयन-संस्था अपने कार्यक्रम का निर्धारण करेगी और अपनी आर्थिक जरूरतों का आकलन कर अगले पंचवर्षीय-योजना के लिये अपना प्रस्ताव मंत्रालय को भेजेगी।
2. क्रियान्वयन संस्था का प्रस्ताव छंटनी के बाद 50% अनुदान स्वीकृत कर, किया जायेगा। जैसे ही क्रियान्वयन आरंभ होगा शेष 50% राशि तब जारी की जायेगी जब पहली किश्त का उपयोगिता प्रमाण-पत्र मिल जायें।

3. विद्यालय में संसाधन-कक्ष का निर्माण जिसके लिये अधिकतम 40,000/-रुपये की राशि दी जायेगी। निःसशक्तता से संबंधित उपकरण जिनका औसत व्यय 30,000/- से अधिक न हो अनुदान के लिये मान्य होंगे।
4. किताबें, सहकारी अलाउंस, कंवेंश अलाउंस, परिवहन अलाउंस, रीडर अलाउंस, एस्कार्टस् अलाउंस आदि के लिये भी सहायता उपलब्ध है।

आवेदन प्रपत्र और विस्तृत जानकारी के लिये संपर्क–

एन.सी.ई.आर.टी., मानव संसाधन विकास मंत्रालय, श्री अरविंदो मार्ग, नयी दिल्ली–110016

4

योजना का नाम–महिला सामाख्या महिलाओं की समानता के लिये शिक्षा के कार्यक्रम।

उद्देश्य–

1. महिलाओं में आत्मनिर्भरता और जीवन में कुछ कर दिखाने की भावना उत्पन्न करने के लिये ऐसी योजना बनाना जिसमें सरकारी संस्थायें एवं स्वैच्छिक संगठन मिलकर ग्रामीण महिलाओं के लिये प्रायोगिक और नवाचारी कार्यक्रम चलायें।
2. किसी विशेष क्षेत्र को लेकर गहन प्रयत्नों के द्वारा औपचारिक एवं अनौपचारिक शिक्षा की व्यवस्था, प्रौढ़-शिक्षा, शैक्षणिक योग्यता को और बढ़ाने के लिये व्यावसायिक शिक्षा एवं प्रशिक्षण देना।
3. कार्यक्रम से जुड़े सभी कार्यकर्त्ताओं के लिये एक नियमित गतिविधि के रूप में प्रशिक्षण कार्यक्रम बनाना। यह कार्यक्रम महिलाओं के प्रति पुराने दृष्टिकोण को बदलने और नये मूल्यों की स्थापना करने में सहयोग करे ताकि महिला समानता की भावना को गति मिले।
4. स्वैच्छिक संगठनों की उस साख का लाभ लेना जिसके माध्यम से ग्रामीण महिलाओं को भी इस इस कार्यक्रम के साथ लिया जा सके तथा शिक्षा के क्षेत्र में रचनात्मक कार्यों को सम्पन्न किया जा सके। यह कार्यक्रम पारस्परिक सहयोग प्रबंधन पद्धति के अंतर्गत उनका सहयोग प्राप्त करेगा।

पात्रता की शर्तें–

1. शैक्षिक संस्थायें, पंजीबद्ध समितियां, ट्रस्ट और अलाभकारी कंपनियां इस योजना के लिये पात्र हैं। जो वैधानिक-समितियां नहीं हैं, वे इसमें शामिल नहीं हो सकेंगी।
2. आवेदक संस्थाओं का अपना एक विधिवत् संविधान ज्ञापन एवं प्रबंध समिति हो तथा उनके कर्त्तव्य और अधिकार ठीक तरह से व्याख्यायित हों।
3. यह संस्थायें व्यक्ति या व्यक्तियों के लाभ के लिये न चलायी जा रही हों और न ही धर्म, जाति, नस्ल और रंग के आधार पर किसी के साथ भेदभाव करती हों।
4. वही संस्थायें योग्य मानी जायेंगी जो कम-से-कम 3 वर्ष पहले से कार्य कर रही हों तथा उनके पास आवश्यक योग्यतावाले कार्यकर्त्ता हों।

सहायता की पद्धति–

1. मंत्रालय द्वारा नियुक्त अनुदान-समिति आवेदनों पर विचार करेंगी। जरूरी होने पर आवेदक को बुलाकर समिति उनके प्रस्ताव पर विमर्श भी कर सकती हैं।
2. योग्य संस्थाओं को प्राथमिक एवं माध्यमिक स्तर पर औपचारिक शिक्षा के लिये 100% अनुदान देगी। अनुदान उन्हीं स्वैच्छिक संगठनों को दिया जायेगा जो शिक्षा के क्षेत्र में पिछड़े हुए राज्यों में कार्य कर रही हों।
3. आवेदक संस्था द्वारा प्रस्तावित अवधि के लिये अनुदान दिया जायेगा। कुछ मामलों में दीर्घाविधि सहायता भी की जा सकती है। अनुदान किश्तों में दिया जायेगा।

आवेदन करने की प्रणाली–

1. पात्र संस्था मंत्रालय को अपना आवेदन दे सकती हैं तथा एक प्रति राज्य सरकार को रजिस्टर्ड-पावती पत्र द्वारा भेजे।
2. अनुदान समिति यह सुनिश्चित करेगी कि आवेदन महिला सामाख्या योजना की अवधारणा पर आधारित हैं ।
3. परियोजना स्वीकृत पर अनुदान वार्षिक आधार पर दो किश्तों में दिया जायेगा।
4. दूसरे वर्ष को अनुदान तभी जारी होगा जब पहले वर्ष के अनुदान का उपयोगिता प्रमाण पत्र प्राप्त हो जायेगा।

आवेदन प्रपत्र और विस्तृत जानकारी के लिये संपर्क–

शिक्षा विभाग, मानव संसाधन विकास मंत्रालय, शास्त्री भवन, नयी दिल्ली–110001

5

योजना का नाम–राष्ट्रीय शिक्षा मिशन (एन.एल.एम.) जन शिक्षण निलयम।

उद्देश्य–

1. इस योजना में शिक्षा की निरंतरता, कार्यकारी साक्षरता के लागू करने, आर्थिक दशा में सुधार, जीवनशैली तैयार करने, आर्थिक दशा में स्वास्थ्यपूर्ण जीवनशैली तैयार करने के लिये सुविधायें दी जायेगी ।
2. विकास कार्यों की सूचनायें, समाज के पारंपरिक रूप से पिछड़े हुए वर्गों की सहयोगिता को बढ़ाने के लिये शिक्षा का वातवारण बनाने हेतु सहयोग किया जायेगा। इसके साथ ही राष्ट्रीय एकता एवं महिला-समानता जैसे राष्ट्रीय सरोकारों के प्रति जागरूकता पैदा करना भी एक उद्देश्य है।

पात्रता की शर्तें–

1. जन सहभागिता को सुनिश्चित करने के लिये व्यवस्थित प्रयत्न किये जायें और मीडिया तथा संचार साधनों का प्रयोग करें। जत्था और युवाओं के प्रशिक्षण का कार्य करें।
2. जन-शिक्षण निलयम के प्रभारी को प्रेरक कहा जायेगा। वह स्वैच्छिक रूप से इसमें कार्य करेगा और उसमें सेवा की भावना होगी।

3. स्थानीय क्षेत्र में ऐसा व्यक्ति चुना जायेगा जो समुदाय की सेवा करने में रुचि रखता हो, नेतृत्व का गुण हो और स्थानीय युवकों से स्वैच्छिक-सहयोग प्राप्त करने की क्षमता रखता हों।

सहायता की पद्धति–

1. अनावर्ती सहायता राशि 7,0000.00 रुपये होगी जिसमें उपकरणों का मूल्य, किताबें, नक्शे, चार्ट, खेलकूद सामग्री तथा अन्य मनोरंजन सामग्री भी शामिल होगी।
2. आवर्ती सहायता के रूप में प्रेरक का मानदेय 2,400.00 रुपये, मिट्टी के तेल के लिये 500.00 रुपये, पत्र-पत्रिकाओं के लिये 1800.00 रुपये होंगे। कुल आवर्ती अनुदान 7000.00 रुपये वार्षिक होगी जिसमें आकस्मिक खर्चे भी शामिल होंगे।

आवेदन प्रपत्र और विस्तृत जानकारी हेतु संपर्क–

शिक्षा विभाग, मानव संसाधन विकास मंत्रालय, शास्त्री भवन, नयी दिल्ली–110001

6

योजना का नाम–अनौपचारिक शिक्षा (नॉन फार्मल एजुकेशन एन.एफ.ई.)

उद्देश्य–

1. अनौपचारिक शिक्षा का ऐसा मॉडल विकसित करना जो स्कूल छोड़ गये बच्चों की आवश्यकताओं को पूरा कर सके।
2. ऐसी सहभागिता विकसित करना जिसमें एक सहयोगी हाथ सरकार का हो और दूसरा स्वैच्छिक संगठन, ट्रस्ट आदि का हो। इस कार्यक्रम में उन बच्चों के लिये शिक्षा के अवसर हों, जो पूरे दिन चलनेवाले विद्यालयों में अपना नाम नहीं लिखा पाते।
3. स्थानीय समुदाय से ऐसे युवाओं की पहचान करना और उन्हें प्रशिक्षित करना जो अनौपचारिक शिक्षा का आयोजन कर सकें।

पात्रता की शर्तें–पंजीबद्ध स्वैच्छिक संगठन, ट्रस्ट, अलाभकारी कंपनियां पात्र हैं।

2. आवेदक संस्थाओं का अपना एक विधिवत् संविधान ज्ञापन, प्रबंध समिति हो तथा उनके कर्त्तव्य और अधिकार ठीक तरह से व्याख्यायित हों।
3. यह संस्थायें व्यक्ति या व्यक्तियों के लाभ के लिये न चलायी जा रही हो और न ही धर्म, जाति, नस्ल और रंग के आधार पर किसी के साथ भेदभाव करती हो।
4. वही संस्थायें योग्य मानी जायेंगी जो कम-से-कम 3 वर्ष पहले से कार्य कर रही हों तथा उनके पास आवश्यक योग्यतावाले कार्यकर्त्ता हों।

सहायता की प्रणाली–

1. केंद्र सरकार की सहायता 50% लड़कियों के अनौपचारिक शिक्षा केंद्रों को 90% स्वैच्छिक संगठनों और नवाचारी परियोजनाओं के लिये 100% अनुदान दिया जायेगा।
2. प्राथमिक और माध्यमिक स्तर की अनौपचारिक शिक्षा के लिये 100 % अनुदान दिया जायेगा। अनुदान उन्हीं स्वैच्छिक संगठनों को दिया जायेगा जो शैक्षिक रूप से पिछड़े हुए राज्य में कार्य कर रहे हों।

3. प्रस्ताव के जिस उपयुक्त अवधि के लिये सहायता मांगी गयी हो, उसे ही स्वीकृत किया जायेगा किंतु दीर्घावधि के लिये भी सहायता दी जा सकती है। अनुदान वार्षिक आधार पर दो किश्तों में दिया जायेगा।

आवेदन करने की प्रक्रिया–

1. केंद्र सरकार के मंत्रालय को राज्य शिक्षा विभाग के माध्यम से आवेदन करें साथ ही एक प्रति सीधे मंत्रालय को संबोधित हो।
2. राज्य सरकार अपना मत 3 माह के अंदर दे देगी–यह मत संस्था की पात्रता, अनुकूलता, प्रासंगिकता और क्षमता के संबंध में होगा।
3. आवेदन में सभी शाखाओं के नाम व पते मैकेनिज्म नियंत्रण कार्य आदि की जानकारियां भेजें।

आवेदन प्रपत्र तथा अन्य विस्तृत जानकारी के लिये–

शिक्षा विभाग, मानव संसाधन विकास मंत्रालय, शास्त्री भवन, नयी दिल्ली-110001

7

योजना का नाम–प्रौढ़ शिक्षा के लिये स्वैच्छिक संगठनों को सहायता प्रदान करना।

उद्देश्य–

1. 15-35 आयु वर्ग के लोगों के लिये साक्षरता की जिम्मेदारी लेना तथा साक्षरता के आगे के सोपान तथा जनशिक्षण निलयम के साथ शिक्षा-कार्यक्रम को चलाना।
2. स्वास्थ्य-रक्षा, पर्यावरण आदि के आधार पर कार्यकारी साक्षरता के कार्यक्रम तैयार करना।
3. नवसाक्षरों के लिये व्यावसायिक और तकनीकी शिक्षा देना जिसमें पाठ्यक्रम विकास, प्रशिक्षितों का मूल्यांकन और कार्यों की शोधवृत्ति भी शामिल हो।

पात्रता की शर्तें–

1. पंजीबद्ध स्वैच्छिक संगठन, ट्रस्ट, अलाभकारी कंपनियां पात्र हैं।
2. स्वैच्छिक संगठन के पास विधिवत संविधान, प्रबंध समिति हो तथा वह व्यक्ति या व्यक्तियों के लाभ के लिये संचालित न हो।
3. उसे सक्षम होना चाहिये कि वह कार्यक्रम से जुड़े, स्वैच्छिक आधार पर कार्य करे और उसके पास ज्ञानी लोग हों। वह जाति, धर्म, नस्ल और लिंग के आधार पर भेदभाव न करती हो।
4. किसी राजनैतिक दल के हितों के लिये सीधे कार्य न करती हो। उसे कम-से-कम तीन वर्ष पहले से कार्यरत होना चाहिये।

सहायता की पद्धति–

1. कुल साक्षरता अभियान (टी एल सी) को 65/-से 100/-प्रति शिष्य के आधार पर स्वीकृत किया जायेगा जो कि परियोजना के दो वर्ष की पूर्ण अवधि के लिये होगा। यह एक वर्ष के लिये बढ़ाई भी जा सकती है।

2. कार्यक्रम की लागत के लिये 100% सहायता दी जायेगी जिसमें भवन, सर्वेक्षण, उपकरण, पढ़ाने-सीखने की सामग्री, निरीक्षण और प्रशिक्षण लागत भी शामिल होगी। वेतन आदि के प्रशासनिक खर्चों के लिये 75% सहायता देय है।
3. साक्षरता के लिये स्वैच्छिक संगठन को एक कार्ययोजना बनानी होगी। यह योजना सुनिश्चित क्षेत्र के लिये होगी।
4. अनुदान उन लोगों के लिये देय होगी जो साक्षर हो जायेंगे न कि केवल अनुसूची में शामिल हों। किश्तों में अनुदान दिया जायेगा।

आवेदन की प्रक्रिया–

1. निर्धारित प्रपत्र में कार्य-योजना सहित आवेदन करें। यह राज्य शासन को संबोधित हो और एक प्रति मंत्रालय को भेजें।
2. परियोजना जिला-स्तर पर छांटी जायेगी बाद में राज्यस्तरीय कटनी समिति के सामने जायेगी। इसमें केंद्र व राज्य सरकार, स्वैच्छिक संगठनों और शिक्षाविदों के प्रतिनिधि होगें।

प्रपत्र व विस्तृत जानकारी के लिये संपर्क–

शिक्षा विभाग, मानव संसाधन विकास मंत्रालय, शास्त्री भवन, नयी दिल्ली–110001

8

योजना का नाम–प्रारंभिक आयु वर्ग के बच्चों के लिये अनौपचारिक शिक्षा (एन.एफ.ई.)

उद्देश्य–

1. गैरविद्यालयीन छात्रों की शैक्षिक आवश्यकताओं को प्राप्त करने के लिये अनौपचारिक शिक्षा का कार्यक्रम विकसित करना।
2. सरकार तथा स्वैच्छिक संगठनों, ट्रस्ट, गैर-लाभ द्वारा कंपनियों आदि के मध्य पारस्परिक सहयोग तथा पार्टनरशिप विकसित करना तथा जो विद्यालय में पंजीबद्ध नहीं है, ऐसे विद्यार्थियों के लिये शिक्षा के अवसर उपलब्ध कराना।
3. समुदाय से युवाजनों की पहचान कर उन्हें प्रशिक्षित करना ताकि वे एन.एफ.ई. केंद्रों का संगठन कर सकें तथा सामुदायिक-कार्यकर्त्ताओं व महिलाओं के प्रशिक्षण पर विशेष ध्यान देना ताकि महिला विकास के कार्य हो सकें।
4. शिक्षार्थियों की आवश्यकता, पर्यावरण और कार्यशील जीवन के अनुरूप पाठ्यक्रम निर्माण, सीखने के उपकरण, सिखाने की विधियां और मूल्यांकन तकनीक तैयार करना।

पात्रता की शर्तें–

1. रजिस्टर्ड स्वैच्छिक समितियां, पब्लिक ट्रस्ट तथा गैर-लाभकारी कंपनियां योजना के तहत सहायता पाने के पात्र हैं। साधारणतया जिन संस्थाओं की वैधानिक पहचान नहीं है–वे अपात्र मानी जायेंगी।

2. बाल-श्रमिकों, कामकाजी-बच्चों आदि के कल्याण के लिये केंद्र या राज्य सरकार द्वारा स्थापित स्वायत्त संस्थायें भी सहायता पाने के लिये पात्र हैं।
3. पात्र संस्थाओं के पास विधिवत् संविधान, संगठन का ज्ञापन, प्रबंध समिति के अधिकार और कर्त्तव्यों सहित बनाया गया विधान होना चाहिये।
4. इन संस्थाओं की यह स्थिति होना चाहिये कि वह विषय के ज्ञानी व्यक्तियों को कार्यक्रम में जोड़ सकें। ये संस्थायें किसी एक या अनेक व्यक्तियों के लाभ के लिये नहीं चलायी जानी चाहिये।
5. संस्थायें किसी व्यक्ति के साथ लिंग, धर्म, जाति या नस्ल के आधार पर भेदभाव न करे।

सहायता की प्रणाली–

1. पात्र संस्थाओं को अनौपचारिक शिक्षा के लिये प्राथमिक एवं माध्यमिक स्तर पर 100% अनुदान मिलेगा।
2. इस योजना के अंतर्गत उन्हीं संस्थाओं को अनुदान मिलेगा जो शिक्षा के क्षेत्र में पिछड़े हुए राज्यों तथा आंध्रप्रदेश, अरुणाचल प्रदेश, असम, बिहार, जम्मू एवं कश्मीर, मध्यप्रदेश, उड़ीसा, राजस्थान, उत्तरप्रदेश और पश्चिम बंगाल में कार्यरत हों।
3. शेष राज्यों में भी सहायता उपलब्ध करायी जा सकती है, यदि उनका कार्य पहाड़ी क्षेत्र या शिक्षा के क्षेत्र में पिछड़ा माना गया क्षेत्र हो तथा शहरी झोपड़पट्टी क्षेत्र हो।
4. यदि आवेदक संस्था ने परियोजना अवधि के रूप में उचित समय का प्रावधान किया हो तो सहायता उस अवधि तक भी दी जा सकती है। साधारणतया सहायता लंबी अवधि के लिये होती है, जो एक बार में पंचवर्षीय योजना की शेष अवधि तक ही सीमित रहती है।

आवेदन की प्रक्रिया–

1. आवेदन केंद्रीय मंत्रालय को संबोधित हो जो कि राज्य के शिक्षा विभाग द्वारा भेजा जाये। साथ ही आवेदन की एक प्रति मंत्रालय को भी भेजें।
2. राज्य सरकार को अपना मत तीन माह के अंदर दे देना चाहिये,जो कि संस्था की पात्रता, सुसंगति, प्रस्ताव की प्रासंगिकता और योजना लागू करने की क्षमता के बारे में हो।
3. अखिल भारतीय स्तर की संस्थायें सीधे ही मंत्रालय को आवेदन कर सकती हैं। आवेदन में सभी शाखाओं के नाम पते,यांत्रिकता और नियंत्रण मुख्य संगठन का होना चाहिये।

आवेदन प्रपत्र और अन्य जानकारियों के लिये संपर्क–

शिक्षा विभाग, मानव संसाधन विकास मंत्रालय, शास्त्री भवन, नयी दिल्ली–**110001**

9

योजना का नाम–प्रारंभिक शिक्षा एवं अनौपचारिक शिक्षा के क्षेत्र में प्रायोगिक तथा नवाचारी कार्यक्रम।

उद्देश्य–

1. ऐसी संस्थाओं की पहचान करना जो प्रायोगिक और नवाचारी कार्यक्रमों को अपने हाथ में ले सकें, ताकि निर्धारित लक्ष्यों को प्राप्त किया जा सके।
2. चुनी गई संस्थाओं को उनके कार्यक्रमों के संचालन हेतु आर्थिक सहायता करना।
3. संस्थाओं द्वारा किये जानेवाले प्रायोगिक और नवाचारी कार्यक्रमों की समीक्षा तथा मूल्यांकन करना।
4. प्रयोगों और नवाचारों के द्वारा प्राप्त परिणामों, विधियों और प्रक्रियाओं की रिपोर्ट तैयार करना।

पात्रता की शर्तें–

1. सरकारी संस्थायें, शिक्षण संस्थायें, पंचायती राज संस्थायें, पंजीबद्ध समीतियां, न्यास और अलाभकारी कंपनियां भी सहायता पाने के लिये पात्र हैं।
2. साधारणतया जो संस्थायें वैधानिक रूप से गठित नहीं होंगी वे सहायता पाने के लिये योग्य नहीं मानी जायेंगी।
3. जो संस्थायें सहायता के लिये पात्र होंगी उनके पास संस्था का संविधान, प्रबंध समिति और उनके अधिकार तथा कर्त्तव्यों की स्पष्ट व्याख्या करनेवाला संविधान होना चाहिये।
4. इन संस्थाओं की यह क्षमता होनी चाहिये कि वे इस विषय के विशेषज्ञों को कार्यक्रम के साथ जोड़ सकें। ये संस्थायें किसी व्यक्ति या समूह के फायदे के लिये न चलाई जा रही हों।
5. ये संस्थायें किसी व्यक्ति या समूह के साथ लिंग, धर्म, जाति और नस्ल के आधार पर भेदभाव न करती हो।

सहायता की प्रणाली–

1. सामान्यत: सौ प्रतिशत सहायता दी जाती है, लेकिन जहां अनुदान समिति उचित समझेगी तो संस्थाओं को भी कुछ योगदान करना होगा।
2. यह सहायता उस अवधि के लिये होगी जिसे आवेदक संस्था ने समुचित रूप से अपनी योजना में शामिल किया हो।
3. सामान्य रूप से सहायता उस अवधि के लिये दी जाती है जो परियोजना के लिये प्रस्तावित की गई है। परंतु ये अवधि बची हुई पंचवर्षीय योजना की अवधि से अधिक नहीं होगी।
4. अनुदान किश्तों में दिया जायेगा।

आवेदन की प्रक्रिया–

1. मंत्रालय को संबोधित आवेदन पत्र राज्य शिक्षा विभाग के माध्यम से भेजा जायेगा और एक प्रति सीधे ही मंत्रालय को भेजी जाये।
2. राज्य सरकार को तीन माह के अंदर संस्था की पात्रता और उपयुक्तता के संबंध में अपना अभिमत भेज देना चाहिये।

3. अखिल भारतीय स्तर की संस्थायें मंत्रालय को सीधे आवेदन कर सकती हैं। आवेदन पत्र में सभी शाखाओं के नाम, पते, कार्यप्रणाली और सभी शाखाओं को नियंत्रित करने की प्रक्रिया के बारे में जानकारी देनी होगी।

आवेदन प्रपत्र और विस्तृत जानकारी के लिये संपर्क–

शिक्षा विभाग, मानव संसाधन विकास मंत्रालय, शास्त्री भवन, नयी दिल्ली–110001

10

योजना का नाम–स्वैच्छिक संगठनों को कामकाजी महिलाओं के बच्चों के लिये क्रेचे्ज़ चलाने हेतु सहायता।

उद्देश्य–

1. पांच वर्ष तक के ऐसे बच्चे जो गरीब कामकाजी महिलाओं के बच्चे हों उनके लिये सोने और पालन-पोषण की सुविधायें उपलब्ध कराना।
2. बच्चों की देखभाल, सेवा के लिये स्वैच्छिक संगठनों की सहायता करना।
3. क्रेचे्ज़ सुविधाओं को अधिक-से-अधिक विस्तृत करना जो कि ऐसी माताओं के बच्चे हैं जो कामकाजी हैं या जो किसी संक्रामक रोग से ग्रस्त हैं।

पात्रता की शर्तें–

1. संस्था को पंजीबद्ध होना चाहिये।
2. संस्था को क्रेच्ज़ या बालवाड़ी या नर्सरी चलाने का अनुभव होना चाहिये।
3. संस्था का लिखित संविधान हो, प्रबंध समिति हो और उनके कार्य तथा अधिकार स्पष्ट रूप से उल्लिखित हों।
4. संस्था की आर्थिक स्थिति सुदृढ़ होनी चाहिये। उसके पास योजना के क्रियान्वयन के लिये सुविधायें, संसाधन, अनुभव और आवश्यक व्यक्ति होना चाहिये।

सहायता की पद्धति–

1. कार्यकर्त्ताओं का मानदेय, पोषण आहार, आकस्मिक खर्चे, डॉक्टर की साप्ताहिक जांच और दवाइयों पर होनेवाले खर्च का 90% अनुदान के तौर पर उपलब्ध कराया जायेगा।
2. 4 हजार रुपया अनावर्ती अनुदान प्रतिमाह, तीन सौ पचास रुपये स्टांप पेड प्रति कार्यकर्त्ता की दर से देखरेख और निरीक्षण के लिये उपलब्ध कराई जायेगी।
3. अनुदान समुचित किश्तों में दिया जायेगा। सरकारी सहायता सीमित क्षेत्र के लिये होगी।
4. यदि संस्था किसी अन्य सरकारी स्रोत से परियोजना के लिये अनुदान ले रही है तो केंद्रीय अनुदान की समीक्षा की जायेगी।
5. परियोजना का खाता अलग से रखा जायेगा और आवश्यकता पड़ने पर प्रस्तुत भी किया जाना चाहिये।

आवेदन की प्रक्रिया–

1. आवेदन पत्र राज्य समाज कल्याण बोर्ड के माध्यम से उनकी सिफारिश सहित स्वीकार किया जायेगा। केंद्रीय समाज कल्याण बोर्ड चाहे तो किसी अखिल भारतीय स्तर की संस्था से आवेदन पत्र सीधे ही ले सकता है।
2. अनुदान के लिये आवेदन पत्र उस वर्ष 31 मार्च के पहले बोर्ड को मिल जाना चाहिये।
3. राज्य बोर्ड आवेदन पत्रों की छंटनी करके उचित पाई गयी संस्थाओं के आवेदन पत्र अपनी सिफारिश के साथ भेज सकते हैं।
4. राज्य बोर्ड के पास आवेदन पत्र दो प्रतियों में भेजा जाना चाहिये। आवेदन फार्म राज्य बोर्ड के पास भी उपलब्ध हैं।
5. पंजीयन प्रमाण पत्र की सत्यापित प्रति और संस्था के संविधान की दो प्रतियां आवेदन पत्र के साथ संलग्न करें।
6. प्रबंध समिति के सभी सदस्यों की जानकारी, पिछले साल की वार्षिक रिपोर्ट और आय-व्यय के लेखा की एक प्रति भी संलग्न की जाये।

आवेदन फार्म और विस्तृत जानकारी के लिये संपर्क–

उपनिदेशक (क्रेच्ज़), महिला एवं बाल विकास विभाग, मानव संसाधन विकास मंत्रालय, जीवनदीप बिल्डिंग, संसद मार्ग, नयी दिल्ली–110001

11

योजना का नाम–प्रौढ़ महिलाओं के लिये सघन शिक्षा का कोर्स।

उद्देश्य–

1. जरूरतमंद और सक्षम महिलाओं के लिये बड़ी संख्या में रोजगार के नये अवसर उपलब्ध कराना।
2. सक्षम और प्रशिक्षित कार्यकर्त्ता उपलब्ध कराना जो कि ग्रामीण क्षेत्रों में चल रही विभिन्न परियोजनाओं में योगदान कर सकें।

पात्रता की शर्तें–

1. संस्था को पंजीबद्ध होना चाहिये जिसकी निर्वाचित प्रबंध समिति भी हो।
2. संस्था को स्वैच्छिक कल्याण संस्था होना चाहिये जो महिलाओं के लिये चलाये जानेवाले शिक्षा कार्यक्रमों का अनुभव भी रखती हो।
3. संस्था/मान्यता प्राप्त शिक्षण संस्थान/केयर होम/कैदी सुधार गृह भी आवेदन कर सकते हैं, परंतु उनकी विधिवत गठित प्रबंध समिति होनी चाहियें।
4. संस्था को ग्रामीण और शहरी दोनों प्रकार के क्षेत्रों के लिये कोर्स आयोजित करना होगा। ग्रामीण, पिछड़े, पहाड़ी और झोंपड़पट्टी क्षेत्र में काम कर रही संस्थाओं को प्राथमिकता दी जायेगी।
5. संस्था को कल्याण कार्यक्रमों/शिक्षा कार्यों में कम-से-कम तीन वर्ष तक काम करने का अनुभव हो।

सहायता की पद्धति–

1. दो वर्षीय कोर्स के लिये रख-रखाव हेतु 21,600 रुपये, जेब खर्च के लिये 5,400 रुपये, शिक्षक के वेतन के लिये 24,000 रुपये दिये जायेंगे जो कि पद्रंह महिलाओं के लिये चौबीस महीनों हेतु होंगे।
2. शहरी तथा अल्प शहरी क्षेत्र में टेंट हेतु 3,600 रुपये, ग्रामीण क्षेत्र में टेंट के लिये 2,400 रुपये, शैक्षिक उपकरणों के लिये 1,500 रुपये, आकस्मिक खर्चों के लिये 1,000 रुपया, भवन रख-रखाव के लिये 1,000 रुपये तथा परीक्षा फीस के रूप में जो भी वास्तविक खर्चा हो वह दिया जायेगा।
3. यदि एक वर्षीय कोर्स होगा तो एक वर्ष की अवधि के लिये ही खर्चे स्वीकृत होंगे।
4. बाद में केयर होम हेतु जेब खर्च 60 रुपये प्रतिमाह, शिक्षकों का वेतन 1,000 रुपये प्रतिमाह तथा आकस्मिक खर्चे अधिकतम 1,000 रुपये उपलब्ध कराये जायेंगे।
5. अनुदान की राशि वास्तविक खर्चों पर आधारित होगी जो अधिकतम सीमा स्वीकृत दरों तक मानी जायेगी और समुचित किश्तों में दी जायेगी।
6. अनुदान की राशि किसी और उद्देश्य के लिये व्यय नहीं की जा सकेगी।

आवेदन की प्रणाली–

1. आवेदन पत्र राज्य समाज कल्याण बोर्ड के माध्यम से उनकी सिफारिश सहित स्वीकार किये जायेंगे।
2. आवेदन पत्र निर्धारित प्रपत्र में दो प्रतियों में भेजा जाये जिसमें प्रस्तावित तिथियां भी हों।
3. आवेदन पत्र में पंजीयन प्रमाण पत्र की सत्यापित प्रति तथा संस्था के ज्ञापन की प्रति भी भेजें।
4. पिछली वार्षिक रिपोर्ट की एक प्रति और सघन शिक्षा कोर्स को हाथ में लेने संबंधी प्रबंध समिति का प्रस्ताव भी भेजें।
5. प्रबंध समिति के सदस्यों की सूची, शैक्षिक उपकरणों की सूची और आकस्मिक खर्चों की विस्तृत रिपोर्ट भी भेजें।
6. पिछले तीन वर्षों के परीक्षित लेखा की प्रतियां तथा पूर्व में चलाये गये कोर्स की शिक्षित महिलाओं द्वारा अर्जित रोजगार की सूचना भी संलग्न करें।

आवेदन पत्र तथा विस्तृत जानकारी के लिये संपर्क–

महिला एवं बाल विकास विभाग, मानव संसाधन विकास मंत्रालय, शास्त्री भवन, नयी दिल्ली–110001

12

योजना का नाम–महिला एवं बाल विकास के क्षेत्र में काम करनेवाली संस्थाओं के लिये अनुदान योजना।

उद्देश्य–

1. ऐसी परियोजनाओं को स्वीकृत करना जिनमें उन समस्याओं को दिखाया गया हो जहां सेवा का अभाव हो या जारी कार्यक्रमों के बीच में आये हुये व्यवधानों को दूर करनेवाली योजनाओं को स्वीकृत करना ताकि प्रभाव को और भी बढ़ाया जा सके।
2. व्यक्तियों की क्षमताओं को बढ़ाना ताकि वे आत्मविश्वास के साथ प्रभावों को बढ़ानेवाली एकीकृत सेवायें दे सकें।
3. जन अभिमत को तैयार करना और सामाजिक समस्याओं के निबटारे के लिये सहयोग करना। सामुदायिक समस्याओं को भी शामिल करना।
4. पिछड़े ग्रामीण और आदिवासी क्षेत्रों सहित शहरी झोंपड़पट्टियों वाले क्षेत्र में सेवाओं वाली परियोजनाओं को स्वीकृत करना।

पात्रता की शर्तें–

1. समिति अथवा ट्रस्ट को पंजीबद्ध होना चाहिये।
2. संस्था को सामाजिक क्षेत्र में काम करने का कम-से-कम तीन वर्षों का अनुभव हो।
3. संस्था के पास उस तरह के कार्य करने का अनुभव होना चाहिये जिस क्षेत्र में वह प्रस्तावित कार्यक्रम करना चाहती है।
4. संस्था किसी व्यक्ति अथवा समूह के फायदों के लिये न चलाई जा रही हो तथा उसके पास विधिवत गठित समिति होनी चाहिये, जिसकी सेवायें सभी के लिये खुली हों।

सहायता की प्रणाली–

1. भवन निर्माण या भवन विस्तार और भवन के किराये के लिये सहायती दी जायेगी।
2. उपकरणों, फर्नीचर, सेवाओं का मानदेय और कार्यक्रम चलाने के खर्चे सहायता के अंतर्गत स्वीकार्य हैं।
3. अनुदान पानेवाली संस्था को अलग से अनुदान का खाता रखना होगा।
4. स्वीकृत लागत का 90% अनुदान देय होगा, शेष 10% स्वैच्छिक संस्था को व्यय करना होगा।
5. भवन अनुदान को सरकार ने 3,50,000 रुपये अथवा स्वीकृत लागत का 90% तक सीमित कर दिया है। संस्था इसी परियोजना के लिये किसी और स्रोत से अनुदान नहीं ले सकती।
6. अनुदान समुचित किश्तों में दी जायेगी और परियोजना निदेशक को प्रति छह माह में प्रगति रपट भेजनी होगी।

आवेदन करने की प्रक्रिया–

1. आवेदन राज्य सरकार के माध्यम से भेजा जाना चाहिये। यदि अखिल भारतीय स्तर की संस्था हो तो वह सीधे ही आवेदन कर सकती है।
2. आवेदन पत्र के साथ संस्था का ज्ञापन, संविधान भी संलग्न किया जाये। इसी के साथ पिछले वर्ष की वार्षिक रिपोर्ट, पिछले दो वर्षों का परीक्षित लेखा-जोखा भी भेजें।

3. पिछले वर्ष की बैलेंस शीट किसी शासकीय अधिकारी के द्वारा सत्यापित कराकर भेजें।
4. संस्था को अपनी जिम्मेदारियों को प्रमाणित करना चाहिये तथा योजना को आगे चलाने के लिये नया आवेदन पत्र भेजना चाहिये।

आवेदन प्रपत्र और अन्य जानकारियों के लिये संपर्क–

महिला एवं बाल विकास विभाग, मानव संसाधन विकास मंत्रालय, शास्त्री भवन, नयी दिल्ली–110001

13

योजना का नाम–ग्रामीण और गरीब महिलाओं के लिये जागरूकता उत्पन्न करने हेतु परियोजना।

उद्देश्य–

1. अनुभवों के आदान-प्रदान के द्वारा ग्रामीण और निर्धन महिलाओं की आवश्यकताओं की पहचान करने या उनकी सामाजिक, आर्थिक स्थितियों का विश्लेषण करना।
2. महिलाओं की आवश्यकताओं तथा गरीबी दूर करने से संबंधित कार्यक्रमों में महिलाओं की सक्रिय भागीदारी प्राप्त करना।
3. अशक्त महिलाओं को संगठित करना, उनकी भागीदारी सुनिश्चित करना, ताकि वे परिवार और समाज में सामाजिक मुद्दों पर निर्णय ले सकें।

पात्रता की शर्तें–

1. सबसे पहले गांव का सर्वेक्षण करना होगा जिसमें ग्रामानुसार, परिवारानुसार और ग्रामीणों की बैठकों के माध्यम से क्षेत्र की समस्याएं निकाली जा सकें।
2. संगठन के द्वारा आरंभिक छह महीनों में आठ दिवसीय जागरूकता निर्माण शिविरों का आयोजन करना होगा।
3. कार्यक्रम में भागीदारी करने के लिये लक्ष्य आबादी से महिलाओं का चुनाव किया जाये जिनमें हरिजन, आदिवासी और पिछड़े वर्ग की महिलायें भी हों।
4. संस्था का कोई पदाधिकारी शिक्षक अथवा ग्रामीण स्तर के स्वास्थ्य कार्यकर्त्ता के रूप में नहीं चुना जा सकेगा। शिविर ग्रामीण समुदाय के बीच में सार्वजनिक जगहों पर आयोजित की जायेंगी।

सहायता की पद्धति–

1. संस्था के द्वारा अनुदान की शर्तें और नियम स्वीकार करते ही अनुदान स्वीकृत कर दिया जायेगा जो कि निर्धारित प्रपत्र में होगा, उसकी एक प्रति राज्य बोर्ड को भेजी जायेगी।
2. प्रति परियोजना 8,000 रुपये की राशि सीधे ही भेज दी जायेगी और उसकी सूचना राज्य बोर्ड को दी जायेगी।

3. मानदेय और यात्रा व्यय के रूप में 3,000 रुपये, कैम्प के खर्चों के रूप में जिसमें बोर्डिंग और प्रशासनिक व्यय शामिल है, के लिये 3,000 रुपये आनुषंगिक कार्यों के लिये 2,000 रुपये स्वीकृत किये गये हैं।
4. जब परियोजना का क्रियान्वयन किया जा रहा हो तब स्टेट बोर्ड और परियोजना अधिकारी भी परियोजना से जुड़े रहेंगे।

आवेदन की प्रणाली–

1. केंद्रीय समाज कल्याण बोर्ड और राष्ट्रीय स्थायी समिति के सदस्यों के द्वारा संस्था का चुनाव किया जायेगा।
2. स्वैच्छिक संगठन को अपना आवेदन पत्र दो प्रतियों में राज्य बोर्ड को दिया जाये तथा एक प्रति सीधे ही सेंट्रल बोर्ड को भेजी जाये।
3. राज्य बोर्ड सीधे आवेदन पत्र मंगा सकता है और बैठक करके आवेदन पत्रों की छंटाई कर अपनी सिफारिश के साथ सेंट्रल बोर्ड को भेज सकता है।
4. राज्य बोर्ड आवेदन प्राप्त होने की तिथि से एक महीने के अंदर अपनी सिफारिश सहित आवेदन पत्र सेंट्रल बोर्ड को भेजेगा।

आवेदन पत्र और विस्तृत जानकारी के लिये संपर्क–

महिला एवं बाल विकास विभाग, मानव संसाधन विकास मंत्रालय, शास्त्री भवन, नयी दिल्ली–110001

14

योजना का नाम–पीड़ित महिलाओं के लिये महिला प्रशिक्षण केद्रों/संस्थानों की स्थापना ।

उद्देश्य–

1. पीड़ित महिलाओं और उन पर निर्भर बच्चों के लिये व्यावसायिक प्रशिक्षण के माध्यम से पुनर्वास करना और आवासीय देखभाल करना।
2. जिस क्षेत्र में त्वरित रोजगार की संभावना हो उस क्षेत्र का प्रशिक्षण उपलब्ध कराना।
3. गैर पारंपरिक क्षेत्रों में संक्षिप्त प्रशिक्षणों का आयोजन करना।

पात्रता की शर्तें–

1. समिति को कानूनी रूप से पंजीबद्ध होना चाहिये।
2. केंद्र सरकार, राज्य सरकार और स्थानीय शासन द्वारा स्थापित किया गया कोई संगठन।
3. यदि ग्रामीण क्षेत्र हो तो डी.आर.डी.ए., जनपद पंचायत तथा अन्य स्थानीय संस्थाओं को सहायता दी जा सकती है। ऐसी संस्थाओं के पास विधिवत गठित प्रबंध समिति होनी चाहिये जो कि लाभ के लिये कार्य न कर रही हो।
4. संस्था का कार्य संतोषजनक है यह प्रमाण पत्र राज्य सरकार अथवा केंद्र शासित प्रशासन द्वारा दिया जाना चाहिये। उसकी आर्थिक स्थिति, सुविधायें, संसाधन और अनुभव भी कार्य करने योग्य होना चाहिये।

सहायता की पद्धति–

1. सहायता भागीदारी के आधार पर दी जायेगी अर्थात् केंद्र सरकार का हिस्सा 45%, राज्य सरकार का 45% और संस्था का 10% प्रतिशत होगा।
2. यदि केंद्र शासित प्रदेश हो तो केंद्र सरकार का हिस्सा 90% और संस्था का 10% होगा।
3. सहायता जिन विषयों के लिये दी जायेगी वे है प्रशिक्षणार्थियों को स्टाइपेंड (वजीफा), प्रशिक्षकों का वेतन, उपकरणों का मूल्य और भवन का किराया।
4. प्रति प्रशिक्षणार्थी व्यय लागत 2,000 से 3,000 हजार तक हो।
5. भूमि और भवन निर्माण के लिये सहायता नहीं दी जायेगी।
6. अनुदान छह महीनों के अंतराल से दो किस्तों में दिया जायेगा।

आवेदन करने की प्रणाली–

1. संस्थाओं को अपना आवेदन दो प्रतियों में राज्य सरकार के माध्यम से भेजना चाहिये।
2. संस्था को यह सुनिश्चित करना होगा कि लाभान्वितों का चुनाव योजना के उद्देश्यों को ध्यान में रखकर किया गया है।
3. आवेदन राज्य सरकार/केंद्रीय प्रशासन के द्वारा अपनी सिफारिश के साथ अग्रेषित किया गया हो।
4. आवेदन के साथ पंजीयन प्रमाण पत्र की प्रति, पिछले वर्ष की वार्षिक रिपोर्ट, प्रबंध समिति के सदस्यों की सूची और उपकरणों की सूची भी संलग्न हो।
5. पिछले तीन वर्षों का परीक्षित लेखा इस प्रमाण पत्र के साथ भेजा जाये कि संस्था लाभ के लिये नहीं चलाई जाती।

आवेदन एवं विस्तृत जानकारी के लिये संपर्क–

महिला एवं बाल विकास विभाग, मानव संसाधन विकास मंत्रालय, शास्त्री भवन, नयी दिल्ली–110001

15

योजना का नाम–महिलाओं और लड़कियों के लिये शार्ट स्टे होम्स की स्थापना।

उद्देश्य–

1. महिलाओं को थोड़े समय के पुनर्वास के लिये सहायता करना।
2. महिलाओं और लड़कियों को इस योग्य बनाना कि वे वर्तमान जीवन स्तर के अनुरूप आय वर्धन कर सकें।
3. ऐसी महिलाओं और लड़कियों को सहायता करना जो नैतिक रूप से खतरे में हों या पारिवारिक रूप से पीड़ित हों अथवा भावनात्मक रूप से विचलन का शिकार हो गई हों।

पात्रता की शर्तें–

1. कोई भी स्वैच्छिक संगठन जो विधिवत् पंजीबद्ध हो।
2. ऐसा कोई संस्थान जिसके पास सामाजिक सुरक्षा कार्यक्रम चलाने का अनुभव हो। खासतौर पर जिनके पास ऐसे होम्स चलाने का पूरा ढांचा हो।
3. संस्था के पास विधिवत गठित प्रबंध समिति हो तथा ऐसा संविधान हो जिनमें उनके अधिकार और कर्त्तव्यों, जिम्मेदारियों आदि को व्याख्यायित किया गया हो ।
4. संस्था की आर्थिक स्थिति अच्छी होनी चाहिये और वह व्यक्तिगत और सामूहिक लाभ के लिये न चलाई जा रही हों तथा संस्था धर्म, जाति, नस्ल और भाषा के आधार पर भेदभाव न करती हो।
5. संस्था के पास योजना चलाने के लिये सुविधायें, संसाधन, अनुभव और विषय के विशेषज्ञ व्यक्ति होने चाहिये।

सहायता की शर्तें–

1. सरकार आवर्ती खर्चों के रूप में 1,76,500 रुपये की सहायता देगी और अनावर्ती खर्चों के लिये 25,000 रुपये की सहायता देगी। इस प्रकार कुल व्यय की 100% सहायता होगी।
2. आवर्ती अनुदान तीन किस्तों में दिया जायेगा जो कि पूर्व किस्तों के 100% उपयोग कर लिये जाने पर देय होगा।
3. अनावर्ती अनुदान केवल एक बार स्वीकृत किया जायेगा जो कि नये होम के आरंभ करते समय स्वीकृति के साथ ही दे दिया जायेगा।
4. योजना का खाता अलग से रखा जायेगा और आवश्यकता पड़ने पर प्रस्तुत किया जायेगा जो कि हमेशा निरीक्षण के लिये उपलब्ध रहेगा।
5. सरकारी अनुदान के द्वारा तैयार की गई संपत्ति का रिकॉर्ड रखा जायेगा।
6. सरकार योजना की प्रगति से यदि असंतुष्ट होगी तो अनुदान सहायता को रद्द भी कर सकती है।

आवेदन की प्रक्रिया–

1. आवेदन पत्र राज्य सरकार के माध्यम से उनकी सिफारिश सहित भेजा जाये। केंद्र सरकार को यह अधिकार होगा कि वह सीधे ही किसी भी आवेदन पत्र को स्वीकृत कर ले।
2. आवेदन पत्र जिस वर्ष के लिये हो उस वर्ष 30 सितंबर के पहले विभाग के पास पहुंच जाना चाहिये।
3. आवेदन पत्र निर्धारित प्रपत्र में राज्य सरकार/केंद्र शासित प्रशासन को भेजा जाना चाहिये और एक अग्रिम प्रति विभाग को भेजी जा सकती है ।
4. प्रत्येक आवेदन पत्र के साथ संस्था का संविधान, उद्देश्य और प्रबंध समिति की सूची संलग्न की जाये।
5. पिछले साल की वार्षिक रिपोर्ट, दो वर्षों का परीक्षित लेखा तथा आय-व्यय का ब्यौरा भी भेजें।

आवेदन एवं विस्तृत जानकारी के लिये संपर्क–
महिला एवं बाल विकास विभाग, मानव संसाधन विकास मंत्रालय, शास्त्री भवन, नयी दिल्ली–110 001

16

योजना का नाम–महिलाओं के लिये आय वर्धन कार्यक्रम हेतु सहायता।

उद्देश्य–

1. कृषि, लघु पशुपालन, डेरी, मछली पालन, हैंडलूम, हस्तशिल्प तथा खादी एवं ग्राम उघोग आदि के क्षेत्र में महिला रोजगार को बढ़ावा देना।
2. गरीबों, सीमांत आयवाली तथा संपत्तिविहीन महिलाओं को ऊपर बताये गये क्षेत्रों में महिलाओं की गतिविधियों और भागदारी को बढ़ावा देना।

पात्रता की शर्तें–केंद्र तथा राज्य सरकार/निगम/बोर्ड, फेडरेशन/संघ/विश्वविद्यालय/समाज कल्याण बोर्ड आदि।

सहायता की प्रणाली–केंद्र सरकार के द्वारा 90% अनुदान और संस्था के द्वारा 10% योगदान होगा।

आवेदन की प्रक्रिया–

1. राज्य सरकार के माध्यम से आवेदन पत्र भेजा जाये। राष्ट्रीय संगठन सीधे आवेदन कर सकते हैं।
2. आवेदन के साथ संविधान, संस्था का ज्ञापन और उद्देश्यों की प्रति भी संलग्न की जाये।
3. प्रबंध समिति का संविधान, पिछले साल की वार्षिक रिपोर्ट तथा पिछले दो वर्षों का परीक्षित लेखा की प्रतियां संलग्न करें। इसके साथ पिछले वर्ष की बैलेंस शीट भी शासकीय अधिकारी से प्रमाणित कराकर भेजें।

फार्म तथा अन्य जानकारी के लिये संपर्क–
महिला एवं बाल विकास विभाग, मानव संसाधन विकास मंत्रालय, शास्त्री भवन, नयी दिल्ली–110001

17

योजना का नाम–राष्ट्रीय महिला कोष।

उद्देश्य–

1. सामाजिक, आर्थिक परिवर्तन के औजार के रूप में ऋण कार्यक्रम को बढ़ावा देते हुये ऐसी गतिविधियों का संचालन करना जो महिलाओं की आर्थिक दशा को सुधारने में योग कर सकें।
2. महिलाओं के समूहों के द्वारा ऋण स्रोतों का प्रभावी उपयोग करते हुये जो कार्यक्रम चलाये जायें उनका प्रदर्शन और नये कार्यक्रमों का आयोजन।

पात्रता की शर्तें–

1. कोष, गैरसरकारी संगठनों और स्वसहायता समूहों के माध्यम से शहरी और ग्रामीण महिलाओं को ऋण वितरित किया जाता है। ग्रामीण महिलाओं की वार्षिक आमदनी ग्यारह हजार रुपये और शहरी वार्षिक आमदनी ग्यारह हजार आठ सौ रुपये से कम होना चाहिये।
2. ऋण प्राप्तकर्त्ता महिलाओं की पात्रता गैरसरकारी संगठन और स्वसहायता समूह सुनिश्चित करेंगे।

सहायता की प्रणाली–छह से पंद्रह माह के अंदर लौटाये जानेवाले ऋण की अधिकतम सीमा 2,500 रुपये, तीन से पांच वर्ष के अंदर लौटाये जानेवाले ऋण की सीमा 5,000 रुपये प्रति महिला होगी। ऋणराशि आयवर्धन गतिविधियों के लिये खर्च की जायेगी।

आवेदन की प्रक्रिया–पात्र गैरसरकारी संगठन तथा अन्य संगठन निर्धारित प्रपत्र में राष्ट्रीय महिला कोष को आवेदन करेंगे।

आवेदन प्रपत्र एवं विस्तृत जानकारी के लिये संपर्क–

महिला एवं बाल विकास विभाग, मानव संसाधन विकास मंत्रालय, 4, दीनदयाल उपाध्याय मार्ग, नयी दिल्ली–110002

18

योजना का नाम–बालवाड़ी पोषण कार्यक्रम।

उद्देश्य–

1. बच्चों के लिये पोषण की पूर्ति के बुनियादी सिद्धांतों को पूरा करने के लिये यह कार्यक्रम बनाया गया है। इसका लक्ष्य ऐसा भोजन उपलब्ध कराना है, जो बच्चों की रोज की आवश्यकता का कम-से-कम चौथाई कैलोरी शक्ति दे सके। भोजन इस रूप में हो कि उसे पकाने अथवा प्रक्रियाकरण की आवश्यकता न पड़े क्योंकि बालवाड़ियों या दिवस केंद्रों में पकाने की सुविधायें और समय नहीं होता।
2. पोषण कार्यक्रम के लिये संस्था को सामुदायिक भागीदारी भी सुनिश्चत करना चाहिये। ऐसे प्रयत्न किये जायें ताकि स्वास्थ्य एवं स्वच्छता, पर्यावरणीय शुद्धता आदि संतोषजनक बनें। दिवस केंद्रों को परिपूर्ण बालवाड़ियों के रूप में परिवर्तित किया जायें। प्रत्येक बच्चे को अपनी सृजनात्मक अभिव्यक्ति का अवसर प्राप्त हो और वह अपनी योग्यताओं का विकास कर सके।

पात्रता की शर्तें–केंद्रीय समाज कल्याण बोर्ड और चार राष्ट्र स्तरीय संगठनों के माध्यम से यह कार्यक्रम चलाया जायेगा। 1. भारतीय आदिम जाति सेवक संघ, 2. इंडियन काउंसिल फॉर चाइल्ड वेलफेयर, 3. कस्तूरबा गांधी नेशनल मेमेरियल ट्रस्ट, 4. हरिजन सेवक संघ।

सहायता की पद्धति–अनुदान केंद्रीय समाज कल्याण बोर्ड के लिये स्वीकृत और जारी किया जायेगा तथा अन्य चार राष्ट्रीय संगठनों की शाखाओं को भी जारी किया जायेगा ताकि वे अपनी राज्य शाखाओं के बालवाड़ी चलाने के लिये जारी कर सकें।

आवेदन प्रपत्र तथा अन्य जानकारी के लिये संपर्क–
केंद्रीय समाज कल्याण बोर्ड, तथा ऊपर वर्णित चार राष्ट्रीय संगठन।

19

योजना का नाम–एकीकृत पोषण शिक्षा योजना के अंतर्गत गैरसरकारी संगठनों की नेटवर्किंग।

उद्देश्य–समुदाय के लाभ के लिये पोषण विभाग के प्रयत्नों को बढ़ावा देते हुए पोषण विस्तार एवं पोषण-शिक्षा को बड़े क्षेत्र तक विस्तृत करना।

पात्रता की शर्तें–गैरसरकारी संगठनों को वैधानिक रूप से पंजीबद्ध होना चाहिये तथा उन्हें स्वास्थ्य एवं पोषण शिक्षा की गतिविधियों में संलग्न होना चाहिये।

सहायता की पद्धति–

1. न्यूनतम मूल्य पर पोषण आहार के जीवंत प्रदर्शन हेतु आर्थिक सहायता दी जायेगी। इसके अंतर्गत स्वास्थ्य और पोषण आहार पर व्याख्यान, फिल्म/स्लाईड/वीडियो प्रदर्शन तथा छोटी प्रदर्शनी का आयोजन आदि किया जा सकता है। यह सहायता इस प्रकार होगी।
   (1) 150=00 रुपये प्रति प्रदर्शन (किराया भाड़ा सहित) (माह में 15 प्रदर्शन)
   (2) 2000=00 रुपये प्रति वर्ष टी.वी./वी.सी. आदि के किराये हेतु।
   (3) 2500=00 रुपयें स्वास्थ्य और पोषण पर प्रदर्शनी का आयोजन (कम-से-कम 4 प्रर्दशनी एक वर्ष में)।
   (4) 1000=00 रुपये प्रति वर्ष (अधिकतम) स्थानीय शिक्षण सामग्री तैयार करने के लिये।
   (5) 7000=00 रुपये उपकरण खरीद हेतु एक बार अनुदान।

आवेदन करने की प्रणाली–उपयुक्त गैरसरकारी संगठन संबंधित क्षेत्रीय कार्यालय में संपर्क कर अपना नाम सूची में जुड़वा लें ताकि वे नेटवर्किंग में शामिल हो सकें।

आवेदन प्रपत्र और अन्य जानकारी हेतु संपर्क–क्षेत्रीय उप-तकनीकी सलाहकार (डी.टी.ए.)

(1) डी.टी.ए. (एन.आर.), फूड एंड न्यूट्रीशन बोर्ड, डिपार्टमेंट ऑफ डब्ल्यू.सी.डी., जामनगर हाऊस, नयी दिल्ली–110011
(2) डी.टी.ए. (ई.आर.) फूड एंड न्यूट्रीशन बोर्ड, डिपार्टमेंट ऑफ डब्ल्यू. सी.डी. 8, एस्पलेनेड ईस्ट, कलकत्ता–700069
(3) डी.टी.ए. (ई.आर.) फूड एंड न्यूट्रीशन बोर्ड, डिपार्टमेंट ऑफ डब्ल्यू. सी.डी., शास्त्री भवन, 26 हाडोस मार्ग, मद्रास–600006
(4) डी.टी.ए. (ई.आर.) फूड एंड न्यूट्रीशन बोर्ड, डिपार्टमेंट ऑफ डब्ल्यू. सी.डी., दिनशा वॉच मार्ग, चर्च गेट, मुंबई–400020

20

योजना का नाम–महिला और बाल विकास के क्षेत्र में शोध अध्ययन और शोध प्रकाशन के लिये अनुदान।

उद्देश्य–संस्थान या संस्थानों के समूह या व्यक्तिगत विद्वानों को महिला तथा बाल विकास से संबंधित विषयों पर अनुसंधान अध्ययन के लिये अनुदान सहायता उपलब्ध कराना।

पात्रता की शर्तें–

1. शोध संस्थानों, पेशेवर समूहों, विश्वविद्यालयों, स्वैच्छिक संगठनों और व्यक्तिगत विद्वानों की महिला तथा बाल विकास के क्षेत्र में क्षमता, शक्ति और सक्षमता बढ़ाने के लिये शोध अध्ययनों के लिये सहयोग करना।
2. केंद्र सरकार/राज्य सरकार/सार्वजनिक क्षेत्रों के संस्थान भी योजना के लिये पात्र हैं।
3. वर्कशाप, सेमिनार के आयोजनों हेतु उन संस्थानों को सहायता दी जायेगी जो महिला और बाल विकास के क्षेत्र में अनुभव तथा शोधकार्य करते हैं। यह सहायता शोध क्षेत्रों की पहचान और सूचनाओं के अभाव का पता लगाने के लिये भी दी जाती हैं।
4. ऐसे संस्थान जो महिला और बाल कल्याण के क्षेत्र में शोध परियोजनायें और विभाग के द्वारा आर्थिक सहायता पाते हैं, वे शोध प्रकाशन के लिये अनुदान हेतु आवेदन ना करें। यदि प्रस्ताव विभाग से अनुमोदित हो तो प्रकाशन के लिये अनुदान सहायता मिल सकती है।

सहायता की पद्धति–

1. संस्थाओं और संगठनों के लिये–
   - वेतन और भत्तों के रूप में परियोजना स्टॉफ के लिये जो कि शोध और क्रियान्वयन में लगे हैं।
   - परियोजना से संबंधित यात्राओं के लिये।
   - सांख्यिकी और मुद्रण के लिये।
   - उपकरण, किताबें और आकस्मिक खर्चों के लिये।
2. व्यक्तिगत विद्वानों के लिये–यह देखते हुये कि व्यक्तिगत शोधार्थी किसी और स्रोत से धन प्राप्त नहीं कर रहा है तो उसे 1,500 रुपये से 2,000 रुपये प्रतिमाह का अनुदान देय होगा। इसके अलावा यात्रा भत्ता, टाइपिंग और स्टेशनरी के खर्चे भी उपलब्ध कराये जायेंगे। अनुदान की दर वही होगी जो व्यक्ति के संस्थान से उसे प्राप्त होती है।
3. वर्कशॉप/सेमिनार के लिये अनुदान–वर्कशॉप और सेमिनार आयोजित करने के लिये कुल खर्चों का एक भाग अनुदान के रूप में देय है।
4. प्रकाशन के लिये अनुदान–प्रकाशन के लिये आनेवाले कुल खर्च का 25% अथवा 5,000 रुपये में से जो भी कम हो।

आवेदन का तरीका तथा अन्य जानकारी के लिये संपर्क–
उपनिरीक्षक (शोध), महिला एवं बाल विकास विभाग, जीवन दीप बिल्डिंग, पहली मंजिल, संसद मार्ग, नयी दिल्ली–110001

21

योजना का नाम–राष्ट्रीय बाल कोष।

उद्देश्य–

1. बच्चों के कल्याण और विकास कार्यक्रमों में नवाचार, प्रयोगधर्मिता और लचीलापन सुनिश्चित करना ताकि बच्चों को सीधे लाभ मिल सके।
2. अनुसूचित जाति, अनुसूचित जनजाति और पिछड़े वर्ग के बच्चों को लाभ देनेवाली परियोजनाओं को प्राथमिकता देना।
3. एक ही क्षेत्र में प्रयासों के दोहराव को रोकना।
4. उन कार्यक्रमों को प्राथमिकता दी जायेगी जो ऐसे बच्चों को ध्यान में रखकर बनाई गई हों जो कामकाजी बच्चें हो, पलायन के बाद जिनका पुनर्वास किया जा रहा हो तथा जिनकी आयु स्कूल जाने की आयु से कम हो।
5. समुदाय और गैरसरकारी स्रोत से बच्चों के कल्याण के लिये धन संग्रह करना।

पात्रता की शर्तें–

1. आवेदक स्वैच्छिक या गैरसरकारी संगठन होना चाहिये। जो कम-से-कम दो वर्ष पहले से विधिवत पंजीबद्ध हो या किसी पंजीबद्ध संगठन की शाखा हो ।
2. जो संगठन सहायता चाहते हैं उन्हें गैर-लाभकारी और धर्म निरपेक्ष संगठन होना चाहिये। उनकी सेवायें सबके लिये खुली हों और धर्म, जाति,नस्ल और भाषा के आधार पर भेदभाव न किया जाता हो।
3. संगठन के पास विधिवत निर्वाचित प्रबंध समिति हो जिनके कार्य और जिम्मेदारियां संविधान में स्पष्ट रूप से उल्लेखित हों।
4. संस्था के पास आर्थिक, भौतिक और विशेषज्ञों के स्रोत हों इसके अलावा प्रबंधन का कौशल तथा बच्चों के कल्याण और विकास की गतिविधियों का नवाचारी तथा प्रयोगधर्मी अनुभव भी हो।
5. संस्था के कार्यों को राष्ट्रीय बाल कोष के प्रतिनिधि के द्वारा संतोषजनक माना गया हो।
6. संस्था की आर्थिक स्थिति अच्छी हो तथा कार्यक्रमों को पूरा करने के लिये या आगे बढ़ाने के लिये धन एकत्र करने की क्षमता हो।
7. जब राष्ट्रीय बाल कोष की सहायता से कार्यक्रम और गतिविधियां चलाई जा रहीं हो तो उन्हीं कार्यक्रमों के लिये किसी और स्रोत से धन नहीं लिया जा सकता।

सहायता की पद्धति–अनुदान सहायता केवल एक बार कुल व्यय का 90% की दर से दी जायेगी और यह 1,00,000 रुपये से अधिक नहीं होगी।

आवेदन की पद्धति–आवेदन पत्र निर्धारित प्रपत्र में दो प्रतियों में निम्नलिखित दस्तावेजों के साथ भेजी जाये।

1. पंजीयन प्रमाण पत्र की राजपत्रित अधिकारी के द्वारा सत्यापित प्रतिलिपि।
2. आवश्यक हस्ताक्षरों और सत्यापन के साथ संगठनों के ज्ञापन और उपनियमों की एक प्रति।
3. प्रबंध समिति के सदस्यों की सूची जिसमें उनकी योग्यतायें और व्यवसाय का उल्लेख हो।
4. आवश्यक हस्ताक्षर और सत्यापन सहित पिछले दो वर्षों की वार्षिक रिपोर्ट और लेखा की प्रतियां।

आवेदन प्रपत्र और अन्य जानकारी के लिये संपर्क–

सचिव-कोषाध्यक्ष, राष्ट्रीय बाल विकास, द्वारा–नेशनल इंस्टीट्यूट ऑफ पब्लिक कार्पोरेशन एंड चाइल्ड डेवलपमेंट, 5, सीरी इंस्टीट्यूशनल एरिया, हौजखास, नयी दिल्ली–110006

22

योजना का नाम–बाल सेविका प्रशिक्षण कार्यक्रम

उद्देश्य–

1. तृण-मूल स्तर के कार्यकर्त्ताओं का ऐसा कैडर विकसित करना जो विभिन्न प्रकार की समाज कल्याण योजनाओं का क्रियान्वयन कर सकें।
2. स्कूल जाने की आयु से कम आयु के बच्चों के लिये बालवाड़ी चलाने हेतु प्रशिक्षण तथा उपकरण उपलब्ध कराना।
3. प्रशिक्षणार्थियों को स्वास्थ्य, पोषण और अनौपचारिक शिक्षा के संबंध में अनिवार्य सूचनायें और कौशल उपलब्ध कराना।

आवेदन की पद्धति–योजना देश में चलाये जा रहे पच्चीस बाल सेविका प्रशिक्षण संस्थानों के माध्यम से जो कि राज्य और जिला बाल कल्याण परिषद के द्वारा क्रियान्वित की जा रही है। सरकार द्वारा सौ प्रतिशत अनुदान राष्ट्रीय बाल कल्याण परिषद को दिया जाता है।

आवेदन पत्र और अन्य जानकारी के लिये संपर्क–

महासचिव, भारतीय बाल कल्याण परिषद्, 4, दीनदयाल उपाध्याय मार्ग, नयी दिल्ली–110002

23

योजना का नाम–आई.सी.डी.एस. प्रशिक्षण कार्यक्रम।

उद्देश्य–1. आई.सी.डी.एस. कार्यकर्त्ताओं का प्रशिक्षण।

2. आई.सी.डी.एस.योजना के अंतर्गत सेवायें देने के लिये प्रशिक्षणर्थियों के कौशल का विकास करना।

आवेदन का तरीका—आई.सी.डी.एस. कार्यकर्त्ताओं के प्रशिक्षण का आयोजन दो माध्यमों से होता है।

अ. राज्य सरकार द्वारा चिन्हित किये गये आंगनबाड़ी कार्यकर्त्ताओं के प्रशिक्षण केंद्र, गैरसरकारी संगठन/स्वैच्छिक संगठन तथा अन्य संस्थायें।

ब. एन.आई.पी.पी.सी.डी. नयी दिल्ली के द्वारा प्रशासित मध्य स्तर के प्रशिक्षण केंद्र खोलने का आवेदन पत्र राज्य सरकार के माध्यम से भेजा जाना चाहिये।

आवेदन तथा अन्य जानकारी के लिये संपर्क—

राज्य सरकारों के आई.सी.डी.एस. निदेशकों को पत्र लिखिये।

24

योजना का नाम—महिलाओं के साथ होनेवाले दुष्कर्मों की रोकथाम हेतु शिक्षा कार्य।

उद्देश्य—

1. महिलाओं के साथ होनेवाले दुष्कर्म जैसे बलात्कार, दहेज, हत्या, पत्नियों के साथ मारपीट, शराबखोरी आदि के विरुद्ध प्रचार-प्रसार और शोध को बढ़ावा देना।
2. लक्ष्य/समूह लाभान्वित के रूप में पीड़ित महिलायें ही होंगी।

पात्रता की शर्तें—स्वैच्छिक संगठन, विश्वविद्यालय, आई.टी.आई. और उच्च शिक्षा देनेवाले संस्थान/संस्थाओं को विधिवत् पंजीबद्ध होना चाहिये, जो कि कम-से-कम दो वर्ष पहले से कार्य करे रहे हों।

सहायता की पद्धति—

1. सहायता इन कार्यों के लिये दी जाती है—
   अ. शैक्षिक सामग्री का प्रकाशन और उत्पादन।
   ब. सर्वेक्षण।
   स. अच्छी फिल्मों, नाटकों और कहानियों को पुरस्कृत करना।
   द. फिल्म और किताबों के रूप में सूचनायें उपलब्ध कराना।
   क. सेमिनार और सम्मेलन आयोजित करना।
   ख. सामाजिक कार्यकर्त्ताओं और मूल्यांकन कर्ताओं को मानदेय प्रदान करना।
   ग. प्रशिक्षण शिविरों का आयोजन।
   च. कानूनी ज्ञान के लिये प्रशिक्षण शिविर।
   छ. परंपरागत माध्यमों जैसे कठपुतली प्रदर्शन तथा लोक-गीतों के द्वारा जागरूकता उत्पन्न करना।
   ज. स्थापित महिला विकास केंद्र शत प्रतिशत अनुदान प्राप्त कर सकते हैं।
2. सहायता की अवधि एक वर्ष होगी, चरणबद्ध परियोजनायें और आनुषांगिक कार्यों को सर्वोच्च प्राथमिकता दी जायेगी।
3. पहली किशत जल्दी-से-जल्दी उपलब्ध कराई जायेगी और दूसरी किशत इस बात पर निर्भर करेगी कि पहले छह माह में वास्तविक खर्चे क्या हुये ?

आवेदन का तरीका–निर्धारित प्रपत्र में आवेदन पत्र आवश्यक दस्तावेजों के साथ पहली जनवरी को उस वित्तीय वर्ष के लिये भेजें जिसके लिये आवेदन किया जा रहा है।

फार्म और अन्य जानकारी के लिये संपर्क–

सचिव, महिला एवं बाल विकास विभाग, मानव संसाधन विकास मंत्रालय, शास्त्री भवन, नयी दिल्ली–110001

25

योजना का नाम–कामकाजी महिलाओं के लिये हॉस्टल सुविधायें देने तथा हॉस्टल सुविधाओं का विस्तार करने के लिये सहायता।

उद्देश्य–

1. असामाजिक-तत्त्वों से युवा कामकाजी लड़कियों को सुरक्षा प्रदान करना।
2. कम आय समूह की महिलाओं को कम दरों पर सुरक्षा तथा स्वस्थ-आवास उपलब्ध कराना।

पात्रता की शर्तें–

1. संस्था को विधिवत् पंजीबद्ध होना चाहिये।
2. इस कार्यक्रम को चलाने का संस्था के पास अनुभव होना चाहिये।
3. संस्था कम-से-कम 2 वर्ष पूर्व गठित हुई हो तथा ठीक तरह से संचालित हो रही हो। उसके पास सुविधायें, संसाधन, व्यक्ति और प्रबंधन-कौशल हो।
4. वह किसी व्यक्ति या व्यक्तियों के फायदे के लिये न चलायी जा रही हो। उसके पास निर्वाचित प्रबंध समिति हो और उसकी सेवायें सबके लिये खुली हुई हों।

सहायता की प्रणाली–

1. वर्ष-प्रतिवर्ष के आधार पर हॉस्टल चलाने हेतु 10,000 रुपये का अनुदान हिस्सा दिया जायेगा।
2. अनुदान उसी उद्देश्य के लिये उपयोग की जा सकेगी, जिसके लिये उसे स्वीकृत किया गया है। संस्था को न्यूनतम सुविधायें कम-से-कम दरों पर उपलब्ध करानी होगी।
3. बोर्ड द्वारा स्वीकृत सभी प्रकार के अनुदान एक वर्ष के लिये होंगे और जो हिस्सा उपयोग नहीं किया जायेगा वह निरस्त हो जायेगा।
4. संस्थाओ/संगठनों को केंद्रीय बोर्ड/राज्य बोर्ड के निरीक्षण के लिये तत्पर रहना होगा और असफल रही संस्थाओं से अनुदान राशि ब्याज सहित वापस ले ली जायेगी।

आवेदन करने की पद्धति–

1. आवेदन पत्र राज्य सरकार के माध्यम से जमा किया जाये। राष्ट्रीय संगठन सीधे आवेदन कर सकते हैं।
2. आवेदन पत्र के साथ संविधान, ज्ञापन तथा उद्देश्यों की प्रति भी संलग्न करें।

3. साथ ही प्रबंध समिति का संविधान, पिछले साल की वार्षिक रिपोर्ट, पिछले दो साल की वार्षिक रिपोर्ट, पिछले दो वर्ष के परीक्षित लेखा की प्रतियां भी संलग्न करें।
4. शासकीय अधिकारी द्वारा सत्यापित बैलेंस शीट की प्रति भी संलग्न करें।
5. संस्था को अपनी जिम्मेदारियों और आर्थिक स्थिती की निरंतरता को प्रमाणित करना होगा।

आवेदन और अन्य जानकारी के लिये संपर्क–

केंद्रीय समाज कल्याण बोर्ड, मानव संसाधन विकास मंत्रालय, समाज कल्याण भवन, बी-12, तारा क्रीसेंट, इंस्टीट्यूशनल एरिया, साऊथ ऑफ आई.टी. नयी दिल्ली–110016

26

योजना का नाम–वालेंटरी एक्शन ब्यूरो को सहायता।

उद्देश्य–

1. कल्याण संस्थाओं द्वारा कल्याण गतिविधियों से संबंधित सूचनायें इकट्ठा करना।
2. महिलाओं के विरुद्ध होनेवाले सामाजिक अपराधों के विरुद्ध जन-अभिमत तैयार करना और शिक्षा देना।
3. जो महिलायें पीड़ित हैं उन्हें सीधे ही सेवायें उपलब्ध कराना।
4. स्वैच्छिक संगठनों को परिवार केंद्र आरंभ करने के लिये सहयोग करना।

पात्रता की शर्तें–

1. संगठन को विधिवत् पंजीबद्ध होना चाहिये।
2. वह गैरसरकारी संगठन हो तथा समाज कल्याण के कार्यक्रमों से जुड़ा हो।
3. संगठन की निर्वाचित प्रबंध समिति हो और संविधान में उनके अधिकार, कर्त्तव्य तथा जिम्मेदारियों का स्पष्ट उल्लेख हो। उसकी सेवायें सबके लिये खुली हों।
4. कम-से-कम तीन वर्षों से वह समाज कल्याण के कार्यक्रमों से जुड़ी हुई संस्था हो तथा वह सुविधाओं, संसाधनों, व्यक्तियों तथा अनुभवों से परिपूर्ण हो। वह आर्थिक लाभ के लिये न चलाई जा रही हो।
5. राज्य बोर्ड ने उसके काम को संतोषजनक माना हो तथा उसकी आर्थिक स्थिति अच्छी हो। आवश्यकता पड़ने पर वह अतिरिक्त धन, एकत्र करने में सक्षम हो।

सहायता की पद्धति–

1. कुल खर्च का 80% सहयोग दिया जायेगा जो कि 50,000 रुपये प्रति वर्ष से अधिक नहीं होगा।
2. आवर्ती खर्चों में परामर्शदाताओं को वेतन, सामाजिक कार्यकर्त्ताओं का मानदेय तथा क्षेत्र भ्रमण का यात्रा भाड़ा और किराया शामिल है।
3. अनावर्ती खर्चों में फर्नीचर, टाइपराइटर जैसे खर्चे शामिल हैं।
4. अनुदान की अवधि एक बार में एक वर्ष के लिये होगी।

आवेदन का तरीका–

1. कार्यक्रम का क्रियान्वयन, परियोजना क्रियान्वयन समिति के द्वारा होगा जिसमें शासकीय और अशासकीय सदस्य होंगे।
2. यह राज्य बोर्ड की अनुशंसा पर केंद्रीय बोर्ड द्वारा स्थापित की जायेंगी।
3. चेयरमेन और अशासकीय सदस्य स्वैच्छिक महिला कार्यकर्ताओं में से होंगे।
4. इसमें न्यूनतम नौ और अधिकतम पंद्रह सदस्य होंगे।
5. कार्यक्रम का निरीक्षण राज्यबोर्ड के द्वारा किया जायेगा।

आवेदन और अन्य जानकारी के लिये संपर्क–

केंद्रीय समाज कल्याण बोर्ड, मानव संसाधन विकास मंत्रालय, समाज कल्याण भवन, बी-12, तारा क्रीसेंट, इंस्टीट्यूशनल एरिया, साऊथ ऑफ आई.टी., नयी दिल्ली–110016

27

योजना का नाम–बच्चों के लिये अवकाश-शिविरों के आयोजन के लिये स्वैच्छिक संगठनों को सहायता।

उद्देश्य–

1. घर से बाहर सामूहिक रूप से जीवन जीने के अनुभवों के साथ वास्तविक आनंद उठाने को बढ़ावा देना।
2. ऐसा प्रशिक्षण उपलब्ध कराना जो सामुदायिक जीवनशैली में पारस्परिक लेन-देन पर आधारित हो और प्रत्येक सदस्य इस योजना में शामिल हों।
3. प्रत्येक शिविरार्थी को भौतिक और सामाजिक सद्व्यवहार के लिये योगदान करना।
4. शिविरार्थियों में संसाधनपूर्वता, निर्णय लेने की क्षमता और आत्मविश्वास विकसित करने में सहायता करना।

पात्रता की शर्तें–

1. संस्था को विधिवत् पंजीबद्ध होना चाहिये।
2. वह गैरसरकारी संगठन हो तथा समाज कल्याण के कार्यक्रमों से जुड़ा हो।
3. संगठन की निर्वाचित प्रबंध समिति हो और संविधान में उनके अधिकार, कर्त्तव्य तथा जिम्मेदारियों का स्पष्ट उल्लेख हो। उसकी सेवायें सबके लिये खुली हों।
4. कम-से-कम तीन वर्षों से वह समाज कल्याण के कार्यक्रमों में जुड़ी हुई संस्था हो तथा वह सुविधाओं, संसाधनों, व्यक्तियों तथा अनुभवों से परिपूर्ण हो। वह आर्थिक लाभ के लिये न चलाई जा रही हो।
5. राज्य बोर्ड ने उसके काम को संतोषजनक माना हो तथा उसकी आर्थिक स्थिति अच्छी हो। आवश्यकता पड़ने पर वह अतिरिक्त धन एकत्र करने में सक्षम हो।

सहायता की पद्धति–

1. पच्चीस विकलांग बच्चों और पांच स्टॉफ मेंबरों के लिये आठ हजार रुपये का सहयोगी अनुदान केंद्रीय बोर्ड द्वारा दिया जाता है।

2. यदि शिविर की अवधि में परिवर्तन हो तो अनुदान भी आनुपातिक रूप से घट जायेगा।
3. आवेदन करते समय दर्शाये गये खर्चों का औचित्य सिद्ध करना पड़ेगा।
4. कार्यालयीन कार्य, रख-रखाव और लेखा परीक्षण संबंधी खर्चे अनुदान के अलावा अन्य स्रोतों से पूरे करने होंगे।
5. संस्था को स्वीकृत अनुदान की ऑडिट रिपोर्ट और विस्तृत प्रगति रिपोर्ट भी भेजनी होगी।

आवेदन की पद्धति–

1. आर्थिक सहायता के लिये राज्य बोर्ड के पास दो प्रतियों में आवेदन पत्र जमा करें। राज्य बोर्ड से ही फार्म प्राप्त होगा।
2. पंजीयन प्रमाण पत्र की सत्यापित प्रति और संविधान तथा उपनियमों कीं दो प्रतियां संलग्न करें।
3. प्रबंध समिति के संविधान तथा प्रत्येक सदस्य के विवरण और वेतन की एक प्रति भी संलग्न करें।
4. शिविर का विस्तृत विवरण, अनुमानित बजट, खर्चों का विस्तृत विवरण और उन्हें स्पष्ट करनेवाली टिप्पणियां तथा स्रोत भी बताते हुये एक प्रति संलग्न करें।
5. यदि कोई संस्था इस कार्यक्रम के अंतर्गत अनुदान ले चुकी है तो उसे पंचवर्षीय योजना में फिर से आवेदन करते समय उन्हें दस्तावेजों की प्रतियां संलग्न करने की जरूरत नहीं।
6. पिछले साल की वार्षिक रिपोर्ट संलग्न करें।

आवेदन और अन्य जानकारी के लिये संपर्क–

केंद्रीय समाज कल्याण बोर्ड, मानव संसाधन विकास मंत्रालय, समाज कल्याण भवन, बी-12, तारा क्रीसेंट, इंस्टीट्यूशनल एरिया, साऊथ ऑफ आई.टी., नयी दिल्ली–110016

28

योजना का नाम–कल्याण विस्तार परियोजनाओं को सहायता।

उद्देश्य–

1. देश की सीमा पर रहनेवाले लोगों में भावनात्मक और सांस्कृतिक एकता सुनिश्चित करना।
2. शेष भारत के साथ एकता की भावना उत्पन्न करना।

पात्रता की शर्तें–

1. संस्था को देश की सीमावर्ती क्षेत्र में होना चाहिये और वह चिकित्सा सुविधाओं, सामाजिक शिक्षा, हस्तशिल्प प्रशिक्षण तथा बालवाड़ी के क्षेत्र में सेवा दे रहा हो।
2. सीमावर्ती क्षेत्रों की परियोजनायें बहुउद्देशीय प्रकृति की हों और महिला तथा बच्चों को प्रसवकालीन सेवायें देती हों।

सहायता की पद्धति–

1. कर्मचारियों का वेतन राज्य सरकार के वेतन और भत्तों के अनुरूप होगा।
2. 20,000 रुपये केंद्रों की आपूर्त्तियों तथा 10,000 रुपये अन्य आवर्ती खर्चों के लिये दिया जायेगा।

आवेदन का तरीका–

1. कार्यक्रम का क्रियान्वयन, परियोजना क्रियान्वयन समिति के द्वारा होगा जिसमें शासकीय और अशासकीय सदस्य होंगे ।
2. यह राज्य बोर्ड की अनुशंसा पर केंद्रीय बोर्ड द्वारा स्थापित की जायेगी।
3. चेयरमैन और अशासकीय सदस्य स्वैच्छिक महिला कार्यकर्त्ताओं में से होंगे।
4. इसमें न्यूनतम 9 और अधिकतम 15 सदस्य होंगे।
5. कार्यक्रम का निरीक्षण राज्य बोर्ड के द्वारा किया जायेगा।

आवेदन और अन्य जानकारी के लिये संपर्क–

केंद्रीय समाज कल्याण बोर्ड, मानव संसाधन विकास मंत्रालय, समाज कल्याण भवन, बी-12, तारा क्रीसेंट, इंस्टीट्यूशनल एरिया, साऊथ ऑफ आई.टी., नयी दिल्ली–110016

29

योजना का नाम–सामाजिक आर्थिक कार्यक्रमों के अंतर्गत सहायता।

उद्देश्य–

1. विकलांग, आर्थिक रूप से पिछड़ी महिलाओं द्वारा पारिश्रमिक अर्जित करना जबकि वे अपने घर पर ही कार्य कर रही हों।
2. सामाजिक, आर्थिक रूप से पिछड़ी महिलओं को 'काम और मजदूरी' के अवसर उपलब्ध कराना जबकि वे अपने परिवार के बड़ी आर्थिक आमदनी में योगदान करने के लिये काम में जुड़ी हों।
3. डेरी योजना का क्रियान्वयन करना जिसमें पशुओं की खरीद और आपूर्ति के लिये सहायता दी गयी हो।
4. ग्रामीण क्षेत्रों में छोटी सेवा केंद्रित इकाइयां स्थापित करना जो रोजगार उत्पन्न करें।

पात्रता की शर्तें–

1. संस्था को अच्छी तरह स्थापित और समाज कल्याण की जाति विधियों में प्रतिष्ठित तथा कुशल प्रबंधन से युक्त होना चाहिये।
2. संस्था विधिवत पंजीबद्ध हो और उसकी सेवायें सभी धर्मों, जातियों, नस्लों और समुदायों के लिये खुली हों।
3. संस्था अनुदान का उपयोग उन्हीं उद्देश्यों के लिये कर सकती है जिसके लिये स्वीकृत किया गया है। संस्था अलग खाते के द्वारा अनुदान का हिसाब-किताब रखेगी तथा ऑडिट करायेगी।

4. उत्पादन इकाई व्यापारिक रीति से कार्य करेगी और महिलाओं को उचित कार्य एवं मजदूरी देगी। संस्था को कम-से-कम तीन वर्ष तक समाज कल्याण की गतिविधियों में कार्य का अनुभव होना चाहिये।

सहायता की प्रणाली–

1. केंद्रीय बोर्ड लघु उद्योगों के रूप में 3,00,000 रुपये तक की सीमा में इकाइयां स्थापित करने के लिये अनुदान देगा।
2. बड़ी इकाइयों की स्थापना के लिये जो राशि अनुदान के रूप में दी जायेगी। उसी से सभी प्रकार के अनावर्ती खर्चे जो कि वर्कशेड के निर्माण से संबंधित हों, चलाये जायेंगे।
3. हस्तशिल्प इकाई के लिये आर्थिक सहायता योजना के प्रकृति पर निर्भर होगी। फिर भी प्रत्येक इकाई 20,000 रुपये की सीमा में स्थापित की जाना चाहिये।
4. डेरी योजना में दुधारू पशु की कीमत 3,000 रुपये से अधिक नहीं होनी चाहिये यह राशि लाभान्वित को दिये गये ऋण के रूप में होगी।

आवेदन की प्रणाली–

1. आवेदन पत्र राज्य सरकार के माध्यम से भेजी जानी चाहिये। राष्ट्रीय संगठन सीधे ही भेज सकते हैं।
2. आवेदन के साथ संस्था का संविधान, ज्ञापन तथा उद्देश्य संलग्न हो।
3. आवेदन के साथ प्रबंध समिति का संबंध पिछले साल की वार्षिक रिपोर्ट तथा पिछले दो वर्षों का आय-व्यय का ब्यौरा संलग्न करें।
4. बैलेंस शीट की पिछले वर्ष की प्रति शासकीय अधिकारी के द्वारा सत्यापित करा कर भेजें।

आवेदन और अन्य जानकारी के लिये संपर्क–

केंद्रीय समाज कल्याण बोर्ड, मानव संसाधन विकास मंत्रालय, समाज कल्याण भवन, बी-12, तारा क्रीसेंट, इंस्टीट्यूशनल एरिया, साऊथ ऑफ आई.टी., नयी दिल्ली–110016

30

योजना का नाम–रोजगार तथा आयवर्धन प्रशिक्षण सह-रोजगार, सह-उत्पादन इकाई महिलाओं के लिये स्थापित करना। (नोराड)

उद्देश्य–

1. कमजोर वर्ग की महिलाओं को प्रशिक्षित करना ताकि उन्हें टिकाऊ आधार पर रोजगार मिल सके।
2. गांव की गरीब महिलायें, हरिजन आदिवासी महिलायें, युद्ध के कारण विधवा हुई स्त्रियां और शहरी झोपड़पट्टी की महिलायें लक्ष्य समूह होंगी।

पात्रता की शर्तें–सार्वजनिक क्षेत्र के उपक्रम/निगम/स्वायत्त संस्थायें/स्वैच्छिक संगठन

सहायता की पद्धति–

1. लक्ष्य समूह की महिलाओं के प्रशिक्षण के लिये इस प्रकार सहायता दी जायेगी।
   अ. प्रति प्रशिक्षाणार्थी 250 रुपये स्टाइपेंड, ब. उपकरणों की कीमत,
   स. प्रशिक्षकों का वेतन, द. भवन का किराया।
2. कुल सहायता 6,000 प्रति प्रशिक्षाणार्थी होगी। यदि पचास प्रशिक्षणार्थी हैं तो सहायता 3,00,000 रुपये से अधिक नहीं होगी। इस राशि को ऊपर बताये गये चारों प्रकार के खर्चों में समायोजित किया जायेगा। सहायता की राशि परियोजना की आवश्यकता पर निर्भर होगी।

आवेदन का तरीका–राज्य के समाज कल्याण विभाग/उद्योग विभाग/महिला एवं बाल विकास के माध्यम से रोजगार की संभावना को देखते हुये प्रस्ताव भेजे जायें।

आवेदन पत्र व अन्य जानकारी के लिये संपर्क–

सचिव, महिला एवं बाल विकास विभाग, मानव संसाधन विकास मंत्रालय, शास्त्री भवन, नयी दिल्ली–110001

31

योजना का नाम–स्वैच्छिक संगठनों को युवाओं की गतिविधियों के लिये सहायता।

उद्देश्य–

1. युवाओं को ग्रामीण विकास से जोड़ना जिसमें शिक्षा और साक्षरता के कार्यक्रम भी जुड़े हों।
2. शहरी मलिन बस्तियों में शैक्षिक गतिविधियों का विकास करना तथा साक्षरता के साथ-साथ राष्ट्रीय एकता की भावना बढ़ानेवाले शिविरों का आयोजन करना।
3. प्लास्टिक, ग्राफिक तथा लोक-कलाओं को बढ़ावा देना। इसके अलावा गैर-विद्यार्थी युवाओं को उनकी कार्यकारी क्षमता बढ़ाने के लिये प्रशिक्षण देना।
4. युवाओं को नेतृत्व करने का प्रशिक्षण देना ताकि वे सामाजिक परिवर्तन के लिये जागरूकता उत्पन्न कर सकें।

पात्रता की शर्तें–पंजीबद्ध समीतियां, ट्रस्ट और गैर-लाभकारी कंपनियां इसके लिये पात्र हैं।

सहायता की पद्धति–

1. सहायता 90% तक कार्यकर्ताओं के लिये दी जाती हैं अन्य खर्चों के लिये 75% और परियोजना खर्चों के लिये 90% तथा उपकरणों तथा कच्चे माल के लिये भी 90% सहायता दी जाती हैं।
2. प्रशिक्षणार्थियों को भोजन के लिये 15 रुपये प्रति प्रशिक्षणार्थी सहायता दी जायेगी। संस्था को 25% योगदान करना होगा।
3. परियोजना की कुल लागत की 90% सहायता की जायेगी।

आवेदन की प्रणाली–

1. पंजीबद्ध संगठन सहायता के लिये आवेदन कर सकते हैं। आवेदन राज्य सरकार/केंद शासित प्रशासन के माध्यम से आना चाहिये।
2. गैर-पंजीबद्ध संस्थाओं को जिला कलक्टर के माध्यम से आवेदन करना चाहिये। इन आवेदनों पर खेल विभाग द्वारा गठित अनुदान समिति विचार करेगी।
3. विभाग राज्य सरकार के प्रतिनिधि को भी आमंत्रित कर सकती है कि वह सहायता प्राप्त परियोजना का भ्रमण करे व रिपोर्ट दे।
4. आवेदन पत्र के साथ संलग्न का विधान, प्रबंध समिति का विधान, उद्देश्य तथा वार्षिक रिपोर्ट एवं परीक्षित लेखा रिपोर्ट की प्रतियां भी संलग्न करें।

आवेदन प्रपत्र व अन्य जानकारी के लिये संपर्क–

उप सचिव (वाई.एस.), युवा मामले तथा खेल विभाग, मानव संसाधन विकास मंत्रालय, शास्त्री भवन, नयी दिल्ली–110001

32

योजना का नाम–यूथ क्लबों को सहायता।

उद्देश्य–

1. युवा शक्ति को विशेष दिशा में प्रवाहित करके चरित्र निर्माण गतिविधियों के द्वारा स्वस्थ समाज के निर्माण में योगदान करना।
2. युवाओं के मध्य में प्रजातंत्र, समाजवाद और धर्मनिरपेक्षता के मूल्यों को बढ़ावा देना।
3. सामाजिक बुराइयों के प्रति युवकों में चेतना का विकास करना तथा पर्यावरण जागरूकता, संस्कृति और ग्रामीण खेल-कूदों को विकसित करने के लिये सहायता देना तथा संस्कृति की रक्षा के लिये गतिविधियों का आयोजन।

पात्रता की शर्तें–पंजीबद्ध यूथ क्लब सहायता के पात्र हैं।

सहायता की पद्धति–युवक क्लब पंजीबद्ध होने के बाद आरंभिक अनुदान के रूप में 5,000 प्राप्त करने की पात्रता मिल जाती है ताकि वे युवकों के लिये प्रेरक गतिविधियां आयोजित कर सकें।

आवेदन करने का तरीका–

1. सभी आवेदन पत्र जिला नेहरू युवा केंद्र के पास जमा किये जायेंगे। वे आवेदन पत्रों का चुनाव करके अपनी सिफारिश के साथ भेजेंगे।
2. नये यूथ क्लबों को प्राथमिकता दी जायेगी ताकि अधिक-से-अधिक यूथ क्लब गठित हों।
3. आवेदन पत्र के साथ संगठन का विधान, उद्देश्य तथा लेखा की परीक्षित प्रतियां संलग्न की जायें।

आवेदन पत्र व अन्य जानकारी के लिये संपर्क–

अपने जिले के नेहरू युवा केंद्र से संपर्क करें।

33

योजना का नाम–खेल-कूद के विकास के लिये राज्य खेल परिषद तथा अन्य संस्थाओं को अनुदान सहायता।

उद्देश्य–

1. खेल के मैदानों का विकास, स्टेडियमों का निर्माण, स्वीमिंग पूलों का निर्माण जैसे कार्यों के द्वारा खेल-कूद का विकास करना ताकि देश के लोग खुले मैदानों में खेल गतिविधियों में हिस्सा ले सकें।
2. खेल संकुलों का निर्माण ताकि व्यापक रूप से खेल गतिविधियां हो सकें और छोटे शहरों में न्यूनतम भौतिक सुविधायें उपलब्ध कराई जा सकें।
3. राज्य स्तर पर कोचिंग कैंपों का आयोजन करना ताकि युवाओं को बाद में राष्ट्रीय और अंतर्राष्ट्रीय खेलों में भाग लेने का अवसर मिले।
4. नष्ट न होनेवाले खेल उपकरणों की खरीद तथा खेल मैदानों में प्रकाश-व्यवस्था करना।

पात्रता की शर्तें–

1. राज्य खेल परिषद अपने राज्य शासन/केंद्र प्रशासित शासन के माध्यम से आवेदन करेंगी।
2. सभी राज्य खेल परिषदों को समानता के आधार पर अनुदान वितरित किया जायेगा।
3. स्कूलों में खेल मैदानों के लिये अनुदान तभी दिया जायेगा जब राज्य खेल परिषद यह प्रमाण पत्र दे कि मैदानों का उपयोग कार्यालयी समय के बाद किया जायेगा।
4. उन्हीं कोचिंग कैंपों को सहायता दी जायेगी जो कम-से-कम तीन और अधिकतम चार सप्ताह के लिये आयोजित होंगे।

आवेदन पत्र निर्धारित प्रपत्र में राज्य सरकारों के माध्यम से किया जाना चाहिये।

सहायता की पद्धति–

1. खेल मैदानों के विकास के लिये पहाड़ी इलाकों में 75% तथा केंद्र शासित राज्यों में 100% अनुदान दिया जायेगा। अन्य क्षेत्रों में यह राशि 50,000 रुपये होगी।
2. विद्यालयों के खेल मैदानों के विकास के लिये दी जानेवाली सहायता 1:3 होगी।
3. कोचिंग कैंपों के आयोजन के लिये सहायता राशि 50% होगी जो कि अधिकतम 1,00,000 रुपये तक होगी।
4. खेल उपकरणों की खरीद के लिये एक स्थान हेतु सहायता राशि 1,50,000 रुपये होगी जो दो किस्तों में दी जायेगी।

आवेदन की प्रणाली–

1. आर्थिक सहायता का आवेदन पत्र राज्य सरकार के माध्यम से भेजा जायेगा।

2. खेल उपकरणों की आपूर्ति के लिये अपना निवेदन डायरेक्टर जनरल स्पोर्ट्स अथॉरिटी ऑफ इंडिया, जवाहरलाल नेहरू स्टेडियम, नयी दिल्ली को भेजें।
3. आवेदन के साथ जरूरी प्रमाण पत्र, योजना के उद्देश्य तथा परीक्षित लेखा की प्रतियां संलग्न की जायें।

आवेदन प्रपत्र और अन्य जानकारी के लिये सपंर्क–

उपसचिव (वाई.एस.), युवा मामले एवं खेल विभाग, मानव संसाधन विकास मंत्रालय, शास्त्री भवन, नयी दिल्ली–110001

34

योजना का नाम–ग्रामीण खेल कार्यक्रम।

उद्देश्य–

1. ग्रामीण क्षेत्रों में खेल चेतना और व्यापक भागीदारी तैयार करना।
2. देश में खेल क्लब संस्कृति को मजबूत बनाना।
3. ग्रामीण खेल प्रतिभाओं को सामने आने का अवसर प्रदान करना।
4. उत्तर पूर्व क्षेत्रों में खेलों को बढ़ावा देना।

पात्रता की शर्तें–

1. ग्रामीण क्लब/केंद्र केंद्रीय सहायता पाने के लिये तभी पात्र होंगे जब वे पंजीबद्ध हों।
2. उनकी सदस्यता जाति, धर्म और नस्ल के आधार पर प्रतिबंधित न हो। खेल कार्यक्रम आयोजित करने का उनके पास ढांचा हो।

सहायता की पद्धति–1. एक विकास खंड में एक क्लब को सहायता दी जायेगी जो कि 30,000 रुपये होगी। आदिवासी ब्लॉक में यह राशि 45,000 रुपये होगी।

आवेदन का तरीका–निर्धारित प्रपत्र में राज्य सरकार के माध्यम से आवेदन करें।

आवेदन तथा अन्य जानकारी के लिये संपर्क–

उपसचिव (एस.पी.आई.), युवा मामले एवं खेल विभाग, मानव संसाधन विकास मंत्रालय, शास्त्री भवन, नयी दिल्ली–110001

35

योजना का नाम–खेल ढांचा निर्मित करने के लिये अनुदान सहायता।

उद्देश्य–

1. राज्य सरकारों/केंद्र शासित प्रदेशों को खेल-कूद के विकास के लिये सहायता करना।
2. खेल ढांचे और सुविधाओं को गांव, विकासखंड, जिला, राज्य और राष्ट्रीय स्तर तक बढ़ावा देना।

पात्रता की शर्तें–

1. राज्य सरकारों/केंद्र शासित प्रदेश स्थनीय संस्थायें और खेल क्षेत्र की पंजीबद्ध संस्थायें।
2. स्वैच्छिक संगठन अपनी सदस्यता किसी के लिये प्रतिबंधित नहीं कर सकते ।

सहायता की पद्धति–सहायता की पद्धति केंद्र सरकार और राज्य सरकार के मध्य पचहत्तर प्रतिशत और पच्चीस प्रतिशत के अनुपात में होगी। पहाड़ी और आदिवासी इलाकों में यह अनुपात 50-50 % का होगा।

आवेदन का तरीका–

1. राज्य सरकार की सिफारिश सहित निर्धारित प्रपत्र में आवेदन किया जाये।
2. आवेदन के साथ अनुमानित व्यय और खेल सुविधाओं का नक्शा भी संलग्न किया जाये।

फार्म व अन्य जानकारी के लिये संपर्क–

उपसचिव (एस.पी.आई.), युवा मामले एवं खेल विभाग, मानव संसाधन विकास मंत्रालय, शास्त्री भवन, नयी दिल्ली–110001

36

योजना का नाम–रोमांचकारी खेल-कूद को बढ़ावा।

उद्देश्य–

1. रोमांच की भावना, रोमांच के लिये बढ़ावा देने की प्रेरणा देने के लिये संगठनात्मक परिचर्चा, सेमिनारों तथा रोमांचकारी अनुभवों से संपन्न व्यक्तित्वों से मुलाकात जैसे कार्यक्रमों को बढ़ावा देने के लिये अनुदान सहायता।
2. रोमांचकारी गतिविधियों से संबंधित साहित्य को प्रकाशित करने के लिये सहायता देना। इसके साथ-साथ प्रकृति के प्रति आदर की भावना और प्राकृतिक संसाधनों की सुरक्षा जैसे विषय भी साहित्य प्रकाशन हेतु लिये गये हैं।
3. रोमांचकारी क्रियाकलापों के लिये प्रशिक्षण सुविधायें स्थापित करने हेतु सहयोग तथा रोमांचकारी कार्यक्रमों के आयोजन हेतु भी सहायता दी जायेगी जैसे पर्वतारोहण, ट्रेकिंग, पहाड़ों, जंगलों, मरुस्थलों और समुद्रों में पाई जानेवाली वनस्पतियों तथा फूलों का अध्ययन कार्य भी शामिल किया गया है।

पात्रता की शर्तें-राज्य सरकारों/केंद्र शासित प्रशासन/नेहरू युवा केंद्र/स्वैच्छिक संस्थायें/स्वैच्छिक संगठन तथा ऐसे गैरसरकारी संगठन जो विधिवत पंजीबद्ध हों।

सहायता की पद्धति–

1. प्रशिक्षणार्थियों और खिलाड़ियों को आवास, भोजन और आकस्मिक खर्चों जिसमें चिकित्सा सुविधा भी शामिल है 40 रुपये प्रतिदिन, प्रति व्यक्ति सहायता दी जायेगी। अन्य गतिविधियों के लिये कुल लागत के 50% का आर्थिक सहयोग दिया जायेगा।
2. स्वैच्छिक संगठनों को लागत का 90% सहायता दी जायेगी। उपकरणों को किराये पर लेने के लिये भी व्यक्ति अथवा व्यक्तियों के समूहों को 90% आर्थिक सहातया दी जायेगी।

आवेदन का तरीका–निर्धारित आवेदन प्रपत्र में राज्य सरकार के खेल अधिकारी की सिफारिश के साथ भेजा जाये।

आवेदन प्रपत्र और अन्य जानकारी के लिये संपर्क–

उपसचिव (एस.पी.आई.), युवा मामले एवं खेल विभाग, मानव संसाधन विकास मंत्रालय, शास्त्री भवन, नयी दिल्ली–110001

37

योजना का नाम–ग्रामीण स्कूलों को समाप्त न होनेवाले खेल उपकरणों की खरीद के लिये और खेल मैदानों के विकास के लिये अनुदान सहायता।

उद्देश्य–

1. शारीरिक शिक्षा और खेलों को माध्यमिक और उच्चतर माध्यमिक विद्यालयों में विकसित करना जो कि ग्रामीण क्षेत्र में स्थित हैं। खेल के मैदानों का विकास तथा समाप्त न होनेवाली खेल सामग्री की खरीद के लिये सहायता दी जायेगी जो कि शरीरिक शिक्षा से संबंधित हों।

पात्रता की शर्तें–

1. जो विद्यालय ग्रामीण क्षेत्रों में हैं उनके पास फुटबाल के मैदान के बराबर खेल मैदान होना चाहिये। और पहाड़ी क्षेत्र के विद्यालयों के पास बालीबॉल खेलने के मैदान के बराबर खेल मैदान होना चाहिये।
2. विद्यालयों में छात्र संख्या कम-से-कम दो सौ हो और शिक्षा का कम-से-कम एक पूर्णकालिक शारीरिक शिक्षक हो।
3. विद्यालय को उपकरणों के रख-रखाव तथा समाप्त हो जानेवाली खेल सामग्री की खरीद के लिये कम-से-कम 15,000 खर्च करने की स्थिति में रहना चाहिये।
4. सहायता इस शर्त पर दी जायेगी कि उसी ब्लॉक में अधिक विद्यार्थियोंवाला और अधिक बड़ा खेल मैदानवाला कोई दूसरा स्कूल नहीं हैं। यदि ऐसा हो तो इसका औचित्य सिद्ध करना होगा कि सहायता के लिये इस स्कूल का चुनाव क्यों किया गया।

सहायता की प्रणाली–

1. केंद्र सरकार के द्वारा सिर्फ एक बार 1,00,000 रुपये तक अनुदान दिया जायेगा।
2. अनुदान देने से पहले विद्यालय से लिखित रूप में आश्वासन लिया जायेगा।

आवेदन का तरीका–निर्धारित प्रपत्र में राज्य सरकार के संबंधित विभाग के माध्यम से आवेदन पत्र भेजा जाये।

आवेदन तथा अन्य जानकारी के लिये संपर्क–

उपसचिव (एस.पी.आई.), युवा मामले एवं खेल विभाग, मानव संसाधन विकास मंत्रालय, शास्त्री भवन, नयी दिल्ली-110001

38

योजना का नाम–विश्वविद्यालयों एवं महाविद्यालयों को खेल-कूद के लिये सहायता।

उद्देश्य–महाविद्यालयों और विश्वविद्यालयों के छात्रों में से श्रेष्ठ खिलाड़ियों को बढ़ावा देना। यह तीन चरणों में क्रियान्वित होगा। पहला खेल ढांचे का निर्माण दूसरा कोचिंग और तीसरा स्पर्धाओं का आयोजन।

पात्रता की शर्तें–

1. सहायता 75% और 25% के अनुपात में दी जायेगी। राज्य सरकार/यू.जी.सी./विश्वविद्यालय/महाविद्यालय 25% सहयोग करेंगे।
2. सहायता की 90% राशि स्वीकृति के साथ ही पहली किस्त के रूप में और शेष 10% राशि स्पर्धाओं के पूरे होने पर दी जायेगी।
3. प्रत्येक खिलाड़ी को अपना पहचान पत्र कैंप में शामिल होने के लिये प्रस्तुत करना होगा।

सहायता की पद्धति–

1. सहायता तब दी जायेगी जब अनुदान प्राप्त संस्था अपना हिस्सा पूरा खर्च कर लेगी।
2. 90% अनुदान पहली किस्त के रूप में और शेष 10% अनुदान परियोजना के पूरा होने के प्रमाणपत्र मिलने के बाद जारी की जायेगी।
3. सिद्धांततः स्वीकृति के छह माह के अंदर परियोजना शुरू हो जानी चाहिये।

आवेदन करने का तरीका–

1. ए.आई.यू. व्यय और एकाउंट की व्यवस्था के लिये जिम्मेदार होंगे। वह खेल के बारे में रिपोर्ट भी जमा करेंगे। वर्ष के शुरू में ही ए.आई.यू. प्रत्येक कैंप के लिये प्रारंभिक स्वीकृति प्राप्त कर लेगा।
2. आवेदन के साथ कैंप की अवधि, समय सारिणी, विषय और आकार तथा खर्चों का अनुमान भी आवेदन पत्र के साथ भेजें।

आवेदन पत्र व अन्य जानकारी के लिये संपर्क–

उपसचिव (एस.पी.आई.), युवा मामले एवं खेल विभाग, मानव संसाधन एवं विकास मंत्रालय, शास्त्री भवन, नयी दिल्ली–110001

39

योजना का नाम–युवाओं के लिये प्रशिक्षण।

उद्देश्य–

1. प्रशिक्षण कार्यक्रमों के द्वारा युवकों में नेतृत्व क्षमता का विकास करना। इसके लिये युवाओं को अपनी रुचि के गतिविधि क्षेत्र में प्रमुखता के साथ उभरकर आने का अवसर देना।
2. ग्रामीण और गैर-विद्यार्थी युवाओं में ऐसी प्रवृति और कौशल उत्पन्न करना जिसके अभाव में वे बेहतर कार्य नहीं कर पाते।

3. ग्रामीण युवाओं को रोजगार की तलाश में शहरों की ओर पलायन करने से रोकना और ग्रामीण रोजगार सृजित करना।
4. ग्रामीण युवाओं में नये कौशल का विकास करना जिससे उनमें आत्मविश्वास उत्पन्न हो और वे अपने क्षेत्र में स्वयं के प्रशिक्षण केंद्रों की स्थापना करके युवा उद्यमियों को व्यापार की नयी तकनीकें सिखा सकें।

पात्रता की शर्तें–स्वैच्छिक संगठन, पंजीबद्ध गैरसरकारी संगठन, राष्ट्रीय सेवा योजना, नेहरू युवा केंद्र, शिक्षण संस्थान और राज्य सरकारें योजना चलाने के लिये आवेदन कर सकती हैं।

सहायता की पद्धति–

1. प्रशिक्षणार्थियों के निवास से प्रशिक्षण स्थल तक आने और जाने का द्वितीय श्रेणी का रेल भाड़ा/बस भाड़ा दिया जायेगा। आवास एवं भोजन के खर्चों का और प्रशिक्षण के खर्चों का वास्तविक व्यय देय है जो कि प्रति प्रशिक्षणार्थी 50 रुपये प्रतिदिन से अधिक न हों।
2. अनुदान लेनेवाली संस्था को निर्धारित प्रपत्र पर बांड भरना होगा।

आवेदन का तरीका–

1. जो संस्था सहायता पाना चाहती हैं उन्हें प्रत्येक वित्तीय वर्ष के आरंभ में प्रशिक्षणार्थियों, प्रशिक्षण संस्थान, प्रशिक्षणार्थियों की संख्या, ट्रेनिंग की तिथि और प्रत्येक कोर्स का विवरण भेजना चाहिये।
2. उन्हें निर्धारित प्रपत्र में सक्षम अधिकारी की सिफारिश के साथ भेजना चाहिये।
3. प्रशिक्षण संस्थानों को यह लिखित रूप में देना होगा कि उन्होने प्रशिक्षणार्थियों को प्रशिक्षण देना स्वीकार कर लिया है और आवास तथा भोजन की वही दरें उन्हें स्वीकार्य हैं जो शासन द्वारा तय की गई हैं।

फार्म तथा अन्य जानकारी के लिये संपर्क–

उपसचिव (वाई.एस.), युवा मामले एवं खेल विभाग, मानव संसाधन एवं विकास मंत्रालय, शास्त्री भवन, नयी दिल्ली–110001

40

योजना का नाम–युवाओं के लिये प्रदर्शनी।

उद्देश्य–

1. राष्ट्रीय विकास, धर्मनिरपेक्षता की भावना और राष्ट्रीय एकता के विकास के लिये युवकों द्वारा विभिन्न क्षेत्रों में की जानेवाली गतिविधियों को मान्यता देना और उन्हें बढ़ावा देना।
2. युवकों में शिक्षा, भारतीय संस्कृति का ज्ञान और भारत के स्वतंत्रता संग्राम में योगदान तथा संविधान की जानकारी युवकों को कराना।

3. जो संस्थायें और संगठन शिक्षा, संस्कृति, कृषि, समाज कल्याण, श्रम, उद्योग, ग्रामीण विकास, पर्यटन और पर्यावरण के क्षेत्र में कार्य कर रहे हैं उनके द्वारा युवकों में जागरूकता उत्पन्न करना।
4. इसके अलावा युवाओं में राष्ट्रीय समझ बढ़ाना, युवकों में नेतृत्व, चरित्र, आपसी भाईचारा, निर्णय लेने की प्रक्रिया में योगदान तथा शारीरिक स्वास्थ्य और खेल चेतना को बढ़ाना।

पात्रता की शर्तें–

1. राज्य सरकारों/केंद्र प्रशासित राज्यों/स्वैच्छिक संगठनों/मान्यता प्राप्त शिक्षण संस्थान, विश्वविद्यालयों, राष्ट्रीय सेवा योजना, नेहरू युवा केंद्र तथा युवा मामले और खेल विभागों को यह सहायता उपलब्ध कराई जायेगी।
2. संगठनों को विधिवत पंजीबद्ध होना चाहिये।
3. संस्थाओं को यह सुनिश्चित करना चाहिये कि आगे के कार्यक्रमों के लिये विशेषज्ञ व्यक्तियों से उनका जुड़ाव हो। संस्था में किसी प्रकार का भेदभाव न किया जाता हो।

सहायता की पद्धति–

1. लोक-नृत्यों, लोक-संस्कृति और गीत, पेंटिंग्स, कला, हस्तशिल्प और राष्ट्रीय स्तर के युवा सम्मेलनों/गोष्ठियों/शिविरों के आयोजन हेतु प्रति व्यक्ति प्रतिदिन 20 रुपये की दर से सहायता दी जायेगी।
2. प्रति व्यक्ति आकस्मिक खर्चों के लिये 25% सहायता दी जायेगी। राष्ट्रीय विषयों पर यह सहायता 90% होगी।
3. यदि कार्यक्रम शासकीय विभागों के द्वारा आयोजित किया गया हो तो 100%सहायता दी जायेगी।

आवेदन का तरीका–

1. आवेदन पत्र के साथ संस्था का संविधान प्रबंध समिति का विधान और उद्देश्य भी संलग्न करें।
2. पिछले दो वर्षों की वार्षिक रिपोर्ट दो वर्षों की परीक्षित लेखा की प्रतियां और राज्य सरकार/राष्ट्रीय सेवा योजना के क्षेत्रीय केंद्र अनुशंसा भी संलग्न करें।

आवेदन प्रपत्र और अन्य जानकारी के लिये संपर्क–

उपसचिव (वाई.एस.), युवा मामले एवं खेल विभाग, मानव संसाधन विकास मंत्रालय, शास्त्री भवन, नयी दिल्ली–110001

41

योजना का नाम–राष्ट्रीय एकता को बढ़ावा देनेवाले कार्यक्रम।

उद्देश्य–

1. देश के विभिन्न क्षेत्रों में रहनेवाले नागरिकों के बीच में उनके पर्यावरण, पारिवरिक जीवन और सामाजिक रीतिरिवाजों सहित आपस में कौटुम्बिक सौहार्द को बढ़ावा देनेवाले कार्यक्रमों को बढ़ावा देना।

2. देश की ऐतिहासिक और सांस्कृतिक विरासत को विभिन्न सांस्कृतिक कार्यक्रमों के जरिये महत्त्व प्रदान करना।
3. देश के विभिन्न क्षेत्रों में रहनेवाले निवासियों द्वारा अपने विकास के लिये किये जा रहे कार्यों में आनेवाली समस्याओं के प्रति समझ विकसित करना और विभिन्न प्रदेशों में विकास परियोजनाओं का क्रियान्वयन करना।

पात्रता की शर्तें–

1. पंजीबद्ध समितियां, पब्लिक ट्रस्ट, राज्य सरकार/केंद्र शासित राज्य सहायता के पात्र हैं।
2. राष्ट्रीय सेवा योजना के क्षेत्रीय केंद्रों/राज्य सरकारों/केंद्र शासित राज्यों/स्वैच्छिक संगठनों/मान्यता प्राप्त शिक्षण संस्थानों, विश्वविद्यालयों और नेहरू युवा केंद्रों द्वारा योग्य व्यक्तियों को भी प्रायोजित किया जा सकता है।

सहायता की पद्धति–

1. शिविरों के आयोजन हेतु प्रतिव्यक्ति 20-30 रुपये तथा यात्रा व्यय का 25% देय है।
2. रख-रखाव और प्रकाशन के लिये अनुदान–50%, संगोष्ठी और सांस्कृतिक गतिविधियों के आयोजन के लिये 75% और शोध कार्यक्रमों हेतु 90% आर्थिक सहायता दी जाती है।
3. यदि विभाग या मंत्रालय द्वारा कार्यक्रम प्रायोजित हो तो सहायता 100% दी जाती है।

आवेदन करने का तरीका–

1. स्वैच्छिक संगठन राज्य सरकार/केंद्र शासित प्रशासन के माध्यम से आवेदन करें और यह भी स्पष्ट करें कि कार्यक्रम की उपयोगिता, योग्यता, पात्रता कितनी है?
2. स्वैच्छिक संगठन राष्ट्रीय सेवा योजना के साथ सहयोगी आयोजन कर रहे हों तो वे राष्ट्रीय सेवा योजना के क्षेत्रीय केंद्र के माध्यम से आवेदन भेजें।
3. आवेदन पत्र के साथ संगठन का संविधान प्रबंध समिति का विधान,उद्देश्य और वार्षिक रिपोर्ट की प्रतियां भी संलग्न करें।

आवेदन प्रपत्र व अन्य जानकारी के लिये संपर्क–

उपसचिव (वाई.एस.), युवा मामले एवं खेल विभाग, मानव संसाधन विकास मंत्रालय, शास्त्री भवन, नयी दिल्ली–110001

42

योजना का नाम–पिछड़े हुए आदिवासी युवाओं के मध्य गतिविधियों को बढ़ावा देना।

उद्देश्य–

1. आदिवासी युवाओं में प्रशिक्षण कार्यक्रमों के जरिये नेतृत्व क्षमता का विकास करना ताकि ऐसे युवा अपने क्षेत्र की गतिविधियों में प्राप्त ज्ञान का उपयोग कर सकें।

2. ग्रामीण और आदिवासी युवकों में उत्पादक नागरिकों के तौर पर बेहतर क्रियाकलाप करने के लिये कौशल का विकास करना ताकि वे अपने क्षेत्र में प्रशिक्षण केंद्र की स्थापना कर सकें।
3. युवा उद्यमियों को आधुनिक तरीकों और विधियों का प्रशिक्षण देना ताकि वे अच्छे परिणाम दे सकें। आदिवासी युवाओं में ऐसा हुनर विकसित करना जिससे वे आत्मनिर्भर गांव का निर्माण कर सकें।

पात्रता की शर्तें–योग्य व्यक्तियों को राज्य सरकार/केंद्र प्रशासित क्षेत्र/नेहरू युवा केंद्र/शिक्षण संस्थायें तथा स्वैच्छिक संगठनों के द्वारा प्रायोजित किया जा सकता है। गैरसरकारी संगठनों को पंजीबद्ध होना चाहिये।

सहायता की पद्धति–रहने के स्थान से प्रशिक्षण केंद्र तक का रेल/बस भाड़ा, वास्तविक आवास एवं भोजन व्यय तथा प्रशिक्षण व्यय के रूप में पचास रुपये प्रति प्रशिक्षणार्थी प्रतिदिन देय होगा।

आवेदन की प्रणाली–आवेदन पत्र के साथ संगठन का संविधान, प्रबंध समिति का विधान और उद्देश्यों की प्रति शामिल करें।

आवेदन प्रपत्र और अन्य जानकारी के लिये संपर्क–

उपसचिव (वाई.एस.), युवा मामले एवं खेल विभाग, मानव संसाधन विकास मंत्रालय, शास्त्री भवन, नयी दिल्ली–110001

43

योजना का नाम–बाल एवं महिला श्रमिकों पर स्वैच्छिक संगठनों की परियोजनाओं के लिये आर्थिक सहायता।

उद्देश्य–

बाल श्रमिकों हेतु–

1. श्रम बाजारों से हटाये गये बाल श्रमिकों के लिये पुनर्वास गतिविधियां, औपचारिक शिक्षा, विभिन्न रोजगार संबंधी प्रशिक्षण तथा स्वास्थ्य एवं पोषण संबंधी गतिविधियों का संचालन।
2. श्रमिक बच्चों के माता-पिता के लिये शिक्षा और चेतना उत्पन्न करना।
3. संगोष्ठी और कार्यशालाओं का आयोजन करके बाल श्रमिकों की समस्याओं पर समाज में चेतना जगाना।
4. महिला श्रमिकों के विषय में उपयोगी तथा व्यावहारिक खोजों तथा अध्ययनों को सहायता।

महिला श्रमिक–

1. श्रमिक महिलाओं को संगठित करना और उनके अधिकारों के लिये उन्हें शिक्षित करना।
2. प्रशिक्षण के द्वारा कौशल विकास करके स्वरोजगार उपलब्ध कराना और सहकारी समितियों का गठन कराना।

3. संगोष्ठी और कार्यशालाओं का आयोजन करके श्रमिक महिलाओं की समस्याओं पर समाज में चेतना जगाना।
4. महिला श्रमिकों के विषय में उपयोगी तथा व्यावहारिक खोजों तथा अध्ययनों को सहायता।

पात्रता की शर्तें–

1. ऐसे संगठन जिनकी शाखायें या गतिविधियां दो या दो से अधिक राज्यों में बाल श्रमिकों या महिला श्रमिकों के क्षेत्र में चल रहीं हों, वह आवेदन करने के लिये पात्र हैं।
2. संगठन विधिवत पंजीबद्ध हो।
3. संस्था को राज्य सरकार से मान्यता प्राप्त हो तथा वह कम-से-कम तीन वर्षों से स्थापित हो। उसके पास व्यवस्थित प्रबंध समिति, संविधान और उद्देश्य हों। उसकी आर्थिक स्थिति भी बेहतर हो।
4. संस्था के पास सुविधायें, संसाधन और परियोजना से संबंधित अनुभव होना चाहिये। उसके पास समाज की सामाजिक और आर्थिक आवश्यकताओं पर आधारित सेवाओं का उद्देश्य हो। वह लाभ के लिये कार्य न कर रही हो।
5. उसकी सेवायें भेदभाव रहित हों। उसके सदस्य किसी राजनैतिक दल के निर्वाचित सदस्य न हों। उसे यह घोषणा भी करनी होगी कि वह संवैधानिक और अहिंसक तरीकों से, धर्मनिरपेक्ष और प्रजातांत्रिक पद्धतियों से कार्य करेगा।

सहायता की पद्धति--परियोजना की कुल लागत का 75% अनुदान दिया जायेगा।

आवेदन का तरीका--निर्धारित प्रपत्र के किसी भी समय परियोजना पर प्रस्ताव भेजे जा सकते हैं।

आवेदन पत्र व अन्य जानकारी के लिये संपर्क--

श्रम मंत्रालय, श्रम शक्ति भवन, रफी मार्ग, नयी दिल्ली–110001

ग्रामीण क्षेत्र एवं रोजगार मंत्रालय की योजनायें

1

योजना का नाम–ग्रामीण जल आपूर्ति कार्यक्रम--

उद्देश्य–1. योजना का प्रमुख उद्देश्य ग्रामीण आबादी को सुरक्षित पेयजल उपलब्ध कराना है। यह योजना केंद्र और राज्य सरकारों के पानी उपलब्ध कराने की योजनाओं में योगदान है।

पात्रता की शर्तें--

1. स्वैच्छिक संगठन को पंजीबद्ध होना चाहिये। वह तीन वर्ष पहले से स्थापित हो।

2. संगठन को ऐसा गांव चुनना चाहिये जिसके पास आधा किलोमीटर क्षेत्र के अंदर पेय जल का कोई सुनिश्चित स्रोत न हो तथा 50 फुट की गहराई तक पानी न हो या ऐसा गांव जहां पानी में नमक या लौह-तत्त्व की अधिकता हो। इसे 10 से 15 वर्षों के लिये चुना जा सकता है, जो कि आर्थिक परिस्थितियों पर निर्भर होगा।

सहायता की पद्धति–

1. एक परियोजना को अधिकतम 20 लाख रुपये सहायता देय है।
2. भौगोलिक सर्वेक्षण, पंप स्थापना, हितग्राहियों का प्रशिक्षण और प्रेरण ताकि वे रख-रखाव कर सकें, सहायता के लिये स्वीकार्य है।

आवेदन की पद्धति–

1. निर्धारित प्रपत्र में आवेदन भेजें।
2. पंजीयन प्रमाण-पत्र की प्रति, संस्था का ज्ञापन, संविधान परीक्षित लेखा की एक प्रति, पिछले तीन वर्ष की बैलेंस शीट, पिछले वर्ष की वार्षिक रिपोर्ट की प्रति भी संलग्न करें।

आवेदन प्रपत्र व अन्य जानकारी के लिये संपर्क–

कपार्ट, ग्रामीण क्षेत्र एवं रोजगार मंत्रालय, इंडिया हैबिटेट सेंटर, जोन 'वी', दूसरा फ्लोर, लोदी रोड, नयी दिल्ली–110003

2

योजना का नाम–ग्रामीण तकनीक योजना का आधुनिकीकरण (ए.आर.टी.एस.)।

उद्देश्य–

1. ग्रामीण क्षेत्रों के लिये अनुकूल तकनीकी विकास हेतु एक प्रेरक के रूप में कार्य करना और ग्रामीण तकनीक पर आधारित शोध संस्थानों की स्थापना करना।
2. मशीन निर्माताओं को ग्रामीण तकनीकी ज्ञान उपलब्ध कराना ताकि वे गांव के लिये अनुकूल मशीनों का निर्माण कर सकें।
3. प्रशिक्षकों को प्रशिक्षित करना ताकि वे ग्रामीण क्षेत्रों के अंतिम उपयोगकर्त्ताओं तक ज्ञान पहुंचा सकें।

पात्रता की शर्तें–

1. शासकीय संस्था, पंजीबद्ध गैरसरकारी संगठन, स्वायत्त संस्थाएं, सहकारी संस्थान, स्वैच्छिक समितियां इस योजना के लिये पात्र हैं।
2. योजना का क्रियान्वयन केवल ग्रामीण क्षेत्र में ही किया जा सकेगा।

सहायता की पद्धति–आर्थिक सहायता स्वैच्छिक संगठनों के लिये तकनीकी स्थानांतरण हेतु प्रदर्शन और प्रशिक्षण कार्यक्रमों के लिये दिया जायेगा।

आवेदन का तरीका–

1. पांच प्रतियों में निर्धारित प्रपत्र पर आवेदन पत्र भेजें।
2. आवेदन पत्र के साथ विस्तृत परियोजना, प्रायोजित करनेवाली संस्था, प्रशिक्षित व्यक्तियों की विस्तृत जानकारी तथा आवश्यक स्टाफ का विवरण संलग्न करें।

आवेदन प्रपत्र व अन्य जानकारी के लिये संपर्क–
कपार्ट, ग्रामीण क्षेत्र एवं रोजगार मंत्रालय, इंडिया हैबिटेट सेंटर, जोन 'वी', दूसरा फ्लोर, लोदी रोड, नयी दिल्ली–110003

3

योजना का नाम–केंद्रीय ग्रामीण स्वच्छता कार्यक्रम (सी.आर.एस.पी.)।
उद्‌देश्य–1. कपार्ट के माध्यम से ग्रामीण स्वच्छता कार्यक्रमों को स्वैच्छिक संगठनों द्वारा चलाना।

पात्रता की शर्तें–

1. पंजीबद्ध संस्थाओं को जो कम-से-कम तीन वर्ष पहले से स्थापित हों और उन्हें ग्रामीण क्षेत्रों में कार्य करने का अनुभव हो। पब्लिक ट्रस्ट भी पात्र हैं।
2. जहां हितग्राहियों के रूप में अनुसूचित जाति और जनजाति के लोग रहते हों, गरीबी रेखा से नीचे जीनेवाले लोगों तथा जिन्हें आई.आर.डी.पी. योजना के तहत पहले ही लाभान्वित किया जा चुका हो, उन क्षेत्रों को प्राथमिकता दी जायेगी।

सहायता की पद्धति–

1. प्रति परियोजना अधिकतम सहायता 20 लाख रुपये होगी।
2. समाज के कमजोर वर्गों को स्वच्छता की सुविधायें उपलब्ध कराने के लिये कुल लागत का 95% सहयोग किया जायेगा और 5% योगदान उपयोगकर्त्ताओं को करना होगा।

आवेदन का तरीका–

1. आवेदन पत्र निर्धारित प्रपत्र में भेजा जाये। प्रस्ताव में परिवारों की संख्या, हरिजन, आदिवासी परिवारों की संख्या, अन्य कमजोर वर्ग के परिवारों की संख्या तथा सामान्य परिवारों की संख्या देते हुये प्रारूप और स्थान का विस्तृत विवरण भी संलग्न करें।
2. आवेदन पत्र के साथ अनुमानित लागत, रोजगार उपलब्ध कराने के मानव दिवस, स्वच्छ शौचालयों का रख-रखाव और हितग्राहियों के योगदान का विवरण भी दें।

आवेदन पत्र व अन्य जानकारी के लिये संपर्क–
कपार्ट, ग्रामीण क्षेत्र एवं रोजगार मंत्रालय, इंडिया हैबिटेट सेंटर, जोन 'वी' दूसरा फ्लोर, लोदी रोड, नयी दिल्ली–110003

4

योजना का नाम–ग्रामीण क्षेत्र की महिलाओं तथा बच्चों का विकास (डी.डब्ल्यू.सी.आर.ए.)

उद्देश्य–

1. महिलाओं को उनके विकास तथा सशक्तीकरण के लिये गरीब महिलाओं का समूह बनाना।
2. ग्रामीण महिलायें जो गरीबी रेखा के नीचे जीवन-यापन करती हैं उनके लिये रोजगार अवसर उपलब्ध कराना तथा उनकी आय बढ़ाना। इसके साथ-साथ ऐसी विधि तैयार करना जिसे अन्य जगहों पर भी लागू किया जा सके।
3. क्रेच्ज़ और बालवाड़ी स्थापित करने जैसे कार्यों में लगी महिलाओं को सहयोगी सेवायें उपलब्ध कराना।

पात्रता की शर्तें–

1. स्वैच्छिक संगठनों को कम-से-कम तीन वर्षों से पंजीबद्ध होना चाहिये।
2. संगठन के कार्यकर्ता गांवों में कार्य करते हों।

सहायता की पद्धति-

1. प्रति परियोजना अधिकतम सहायता 5 लाख रुपये होगी।
2. महिला समूहों की गतिविधि आय वर्धन से संबंधित होगी। इसके अलावा सामाजिक, आर्थिक सर्वेक्षण, प्रेरणा, जागरूकता उत्पन्न करना और ग्रामीण महिलाओं को नये क्षेत्रों के लिये कौशल विकास करना जैसी गतिविधियों के लिये सहायता दी जायेगी।
3. परियोजना कुल लागत का अस्सी प्रतिशत तक सहायता पा सकेगी, शेष बीस प्रतिशत बैंक ऋण या सरकारी सब्सिडी के रूप में जुटाना होगा।

आवेदन का तरीका–

1. निर्धारित प्रपत्र में आवेदन भेजें।
2. आवेदन पत्र के साथ पंजीयन प्रमाण पत्र की सत्य प्रतिलिपि, संस्था का ज्ञापन और संविधान भी संलग्न करें।
3. परीक्षित लेखा की एक प्रति, पिछले तीन वर्षों की बैलेंस शीट, पिछले वर्ष की वार्षिक रिपोर्ट और परियोजना का विस्तृत विवरण भी भेजें ।
4. हितग्राहियों की सूची संलग्न की जाये ।

आवेदन पत्र व अन्य जानकारी के लिये संपर्क–

कपार्ट, ग्रामीण क्षेत्र एवं रोजगार मंत्रालय, इंडिया हैबिटेट सेंटर, जोन 'वी', दूसरा फ्लोर, लोदी रोड, नयी दिल्ली–110003

5

योजना का नाम–एकीकृत गामीण विकास कार्यक्रम (आई.आर.डी.पी.)।

उद्देश्य–1. ग्रामीण क्षेत्र के उन परिवारों की सहायता करना जिसकी वार्षिक आमदनी 4,800 रुपये से कम है, उनके लिये स्वरोजगार स्थापित करने में सहायता करना।

पात्रता की शर्तें–

1. स्वैच्छिक संगठनों को तीन वर्ष से पंजीबद्ध होना चाहिये और वे ग्रामीण क्षेत्र में कार्यरत हो।
2. संगठनों को गरीबी रेखा से नीचे जीवनयापन करनेवाले परिवारों का चयन करना होगा और कार्यक्रमों के द्वारा उनकी वार्षिक आय 6,400 रुपये तक पहुंचानी होगी।

सहायता की पद्धति–

1. कपार्ट के द्वारा प्रायोजित आई.आर.डी.पी. कार्यक्रमों की सब्सिडी की दर इस प्रकार है–अनुसूचित जाति और जनजाति के लिये 50%, सीमांत किसानों के लिये 33.5% और छोटे किसानों के लिये 25%।
2. कपार्ट के द्वारा प्रशासनिक खर्चों और ढांचागत खर्चों के लिये 10-10% सब्सिडी दी जायेगी।
3. उस क्षेत्र के बैंकों से ऋण भी प्राप्त किया जा सकता है।

आवेदन का तरीका–

1. निर्धारित प्रपत्र में आवेदन भेजें।
2. संगठनों को सहायता देने के लिये विकास खंड में उपलब्ध गरीबी रेखा के नीचेवाली सूची से परिवारों का चुनाव करना होगा।
3. आवेदन पत्र के साथ पंजीयन प्रमाण-पत्र तथा विधान की प्रति और पिछले तीन वर्षों की परीक्षित लेखा रिपोर्ट तथा पिछले वर्ष की वार्षिक रिपोर्ट संलग्न करें। हितग्राहियों की सूची और व्यय का विवरण भी संलग्न करें।

आवेदन प्रपत्र तथा जानकारी के लिये संपर्क–

कपार्ट, ग्रामीण क्षेत्र एवं रोजगार मंत्रालय, इंडिया हैबिटेट सेंटर, जोन 'वी', दूसरा फ्लोर, लोदी रोड, नयी दिल्ली–110003

6

योजना का नाम–जवाहर रोजगार योजना।

उद्‌देश्य–

1. ग्रामीण भूमिहीनों को रोजगार के अवसर उपलब्ध कराना जिससे परिवार का कम-से-कम एक सदस्य वर्ष में 100 दिनों का रोजगार पा सके।
2. गरीबों के लिये ऐसे साधन सृजित करना जिससे ग्रामीण ढांचा मजबूत हो और ग्रामीण अर्थव्यवस्था आगे बढ़ सके।
3. ग्रामीण क्षेत्रों में जीवन शैली की गुणवत्ता में सुधार पैदा करना।
4. सामाजिक वानिकी, जलसंग्रहण और भूमि विकास को प्राथमिकता दी गई है।

पात्रता की शर्तें–

1. स्वैच्छिक संगठनों को न्यूनतम तीन वर्ष पहले से पंजीबद्ध होना चाहिये।
2. संगठन के कार्यकर्ता गांव में हों।

सहायता की पद्धति–प्रति परियोजना अधिकतम 20 लाख रुपये की हो।

आवेदन का तरीका–

1. निर्धारित प्रपत्र में प्रस्ताव भेजें।
2. पंजीयन प्रमाण पत्र की सत्य प्रतिलिपि, तीन वर्षों की बैलेंस शीट, संस्था का विधान, पदाधिकारियों की सूची, संस्था की संपत्ति का मूल्य ब्यौरा तथा परियोजना का भौतिक और आर्थिक लक्ष्यों सहित ब्यौरा तथा पूर्व अनुभव भी संलग्न करें।
3. वर्तमान स्टाफ का विवरण तथा सरकार द्वारा स्वीकृत न्यूनतम मजदूरी की दर भी संलग्न करें।

आवेदन प्रपत्र तथा जानकारी के लिये संपर्क–

कपार्ट, ग्रामीण क्षेत्र एवं रोजगार मंत्रालय, इंडिया हैबिटेट सेंटर, जोन 'वी', दूसरा फ्लोर, लोदी रोड, नयी दिल्ली–110003

7

योजना का नाम–गरीबी उन्मूलन कार्यक्रम के हितग्राहियों को संगठित करना।

उद्देश्य–

1. आई.आर.डी.पी. और जे.आर.वाई. कार्यक्रमों के अंतर्गत प्राप्त सुविधाओंवाले हितग्राहियों के समूहों में जागरूकता उत्पन्न करना ताकि वे श्रमिक महिला और बच्चों संबंधी विधानों से परिचित हों।
2. विभिन्न कार्यक्रमों में भागीदारी और नियोजन के लिये उन्हें बढ़ावा देना और सहकारी समूह बनाना।
3. हितग्राहियों के समूहों में आत्मविश्वास उत्पन्न करना और सरकारीकर्मियों और समूहों के बीच ग्राम स्तर पर सहयोजन-कार्य भावना का विकास।

पात्रता की शर्तें–स्वैच्छिक संगठन को पंजीबद्ध गैर राजनीतिक, धर्मनिरपेक्ष तथा समाजकार्य अथवा ग्रामीण विकास कार्य का अनुभव होना चाहिये और कार्य को हाथ में लेने की क्षमता भी हो।

सहायता की पद्धति–

1. एक संस्था को एक वर्ष में दो कार्यक्रमों के लिये स्वीकृति दी जायेगी।
2. दस से बारह हितग्राहियों के लिये तैयारी शिविर लगेगा और मुख्य शिविर पांच से सात दिनों का होगा।

आवेदन की प्रणाली–

1. निर्धारित प्रपत्र में आवेदन किया जाये।
2. यह कार्यक्रम संस्था की गतिविधियों से जुड़ा हुआ होगा। संस्था को जागरूकता उत्पन्न करनेवाले कार्यक्रमों का अनुभव होना चाहिये और कार्यक्रम संबंधी सुविधायें भी हों।

3. पंजीयन प्रमाण पत्र की प्रतिलिपि, संस्था का विधान, उद्देश्य परीक्षित लेखा तथा तीन वर्षों की बैलेंस शीट एवं पिछले वर्ष की वार्षिक रिपोर्ट भी संलग्न करें।
4. ग्रामीण विकास के कार्यक्रमों के अनुभवों की पुष्टि करनेवाला दस्तावेज भी संलग्न करें।

आवेदन प्रपत्र तथा जानकारी के लिये संपर्क–

कपार्ट, ग्रामीण क्षेत्र एवं रोजगार मंत्रालय, इंडिया हैबिटेट सेंटर, जोन 'वी', दूसरा फ्लोर, लोदी रोड, नयी दिल्ली–110003

8

योजना का नाम–ग्रामीण विकास के लिये स्वैच्छिक संगठनों को बढ़ावा देना।

उद्देश्य–

1. गरीबी रेखा से नीचे रहनेवाले, कमजोर वर्ग के लोगों और महिलाओं का आमदनी स्तर बढ़ाना और रोजगार अवसरों में वृद्धि करना।
2. ग्रामीणों को परियोजना के नियोजन, क्रियान्वयन और रख-रखाव की गतिविधियों से जोड़ना।

पात्रता की शर्तें–स्वैच्छिक संगठन कम-से-कम तीन वर्षों से पंजीबद्ध हो तथा उसके पास ग्रामीण विकास के लिये काम करने का अनुभव होना चाहिये ताकि प्रतिभागियों की आमदनी बढ़ सके, रोजगार अवसर उत्पन्न हों और उत्पादन भी बढ़ सके।

सहायता की पद्धति–

1. एक परियोजना के लिये 5 लाख रुपये तक की आर्थिक सहायता दी जायेगी। लागत का 80% अनुदान होगा और 20% हिस्सा अन्य स्रोतों से प्राप्त करना होगा।
2. बुनियादी कार्यक्रम से जुड़े हुये अन्य बिंदुओं के लिये भी सहायता दी जायेगी। संगठन को सब्सिडी और स्टाइपेंड आदि की व्यवस्था करनी होगी।
3. प्रशासनिक लागत परियोजना की कुल लागत से 15% के ऊपर न जाये।

आवेदन की पद्धति–

1. निर्धारित प्रपत्र में आवेदन किया जाये। परियोजना प्रस्ताव में स्पष्ट विवरण दिये जायें तथा पंजीयन प्रमाण-पत्र की सत्यापित प्रति संस्था का विधान भी संलग्न किया जाये।
2. परीक्षित लेखा की प्रति और बैलेंस शीट की प्रति पिछले तीन वर्षों की संलग्न की जायें जिसमें वार्षिक रिपोर्ट भी शामिल हो। हितग्राहियों की सूची और कार्ययोजना भी संलग्न होनी चाहिये।

आवेदन प्रपत्र तथा जानकारी के लिये संपर्क–
कपार्ट, ग्रामीण क्षेत्र एवं रोजगार मंत्रालय, इंडिया हैबिटेट सेंटर, जोन 'वी', दूसरा फ्लोर, लोदी रोड, नयी दिल्ली–110003

9

योजना का नाम–स्वैच्छिक संगठनों के लिये अनुदान सहायता योजना।
उद्देश्य–1. इस सहायता का उद्देश्य यह है कि समुदाय और निजी गैर-वनीय पड़ती भूमि का टिकाऊ विकास किया जाये। यह विकास लोगों की भागीदारी तथा स्वैच्छिक संगठन के माध्यम से किया जायेगा। परियोजना के द्वारा भूमि का विकास मृदा एवं नमी के संरक्षण, वृक्षारोपण, वानिकी, उद्यानिकी और चारागाह विकास के माध्यम से किया जायेगा। वृक्षों की प्रजातियों का चुनाव लोगों की सलाह से किया जायेगा जिससे उन्हें ईंधन, चारा और अन्य उपयोगी सामग्री प्राप्त हो सके।
पात्रता की शर्तें–स्वैच्छिक संगठन, पंजीबद्ध गैरसरकारी संगठन, पंजीबद्ध समीतियां, सहकारी समीतियां, कंपनियां, ट्रस्ट, मान्यताप्राप्त विद्यालय और वि.वि. सहायता के पात्र हैं।
सहायता की पद्धति–नर्सरी, वृक्षारोपण, जागरूकता कार्यक्रम, संरक्षण, मृदा एवं नमी संरक्षण और पौधों के परिवहन पर होनेवाले खर्चों की सहायता के लिये स्वीकृत हैं। अनुदान की मात्रा परियोजना क्षेत्र और ली गई गतिविधियों के ऊपर निर्भर होगा। सामुदायिक भूमि के विकास के लिये 9,720 रुपये और निजी भूमि के विकास के लिये 5,360 रुपये स्वीकृत किये गये हैं।
आवेदन का तरीका–पड़ती भूमि विकास विभाग को या डी.आर.डी.ए. कार्यालय को दो प्रतियों में निर्धारित प्रपत्र में प्रस्ताव भेजा जा सकता है।
आवेदन प्रपत्र तथा जानकारी के लिये संपर्क–
कपार्ट, पड़ती भूमि विकास विभाग, ग्रामीण क्षेत्र एवं रोजगार मंत्रालय, आठवां फ्लोर, पर्यावरण भवन, सी.जी.ओ. कॉम्लेक्स, लोदी रोड, नयी दिल्ली–110003

साइंस एंड टेक्नोलॉजी डिपार्टमेंट की योजनायें

1

योजना का नाम–बायोटेक्नोलॉजी विभाग के द्वारा एस.एंड टी.परियोजनाओं के लिये आर.एंड डी. अनुदान योजना।
उद्देश्य–बायोटेक्नोलॉजी से संबंधित विभिन्न क्षेत्रों के आर. एंड डी. परियोजनाओं को सहायता करना तथा उन परियोजनाओं को भी सहयोग करना जो बुनियादी शोध हों और जिनका व्यावहारिक रूप से प्रयोग हो सकते हैं।

पात्रता की शर्तें–सरकार द्वारा आर्थिक सहायता प्राप्त सभी संस्थान इसके लिये पात्र हैं। इसके अलावा कुछ मामलों में स्वायत्तशासी निजी आर. एंड डी. संस्थानों जो न लाभ न हानि के आधार पर चलते हैं, के प्रस्ताव भी स्वीकृत किये जा सकते हैं।

सहायता की पद्धति–

1. अनुदान आवर्ती और अनावर्ती खर्चों के लिये देय है। इसके अलावा आवर्ती खर्चों में रसायनों की कीमत, समाप्त हो जानेवाली सामग्री, कांच के पात्र, यात्रा और आकस्मिक खर्चे शामिल हैं।
2. अनावर्ती खर्चों में प्रमुख उपकरण, औजार और सुविधाओं के खर्चे शामिल हैं।

आवेदन का तरीका–वर्ष में कभी भी निर्धारित प्रपत्र में आवेदन पत्र की दस प्रतियां भेजी जानी चाहिये।

आवेदन प्रपत्र व अन्य जानकारी के लिये संपर्क–

निदेशक (आर. एंड डी.), बायोटेक्नोलॉजी विभाग, सी.जी.ओ. कॉम्प्लेक्स, ब्लॉक नं. 2, फ्लोर नं. 7, रूम नं. 12, लोदी रोड, नयी दिल्ली–110003

2

योजना का नाम–उद्यमिता विकास कार्यक्रम।

उद्देश्य–

1. उद्यमिता विकास कार्यक्रमों के द्वारा विज्ञान और तकनीकी ज्ञानवाले व्यक्तियों को स्वरोजगार उपलब्ध कराना। इसके अंतर्गत छह से आठ हफ्तों की अवधि का प्रशिक्षण दिया जाता है जिसमें उपलब्धियों, प्रेरणा, बाजार सर्वेक्षण, परियोजना रिपोर्ट की तैयारी, छोटे उद्योगों को शुरू करने का तरीका, छोटे उद्योगों के लिये सरकार की योजनायें तथा आर्थिक मदद जैसे विषय शामिल करना।
2. सामान्य तौर पर इस कार्यक्रम में विज्ञान विषय के स्नातकों, इंजीनियर और इंजीनियरिंग में डिप्लोमा हासिल करनेवालों को शामिल किया जाता है।

पात्रता की शर्तें–इस योजना में चुने हुये स्वैच्छिक संगठनों और अन्य पेशेवर संगठनों को जिनके पास विशेषज्ञता और क्षमता हो वे सहायता के लिये स्वीकृत किये जाते हैं।

सहायता की पद्धति–कुल लागत का 40% अथवा 85 हजार रुपये जो भी कम हो सहायता दी जाती है।

आवेदन पत्र व अन्य जानकारी के लिये संपर्क–

सदस्य सचिव, एन.एस.टी.ई.डी.बी. (एन.ई.बी. अनुभाग), विज्ञान और तकनीकी विभाग, तकनीकी भवन, न्यू महरौली रोड, नयी दिल्ली–110016

3

योजना का नाम–विज्ञान और तकनीकी के द्वारा बड़े पैमाने पर रोजगार का अवसर उत्पन्न करना।

उद्देश्य–

1. कौशल विकास के लिये चार से बारह सप्ताह का प्रशिक्षण उपलब्ध कराना जिसमें शिक्षित और अल्प शिक्षित युवाओं को शामिल किया जाये ताकि वे स्वरोजगार हेतु प्रशिक्षित हो सकें।
2. प्रशिक्षण कार्यक्रमों में विज्ञान और तकनीक का आधुनिकतम उपयोग करना।

पात्रता की शर्तें–इस योजना में चुने हुये स्वैच्छिक संगठन और पेशेवर संगठनों को शामिल किया जाता है जिनके पास विशेषज्ञता और सक्षमता हो।

सहायता की पद्धति–एक कार्यक्रम में सामान्यतः तीस प्रशिक्षाणार्थी शामिल किये जाते हैं और 1,000 रुपये प्रति प्रशिक्षणार्थी की सहायता दी जाती है।

आवेदन पत्र व अन्य जानकारी के लिये संपर्क–

सदस्य सचिव, एन.एस.टी.ई.डी.बी. (एन.ई.बी. अनुभाग), विज्ञान और तकनीकी विभाग, तकनीकी भवन, न्यू महरौली रोड, नयी दिल्ली–110016

कल्याण मंत्रालय की योजनायें

1

योजना का नाम–वृत्ति पर अंकुश कार्यक्रम।

उद्देश्य–

1. यह योजना भिखारियों के लिये कर्मशालायें स्थापित करने से संबंधित हैं जो कि राज्य शासन द्वारा मान्यता प्राप्त होती हैं। इनके उद्देश्य इस प्रकार हैं–
   - अ. भिखारियों के पुनर्वास और उपचार के लिये भिन्न प्रकार की व्यवस्था उपलब्ध कराना।
   - ब. भिखारियों के लिये तकनीकी और व्यवसायिक शिक्षा उपलब्ध कराना।
   - स. भिखारियों को ऐसे उत्पादक कार्यक्रमों में लगाना जिससे वे पुनः समाज के साथ जुड़ सकें।
   - द. स्वैच्छिक संगठनों को भिखारियों के कल्याण कार्यक्रमों से जोड़ना।
   - इ. सामाजिक और आर्थिक विकास के लिये समुदाय को प्रेरित करना ताकि भिखारियों को रोजगार दिलाया जा सके।
2. कर्मशालाओं में चार महीनों के लिये पचास भिखारियों हेतु व्यावसायिक प्रशिक्षणदेना।

पात्रता की शर्तें–स्वैच्छिक संगठनों के द्वारा भिक्षुक गृह की स्थापना अगर की गई हो तो उन्हें सहायता उपलब्ध कराई जायेगी।

सहायता की पद्धति–स्वैच्छिक संगठनों के क्षेत्र में यदि कर्मशाला स्थापित की गई हो तो उसके खर्च का 90% सहायता दी जायेगी।

आवेदन पत्र एवं अन्य जानकारी के लिये संपर्क–
संयुक्त सचिव, कल्याण मंत्रालय, शास्त्री भवन, नयी दिल्ली–110001

2

योजना का नाम–स्वैच्छिक संगठनों को आदिवासियों के कल्याण हेतु कार्य करने के लिये अनुदान सहायता।

उद्देश्य–

1. स्वैच्छिक प्रयासों के द्वारा आदिवासी समुदाय में शिक्षा और सामाजिक आर्थिक परिस्थितियों को सुधारना।
2. स्वैच्छिक संगठनों को आदिवासियों को सीधे सहायता पहुंचाने के लिये अनुदान दिया जाता है ताकि वे आश्रम, स्कूल, छात्रावास, चिकित्सा इकाई, बालवाड़ी, क्रेच्ज़, पुस्तकालय-सह-दृश्य-श्रव्य इकाई, टाइप तथा शार्टहैंड प्रशिक्षण का संचालन कर सकें।

पात्रता की शर्तें–पंजीबद्ध स्वैच्छिक संगठन जो कल्याण गतिविधियों में संलग्न हो, सहायता के लिये पात्र हैं।

सहायता की प्रणाली–

1. अनुदान 90% तक सीमित है।
2. संगठन किसी और स्रोत से किसी कार्यक्रम के लिये सहायता नहीं ले सकता।
3. हितग्राहियों से कोई योगदान नहीं लिया जा सकता।

आवेदन का तरीका–निर्धारित प्रपत्र में आवेदन करना चाहिये।

आवेदन प्रपत्र व अन्य जानकारी के लिये संपर्क–संयुक्त सचिव, आदिवासी विकास अनुभाग, कल्याण मंत्रालय, डी विंग, शास्त्री भवन, नयी दिल्ली–110001

●●●